核心价值观
兴国强军

王福军★著

HEXIN
JIAZHIGUAN
XINGGUO QIANGJUN

中共中央党校出版社
The Central Party School Publishing House

图书在版编目（CIP）数据

核心价值观兴国强军/王福军著 . —北京：中共中央
党校出版社，2015.1

ISBN 978-7-5035-5533-6

Ⅰ. 核…　Ⅱ. 王…　Ⅲ.①国防建设-研究-中国
②军队建设-研究-中国　Ⅳ. E2

中国版本图书馆 CIP 数据核字（2015）第 014399 号

核心价值观兴国强军

责任编辑	蔡锐华
版式设计	宗　合
责任校对	马　晶
责任印制	王洪霞

出版发行	中共中央党校出版社
	（北京市海淀区大有庄 100 号）
邮　　编	100091
网　　址	www.dxcbs.net
电　　话	（010）62805800（办公室）　　（010）62805824（发行部）
经　　销	新华书店
印　　刷	北京四季青印刷厂
字　　数	208 千字
版　　次	2015 年 1 月第 1 版　2015 年 1 月第 1 次印刷
开　　本	700 毫米×1000 毫米　1/16
印　　张	16.75
定　　价	48.00 元

编 委 会

序　言

核心价值观建设要有大视野

党的十八大提出，倡导富强、民主、文明、和谐，倡导自由、平等、公正、法治，倡导爱国、敬业、诚信、友善，积极培育和践行社会主义核心价值观。

2013 年 12 月 11 日，中共中央办公厅印发《关于培育和践行社会主义核心价值观的意见》，并且发出通知，指出《关于培育和践行社会主义核心价值观的意见》已经中央同意，要求各地结合实际，认真贯彻执行。

《关于培育和践行社会主义核心价值观的意见》明确：富强、民主、文明、和谐，是国家层面的价值目标；自由、平等、公正、法治，是社会层面的价值取向；爱国、敬业、诚信、友善，是公民个人层面的价值准则。这 24 个字，是社会主义核心价值观的基本内容。

《关于培育和践行社会主义核心价值观的意见》强调："社会主义核心价值观是社会主义核心价值体系的内核，体现社会主义核心价值体系的根本性质和基本特征，反映社会主义核心价值体系的丰富内涵和实践要求，是社会主义核心价值体系的高度凝练和集中表达。"

党的十八届四中全会作出的《中共中央关于全面推进依法治国若干重大问题的决定》强调："坚持依法治国和以德治国相结合。国家

1

和社会治理需要法律和道德共同发挥作用。必须坚持一手抓法治、一手抓德治，大力弘扬社会主义核心价值观，弘扬中华传统美德，培育社会公德、职业道德、家庭美德、个人品德，既重视发挥法律的规范作用，又重视发挥道德的教化作用，以法治体现道德理念、强化法律对道德建设的促进作用，以道德滋养法治精神、强化道德对法治文化的支撑作用，实现法律和道德相辅相成、法治和德治相得益彰。"

核心价值观，是国家的核心竞争力。核心价值观是国家在世界上的形象，是国家在国际上的旗帜；核心价值观，是一个国家综合国力中最重要的"软实力"；核心价值观，是一个国家、一个民族内在的凝聚力和向心力；核心价值观是激励整个民族和国家拼搏进取的动力。

核心价值观建设，是兴国强军的一项重大战略工程，是一个国家、一个民族精神上的万里长城。必须具有深邃的战略眼光，才能够深刻认识这项工程的极其重要、极其紧迫、极其艰巨，从而自觉抓好落实。这种战略眼光主要表现在三个视野：首先，是核心价值观建设的"世界视野"——从世界舞台上国家之间的价值观竞争，看待核心价值观建设的核心价值。其次，是核心价值观建设的"国家视野"——从支撑中国特色社会主义核心价值体系的高度，看待核心价值观建设的核心价值。再次，是核心价值观建设的"军事视野"——从国防和军队建设全局的高度，看待核心价值观建设的核心价值。

因此，我们关于"核心价值观"建设的战略思考，也就从国际篇、国家篇、军队篇这三个层面展开，努力在世界大国"价值观竞争"的战略视野下，在中国"社会主义核心价值体系"的全局中，在当代革命军人核心价值观建设的成功实践中，深入研究用社会主义核心价值观兴国强军的特点规律。

王福军

2015 年 1 月

目　　录

绪　论

学习习近平关于社会主义核心价值观重要论述

　　党的十八大提出，倡导富强、民主、文明、和谐，倡导自由、平等、公正、法治，倡导爱国、敬业、诚信、友善，积极培育和践行社会主义核心价值观。这对于实现中华民族的伟大复兴，具有极其重要的战略意义。积极培育和践行社会主义核心价值观，将为兴国强军的伟大事业提供强大的精神动力。十八大之后，围绕社会主义核心价值观问题，习近平有一系列重要论述，认真学习这些重要论述，深刻领会精神实质，努力把握这些论述所强调的重要战略思想，就能够大大增强我们积极培育和践行社会主义核心价值观的自觉性和科学性。

一、中华民族是一个具有悠久价值观传统的国家

中华民族五千年来之所以能够具有强大的生命力、凝聚力，就因为她具有悠久的价值观传统和价值观优势。习近平 2012 年 11 月 15 日在十八届中共中央政治局常委同中外记者见面时的讲话中指出，在漫长的历史进程中，中国人民依靠自己的勤劳、勇敢、智慧，开创了民族和睦共处的美好家园，培育了历久弥新的优秀文化。习近平 2012 年 11 月 29 日在参观《复兴之路》展览时的讲话中指出，近代以后，中华民族遭受的苦难之重、付出的牺牲之大，在世界历史上都是罕见的。但是，中国人民从不屈服，不断奋起抗争，终于掌握了自己的命运，开始了建设自己国家的伟大进程，充分展示了以爱国主义为核心的伟大民族精神。习近平 2013 年 3 月 1 日在中央党校建校 80 周年庆祝大会暨 2013 年春季学期开学典礼上的讲话中指出，中国传统文化博大精深，学习和掌握其中的各种思想精华，对树立正确的世界观、人生观、价值观很有益处。古人所说的"先天下之忧而忧，后天下之乐而乐"的政治抱负，"位卑未敢忘忧国"、"苟利国家生死以，岂因祸福避趋之"的报国情怀，"富贵不能淫，贫贱不能移，威武不能屈"的浩然正气，"人生自古谁无死，留取丹心照汗青"、"鞠躬尽瘁，死而后已"的献身精神等，都体现了中华民族的优秀传统文化和民族精神，我们都应该继承和发扬。习近平 2013 年 3 月 17 日在十二届全国人大一次会议闭幕会上的讲话指出，中华民族具有五千多年连绵不断的文明历史，创造了博大精深的中华文化，为人类文明进步作出了不可磨灭的贡献。经过几千年的沧桑岁月，把我国 56 个民族、13 亿多人紧紧凝聚在一起的，是我们共同经历的非凡奋斗，是我们共同创造的美好家园，是我们共同培育的民族精神，而贯穿其中的、最重要的是我们共同坚守的理想信念。

二、要自觉践行社会主义核心价值观

核心价值观，关键是要进入内心，要变成思想，要变成行动。习近平 2012 年 11 月 15 日在党的十八届一中全会上的讲话中指出，我们要继续坚持走中国特色社会主义文化发展道路，推动社会主义文化大发展大繁荣，深化文化体制改革，提高国家文化软实力，加强社会主义核心价值体系建设，丰富人民群众精神文化生活，增强人民精神力量。习近平 2013 年 4 月 28 日在同全国劳动模范代表座谈时的讲话中指出，要自觉践行社会主义核心价值观，发扬我国工人阶级的伟大品格，用先进思想、模范行动影响和带动全社会，不断为中国精神注入新能量，始终做弘扬中国精神的楷模。习近平 2013 年 5 月 4 日在同各界优秀青年代表座谈时的讲话中指出，广大青年要把正确的道德认知、自觉的道德养成、积极的道德实践紧密结合起来，自觉树立和践行社会主义核心价值观，带头倡导良好社会风气。要加强思想道德修养，自觉弘扬爱国主义、集体主义、社会主义思想，积极倡导社会公德、职业道德、家庭美德。

三、要加强社会主义核心价值体系建设

加强社会主义核心价值体系建设，就是增强国家战略软实力。习近平 2013 年 8 月 19 日在全国宣传思想工作会议上的讲话中指出，要加强社会主义核心价值体系建设，积极培育和践行社会主义核心价值观，全面提高公民道德素质，培育知荣辱、讲正气、作奉献、促和谐的良好风尚。习近平 2013 年 11 月 26 日在山东考察时的讲话中指出，国无德不兴，人无德不立。必须加强全社会的思想道德建设，激发人们形成善良的道德意愿、道德情感，培育正确的道德判

断和道德责任，提高道德实践能力尤其是自觉践行能力，引导人们向往和追求讲道德、尊道德、守道德的生活，形成向上的力量、向善的力量。只要中华民族一代接着一代追求美好崇高的道德境界，我们的民族就永远充满希望。习近平 2013 年 12 月 30 日在中共中央政治局第十二次集体学习时的讲话中指出，提高国家文化软实力，要努力夯实国家文化软实力的根基。要坚持走中国特色社会主义文化发展道路，深化文化体制改革，深入开展社会主义核心价值体系学习教育，广泛开展理想信念教育，大力弘扬民族精神和时代精神，推动文化事业全面繁荣、文化产业快速发展。夯实国内文化建设根基，从每一个人抓起。要继承和弘扬我国人民在长期实践中培育和形成的传统美德，坚持马克思主义道德观、坚持社会主义道德观，在去粗取精、去伪存真的基础上，坚持古为今用、推陈出新，努力实现中华传统美德的创造性转化、创新性发展，引导人们向往和追求讲道德、尊道德、守道德的生活，让 13 亿多人的每一分子都成为传播中华美德、中华文化的主体。当代中国价值观念，就是中国特色社会主义价值观念，代表了中国先进文化的前进方向。我国成功走出了一条中国特色社会主义道路，实践证明我们的道路、理论体系、制度是成功的。要加强提炼和阐释，拓展对外传播平台和载体，把当代中国价值观念贯穿于国际交流和传播方方面面。中国梦的宣传和阐释，要与当代中国价值观念紧密结合起来。中国梦意味着中国人民和中华民族的价值体认和价值追求，意味着全面建成小康社会、实现中华民族伟大复兴，意味着每一个人都能在为中国梦的奋斗中实现自己的梦想，意味着中华民族团结奋斗的最大公约数，意味着中华民族为人类和平与发展作出更大贡献的真诚意愿。习近平 2014 年 2 月 17 日在省部级主要领导干部学习贯彻十八届三中全会精神全面深化改革专题研讨班开班式上的讲话中指出，要大力培育和弘扬社会主义核心价值体系和核心价值观，加快构建充分反映中国特色、民族特性、时代特征的价值体系。坚守我们的价值体系，坚守我们的核心价值观，必须发挥文化的作用。民族文化是一个民族区别于其他民族的独特标识。要加强对中华优秀传统文化的挖掘和阐发，努力实现中华传统美德的创造性转化、创新性发展，把跨越时空、超越国度、富有永恒魅力、具有当代价值的文化精神弘扬起来，把继承优秀传统文化又弘扬时代精神、立足本国又面向世界的当代中国文化创新成果传播出去。只要中华民族一代接着一代追求美好崇高的道德境界，我们的民族就永远充满希望。

四、使中华优秀传统文化成为涵养社会主义核心价值观的重要源泉

社会主义核心价值观与中华优秀传统文化血脉相连。习近平2014年2月24日在中央政治局第十三次集体学习时的讲话中强调，把培育和弘扬社会主义核心价值观作为凝魂聚气、强基固本的基础工程，继承和发扬中华优秀传统文化和传统美德，广泛开展社会主义核心价值观宣传教育，积极引导人们讲道德、尊道德、守道德，追求高尚的道德理想，不断夯实中国特色社会主义的思想道德基础。核心价值观是文化软实力的灵魂、文化软实力建设的重点。这是决定文化性质和方向的最深层次要素。一个国家的文化软实力，从根本上说，取决于其核心价值观的生命力、凝聚力、感召力。培育和弘扬核心价值观，有效整合社会意识，是社会系统得以正常运转、社会秩序得以有效维护的重要途径，也是国家治理体系和治理能力的重要方面。历史和现实都表明，构建具有强大感召力的核心价值观，关系社会和谐稳定，关系国家长治久安。培育和弘扬社会主义核心价值观必须立足中华优秀传统文化。牢固的核心价值观，

都有其固有的根本。抛弃传统、丢掉根本，就等于割断了自己的精神命脉。博大精深的中华优秀传统文化是我们在世界文化激荡中站稳脚跟的根基。中华文化源远流长，积淀着中华民族最深层的精神追求，代表着中华民族独特的精神标志，为中华民族生生不息、发展壮大提供了丰厚滋养。中华传统美德是中华文化精髓，蕴含着丰富的思想道德资源。不忘本来才能开辟未来，善于继承才能更好创新。对历史文化特别是先人传承下来的价值理念和道德规范，要坚持古为今用、推陈出新，有鉴别地加以对待，有扬弃地予以继承，努力用中华民族创造的一切精神财富来以文化人、以文育人。要讲清楚中华优秀传统文化的历史渊源、发展脉络、基本走向，讲清楚中华文化的独特创造、价值理念、鲜明特色，增强文化自信和价值观自信。要认真汲取中华优秀传统文化的思想精华和道德精髓，大力弘扬以爱国主义为核心的民族精神和以改革创新为核心的时代精神，深入挖掘和阐发中华优秀传统文化讲仁爱、重民本、守诚信、崇正义、尚和合、求大同的时代价值，使中华优秀传统文化成为涵养社会主义核心价值观的重要源泉。要处理好继承和创造性发展的关系，重点做好创造性转化和创新性发展。

五、各级领导干部要带头培育和践行社会主义核心价值观

核心价值观建设不仅是民众的思想建设，更是各级官员尤其是领导干部的根本思想建设。领导干部核心价值观建设的状况，直接关系国家核心价值观建设的效果。习近平 2014 年 3 月 9 日参加十二届全国人大二次会议安徽代表团审议时的讲话强调，各级领导干部都要树立和发扬好的作风，既严以修身、严以用权、严以律己，又谋事要实、创业要实、做人要实。严以修身，就是要加强党性修养，坚定理想信念，提升道德境界，追求高尚情操，自觉远离低级

趣味，自觉抵制歪风邪气。严以用权，就是要坚持用权为民，按规则、按制度行使权力，把权力关进制度的笼子里，任何时候都不搞特权、不以权谋私。严以律己，就是要心存敬畏、手握戒尺，慎独慎微、勤于自省，遵守党纪国法，做到为政清廉。谋事要实，就是要从实际出发谋划事业和工作，使点子、政策、方案符合实际情况、符合客观规律、符合科学精神，不好高骛远，不脱离实际。创业要实，就是要脚踏实地、真抓实干，敢于担当责任，勇于直面矛盾，善于解决问题，努力创造经得起实践、人民、历史检验的实绩。做人要实，就是要对党、对组织、对人民、对同志忠诚老实，做老实人、说老实话、干老实事，襟怀坦白，公道正派。要发扬钉钉子精神，保持力度、保持韧劲，善始善终、善作善成，不断取得作风建设新成效。

第一章

核心价值观是国家之魂

我们对"国家"的含义和因素可以从地域、政治、经济、军事、人口、种族等多方面去分析认识，但是构成国家的文化因素是极其重要的。任何国家，都是以主流意识形态为主导的利益共同体，是建立在起支配作用的核心价值观的基础之上的，是以对核心价值观的认同为凝聚力的根本源泉的。国家的向心力，说到底，就是核心价值观的感召力和凝聚力，就是人们对核心价值观的认同和信仰。在这个意义上，任何国家都必然是"精神国家"、"文化国家"、"价值观国家"。没有核心价值观的国家不成其为国家。核心价值观是形成国家的核心要素，是维系国家的精神纽带，是支撑国家的文化支柱。

一、核心价值观建设——塑造国家的奠基工程

现代国家是用核心价值观塑造出来的。社会主义国家是建立在社会主义核心价值观的基础之上的，社会主义国家是用社会主义核心价值观塑造出来的。资本主义国家是建立在资本主义核心价值观的基础之上的，是用资本主义核心价值观塑造出来的。

美国是当今世界最大的资本主义国家，也是意识形态色彩最为强烈的国家，美国是建立在"美式价值观"上的国家。人们对美国的认识有一个误区，认为美国 200 年历史短暂，是个暴发户，没有什么深厚的精神文明。其实不然。欧洲人到北美去，带去的基本信仰是天赋人权，美国的建国和宪法精神汲取的是英国思想家洛克的思想，是欧洲的启蒙思想，还有英国在克伦威尔之前有一种平均派思想，追求上帝面前人人平等。所谓天赋人权就是上帝造人的时候就给予的权利。

习贤德在《孙中山与美国》一书中指出：美国的思想家们认为，美国的传统精神是追求利益的资本主义精神，以及配合这一思想的自助论。美国精神的思想来源，大致有三个部分：一是 17 世纪的基督教提供了道德主义、太平盛世主义、个人主义等素材，强调个人的良知、自由精神、宗教精神、民主。18 世纪增加了启蒙时期的新概念，包括：自然权利、自由、社会契约、政府角色的限制、政府依赖社会的观念。平等的概念成为独立宣言中组织社会的基础，对于阶级、身份、世袭特权等等的合法性都产生质疑。19 世纪之后，又增加了人民拥有主权，以及政府必须民主化的主张。美国精神汇聚了世界进步中的新精神，在兼容并蓄中形成了美国主义。美国精神在 17、18、19 世纪有三次纵向延伸发展，也有在横向方面的发展，是以实用精神来贯穿的。美利坚民族具有民主、自由、自

立、坚韧不拔的个人主义等优秀特质。①

康马杰是美国著名的历史学家、评论家，是研究美国精神的大师。他认为，研究美国精神首要的前提是美国人有自己的性格，有自己的哲学。是美国的整个环境而不是局部环境决定了美国人的性格，塑造了美国式的人。整个环境指土地辽阔，便于流动，有独立的气氛，崇尚乐观进取的精神，大多数美国人比较务实。但是有时候美国人也太过于自我，轻视其他国家和民族，相信自己的国家是世界的最高希望所在。

关于美国的政治信仰和价值观，哈佛大学著名政治学者亨廷顿认为，美国信条从独立战争时期就开始形成，从18世纪末到19世纪初，美国就已经形成了一些基本的政治价值理念，成为美国信条。美国信条的核心内容，是来自欧洲资产阶级革命时期的思想家，但是也可以追溯到古代希腊。

中国研究美国问题的专家孙哲，在他的著作《美国学》一书中，也对美国价值观进行了深刻的分析，读后感到深受启发。

综合国际国内一些专家学者的研究成果，可以把所谓的美国精神、美国信条、美国理念、美国价值观，概括表述为九论，这就是：自由论、平等论、民主论、人权论、法制论、个人主义论、楷模论、救世论、世界领袖论九个主要方面：

（1）"自由"价值论——自由，是美国人最响亮、最根深蒂固的一种价值。自由规范着个人生活和政治生活中一切好的东西。自由在普通大众的现实生活中的意义，就是不让别人过问自己的事情；不允许别人把他们的价值观点想法、生活方式强加给自己；自由就是要保证每个人在工作、家庭生活和政治生活中不受独裁专制的统治。例如，1983年，为了加强联邦政府的保密工作，为了考察

---

① 习贤德：《孙中山与美国》，上海人民出版社2008年版，第91—92页。

官员的忠诚，里根颁布了一条行政命令，要求所有的政府官员，特别是那些接近机密文件的官员，要接受"测谎检查"，结果遭到强烈的抵制和抗议，很多人认为这样做是干涉了个人的自由，侵犯了人格，就连国务卿舒尔茨也表示，宁可辞职也不接受。[①]

关于美国的"自由"价值论，罗斯福在1933年的就职演说中有一个经典全面的表述，他把"免于匮乏的自由"和"免于恐惧的自由"与"言论自由"、"信仰自由"并列，称为"四大自由"。这就是："言论自由"、"信仰自由"、"免于匮乏的自由"、"免于恐惧的自由"。这是对美国资本主义"自由"价值理念的发展，也是对社会达尔文主义的否定。罗斯福新政期间的社会保障立法，内容广泛，包括失业保险、养老保险、医疗保险、最低工资、最高工时、最低存款保险、对困难户的住房保障和廉价住房供应等等，奠定了美国社会福利制度的基础。美国社会这方面的进步和发展，是与美国自由价值观的演变有密切关系的。

（2）"平等"价值论——美国人的平等价值观中，主要有两个内容：一是机会的平等。也就是起跑线上的平等；二是结果的平等。就是缩小贫富差距。在这两种平等观念中，美国人更加重视机会的平等。平等的价值观集中体现在"美国梦"的实现上。所谓美国梦，就是平等竞争，为人们成功实现理想和梦想，创造和提供平等的环境和条件。美国梦的前提是：在美国从来就没有在欧洲那样的享有特权的贵族阶级，大批的第一代创业者都是白手起家、零点起步，大家都以移民的身份创业，最初的竞争条件都是平等的。即使是在今天的美国，也还是存在不断上升的机会和白手起家的榜样。在美国"人人成为富翁"的口号是一个现实的口号。

美国梦的奋斗场所是市场。在美国人心目中，市场是他们大展

---

① 陈朝晖：《美国》，京华出版社2001年版，第34—46页。

11

宏图的舞台，是他们的事业成功的竞技场。市场对于他们简直等同于宗教，是神圣不可侵犯的。

美国梦的崇尚对象是贫民奋斗成功者。林肯总统受到美国人民的爱戴，既在于他的丰功伟绩，又在于他出身贫民，他的奋斗经历就是美国梦的一个典型体现。奥巴马作为美国历史上第一个黑人总统，也成为"美国梦"的一个典型。

（3）"个人主义"价值论——美国人认为每一个人生下来就是自由的，但是要真正享受自由，就必须自我奋斗。美国人在与人交谈的时候，很少通过炫耀自己的家庭或者社会关系来抬高自己。如果谁那么做了，只能让别人觉得他是个不成熟的孩子。美国人所喜爱的单枪匹马走天下的牛仔形象，就体现了美国人自立和奋斗的形象。当问道：公民遇到困难是依靠政府帮助解决还是依靠个人努力解决？在美国只有 23％的人认为要依靠政府。而在英国和法国是50％～60％认为要依靠政府解决。当问道：公民的个人幸福是依靠政府还是个人？2/3 的美国人认为依靠自己的努力而不是依靠政府的帮助。美国是一个年轻的移民国家，鼓励个人主义，崇尚个人奋斗和开创精神。

（4）民主价值论——美国人标榜，美国的民主最主要的是表现在"人民主权"上，不仅人民是自己的主人，享有不受侵犯的权利，而且人民决定官员的政治命运，人民是国家权力的主人。民主派领袖杰斐逊继承和发展了欧洲老师洛克、卢梭等人的"天赋人权"思想，认为人民是正直善良的，是正义力量的源泉，"多数人的意志"是社会的自然法则，人民有自治能力，有按照社会契约建立政府和管理国家的能力。认为民主政府的成立，必须符合"被统治者同意"的原则，契约应该是合法政府的不可缺少的基础。为了确保契约的效能，应该通过民主的方式，必要的时候甚至可以采取革命的方式更新契约。他反对以财产和门第为标准的"人为贵族"，主张根据德行和才能由人民选举出来的"天然贵族"执掌政权。反对中央政府过于强大和膨胀，认为管得最少的政府是最好的政府。就是相信人民群众的选择和自治能力。杰斐逊对于1787年的谢思起义，有自己的民主性理解。起义爆发时，他担任美国驻法国公使，他在给一个朋友的信中说，这是一次有益于社会健康的起义，他认为"不时有点小小的叛乱乃是一件好事……它是健全政府健康的一剂良药……自由之树必须常常用爱国者和暴君的血来浇灌"①。

美国民主的具体实现和表现包括：成年人的公民资格、有效的参与、投票的平等、充分的知情、对议程的最终控制等。美国民主还在于在多数人的权力和少数人的权力之间以及所有成年公民的政治平等和限制其主权需要之间达成某种妥协。在美国，民主的体制是非暴政的共和。民主不压制少数。民主宽容疑义。这不仅体现在法律保护的层面，而且扎根在文化中。宪法第一修正案对言论自由进行捍卫。这甚至被称为思想主权、观点主权。给大学教授终身职位以保护异端邪说。容忍不同意见，反对压制言论，这些也已经成为社会的共识，成为一种生活方式。

（5）"人权"价值论——在第一次世界大战时期，美国外交政策就包含人权因素。威尔逊总统提出理想主义外交，宣扬美国不是为了追求私利，"只是捍卫人类权利"。这就把国家的尊严和所谓人权作为政策的重要基础。威尔逊总统提出理想主义外交，对罗斯福有重要影响。罗斯福在1941年1月6日的国情咨文中提出建立安全和谋求"四大人类基本自由的世界"。就是"言论和发表意见的自由"，"每个人以自己的方式崇奉上帝的自由"，"不虞匮乏的自由"，"不虞恐惧的自由"。1941年8月9日，在罗斯福和丘吉尔共同签署的《大西洋宪章》中重申了这些基本原则：在打败法西斯之后，世

① 张兹暑：《美国两党制发展史》，河北教育出版社2003年版，第81—84页。

界要建立和平，使各国人民安居乐业、自由生活、无所恐惧、不虞匮乏。在后来的《联合国家宣言》以及《联合国宪章》等国际文件中都重申了有关基本人权的原则和条文。战后美国政府一直关注人权问题，因为这关系到美国的价值观念和美国作为世界领袖的形象与地位。但是在20世纪70年代中期以前，美国政府基本上没有把人权与外交捆绑在一起。卡特上台后提出人权外交，对苏联和盟国展开意识形态攻势，在同苏联竞争世界霸权的过程中，用道义力量来弥补军事力量的不足。卡特要在全世界领导人权运动，认为伸张人权将成为全世界未来的潮流，美国要站在这个运动的浪尖之上，强调人权是美国外交政策的灵魂和精髓，是确定同其他国家外交关系的重要因素。宣布人权为美国外交政策的基石。[1] 1977年1月20日，卡特就任总统时宣布："由于我们是自由的，我们永远不能对其他地方自由的命运漠然置之。我们的道义感决定了我们明白无误地偏向于那些和我们一样坚持尊重个人人权的社会。"1977年5月21日，卡特在圣母大学做对外政策讲话时又强调："对于人权所负有的义务"，是"美国对外政策中的基本信条"。[2]

卡特上台不久，便下令在美国国务院设立人权与人道事务司，司长由助理国务卿兼任，人员编制30多人。并且在驻外使馆派驻负责人权事务的官员，让他们不要顾及驻在国的"敏感与利益"，尽量对人权状况提出"自由的报告"以及各种建设性措施，以此促进驻在国不断改善人权。1979年12月，卡特政府宣布举行"人权周"，大肆宣扬美国在人权问题上的"理想、信心、决心"。[3] 美国的人权攻势是在世界上以人权博取人心，捞取政治资本。煽动苏联

---

[1] 刘金质：《冷战史》中册，世界知识出版社2003年版，第776页。

[2] 王绳祖主编：《国际关系史》第10卷，世界知识出版社1996年版，第260—262页。

[3] 王绳祖主编：《国际关系史》第10卷，世界知识出版社1996年版，第18—20页。

和东欧国家国内的不满情绪，从政治上争取人心。美国不仅利用人权问题对苏联施加道德压力，而且在拉丁美洲用人权来标榜美国民主，迫使拉丁美洲的军人政权适当改变统治方式，强迫拉美军人政权进行自由选举，向"民主与人权的社会"过渡，实现"还政于民"，缓和国内矛盾，稳定拉丁美洲局势，改善战后一直支持拉丁美洲亲美独裁政权的美国形象。卡特上台时，拉丁美洲有10多个国家由军人执政，卡特在拉丁美洲推行人权外交，停止对一些军人政权的军事援助，减少或者停止经济援助，而引起一些军人政权的不满，导致关系紧张。[①]

（6）"法制"价值论——美国的开国元勋们，美国的制宪之父们，对于英国国王的专制给殖民地带来的祸害有痛切的体验，他们的强烈要求和奋斗目标，就是防止专制，就是对权力进行制衡。美国宪法，是美国人为自己写作的一部政治圣经，是美国人为自己创造的一个世俗生活的上帝，是美国人为自己创造的一个"国王"。在美国不是以人为国王，而是以法为国王，宪法就是美国的国王。美国人具有神圣的宪法信仰。美国宪法是建立在制衡的原则基础之上的，宪法之父们的宗旨，就是以权力制衡权力，以野心对抗野心。美国宪法的制定，使政府机构设置达到了权力分散和权力制衡的目的。美国宪法只有4300个单词，这样一个简短的文件，用简练的词句和精湛的文笔阐明了政府的原则和结构。美国宪法是在给定的时间内用美国精英们的才智和决心所写成的非凡杰作。美国法制的要义是法律至上。美国的法律可以分为三个理论层次：一是法制的"理想状态"——是指法制的价值观。包括法制的原理、原则、基本观念。法制的理想状态是人们的认识、期望、理想、信仰、目标。二是法制的"规范状态"——是指法制理想的法律表现状态，

———————————
① 王绳祖主编：《国际关系史》第10卷，世界知识出版社1996年版，第260—262页。

具体表现为依据法制原则制定的各种法律法规。三是法制的"现实状态"——是指法制理想、法制规范的实现程度。美国社会崇尚的法制信仰，最核心的是在法制理想上。[①]

（7）"楷模"价值论——也称之为"美国特殊论"。美国人认为美国这个国家是上帝的最大创造，认为美国是上帝在人间创造的地上天国。认为美国的制度、生活模式本身就是特殊的，认为美国是高于其他国家、优于其他国家的楷模国家。美国楷模论、美国特殊论是美国价值观的主体。当美国尚未建国的时候，在1630年马萨诸塞州州长约翰·温斯罗普（John Winthrop）就要求其人民要"意识到我们将是山巅之城，所有人的眼睛都在注视着我们"。[②]

《剑桥美国对外关系史》一书指出："美国人自认为是个模范社会，命中注定要去改造世界。正如约翰·昆西·亚当斯的父亲在1765年写道：'我向来是怀着崇敬和惊奇的心情认为，北美的拓殖乃是上苍教化和解放全世界所有奴性十足之人的宏伟计划的开端。'这表达了一种早已广泛流传的看法。美国革命的成功以及共和政府的建立，增强了这种感情；绝大多数美国人相信，法国大革命、拉美革命和欧洲1848年的反叛，证实了这种看法，尽管历史学家们仍在就他们这个观点有多大的精确性进行着争论。因此，在1850年出版的《白鲸》这部小说中，赫尔曼·梅尔维尔能够写道：'我们是世界的自由之乡……让我们永远记住，在人类历史上几乎亘古未见的事情是，我们国家的私心，就是永无止境地行善施好；我们不能为美国谋取好处，但却必须向整个世界提供接济。'在约翰·昆西·亚当斯终其一生的整个时代里，美国人自始至终都在追求着被

---

① 孙哲：《美国学》，上海人民出版社2008年版，第15页。
② 孙哲：《美国学》，上海人民出版社2008年版，第16页。

尊为世界楷模的目标。"① "美国人自认为是世界的向导。"② "美国人宁愿自己是执炬者或护火人，而不是武装的征服者。1821 年，国务卿约翰·昆西·亚当斯——穿着教授长袍从而避免看上去是在发表正式讲话——在国庆演说中谴责了君主制度，将美国说成是'山巅上的灯塔，全世界人民都可以见到它温暖的拯救光芒'。"③ "美国更愿意充当'山巅上的灯塔'，为山下那些苦苦斗争的人提供指南。"④

美国楷模论、美国特殊论的真正意义是美国优越论。认为美国式的文明，从价值观念到社会制度，从生产方式到生活方式，都远远优越于其他民族，是世界的楷模和榜样。在自由女神像的碑文上写着："将你的疲惫、贫困交付与我，享受自由的呼吸。"从立国之日起，美国就把自己作为"自由的灯塔"，坚信可以"有各种机会和各方面的鼓励来建立世界上最高尚、最纯净的整体"，美国"有能力开始重新建设世界"⑤，并且以美国为范例，将自由与社会正义传布于全世界。由此，美国人成了将文明和自由带入荒野的圣战者。

（8）"救世"价值论——也称为"美国使命论"，是美国价值观的又一个支柱。赫尔曼·梅尔维尔（Herman Melville）写道："我们美国人是独特的选民——我们时代的上帝的选民；我们肩负着作为世界自由的避难所的责任。上帝从我们的民族中预先确定了伟大的事情，人类也从我们的民族中期望着伟大的事情；我们在我们的

---

① 〔美〕孔华润（沃沦·I. 科恩）主编：《剑桥美国对外关系史》上册，新华出版社
2004 年版，第 9—10 页。

② 〔美〕孔华润（沃沦·I. 科恩）主编：《剑桥美国对外关系史》上册，新华出版社
2004 年版，第 24 页。

③ 〔美〕孔华润（沃沦·I. 科恩）主编：《剑桥美国对外关系史》上册，新华出版社
2004 年版，第 53 页。

④ 〔美〕孔华润（沃沦·I. 科恩）主编：《剑桥美国对外关系史》上册，新华出版社
2004 年版，第 160 页。

⑤ 《潘恩选集》，商务印书馆 1989 年版，第 57 页。

灵魂中感受到了伟大的事情。其他民族一定会很快落在我们的身后，我们已经对自己怀疑得够久了，我们确实怀疑政治救世主是否已经降临。而他已经降临到世间，并且和我们结为一体。"美国人对于他们民族命运的看法，带有强烈的宗教性，他们认为美利坚民族是上帝造就出来创造人类历史的新开端的。美国人信奉自己开拓了一片新的大陆，创造了一个新的世界，奉献了一种最文明的政治体系。美国使命论深植于美国文化的基因中。最早漂洋过海来到北美的殖民者，他们的主要动机就是为了摆脱宗主国的宗教压迫和宗教迫害，寻找实践自己宗教信仰的场所，实现建立"圣山之圣城"的崇高理想。移民们在北美签订的第一个公约——"五月花号公约"，被认为是奠定了美国民主的基石。"五月花号公约"确立的目标是：继续清教实验，"弘扬上帝的荣耀，推进基督的信仰，同舟共济，以契约形式组成政府"，实现自我完善。北美新大陆的开拓者们认为："正是在美国这里，上帝将要开始对地球上可居住地区进行变形更新，即一种以激进的、新的宇宙秩序为标志的更新……所以，美国的未来不仅是其自身的未来，而且也是人类的未来，世界的未来，甚至是宇宙的未来。"美国人认为他们是上帝的选民，具有天赋的使命，是上帝选择他们来完成天定的命运的，整个世界要由他们来安排，让人类远离邪恶的道路，把人类引向新的耶路撒冷。[①]

美国使命论的核心内容是：美利坚民族是上帝最优秀的选民，美国肩负着向全世界传布美国文明的天赋使命，按照美国模式改造世界是美国的责任。美国人有一种宗教上、道义上、文化上义不容辞的使命感，认为美利坚民族是救世主民族，要把上帝的福音传播到整个世界。美国必须把美国的制度和美国的文明从最初的 13 个殖民地传播到整个美洲大陆和整个世界。美国人历来认为他们是站在

---

① 孙哲：《美国学》，上海人民出版社 2008 年版，第 17—18 页。

人类道义的制高点上，突破民族国家利益，维护世界的福祉，是"替天行道"的理想主义国家。这个道，包括基督教教义的传播，英美模式的议会民主制度的移植，资本主义市场经济的建立，个人自由和天赋人权观念的灌输等。

（9）世界"领袖"论——19世纪的美国思想家、散文家、诗人爱默生说，"在世界历史的每个时期，都有一个领导国家，它具有更为仁慈的胸襟，其品行出众的公民愿意充当普遍正义的、全人类的利益代表。……这样的国家，除美国之外，舍我其谁？……这样的领袖，除年轻的美国人之外，舍我其谁？舍我其谁？"[①]

美国人既然认为自己是美德、正直、善良的化身，是全世界的楷模和榜样，就应该是世界的领袖；认为美国既然肩负着拯救世界、改变世界的天定使命，美国就必须是世界领袖；由于美国拥有强大的物质、精神和道德力量，能够在完成上帝赋予的使命中所向无敌，这也决定了美国必然是世界领袖。随着美国国家实力的不断增强，美利坚民族是这个星球的"领导民族"、美国是这个世界的"领导国家"的观念，成为美国从普罗大众到政治领导人的指导理念。

1941年2月17日，美国《生活》杂志发行人亨利·卢斯发表了一篇社论《美国世纪》，认为美国有成为世界领袖的潜力。这一社论立即在美国各界引起广泛的共鸣。第二次世界大战以后，20世纪是"美国世纪"，成为美国人的信条；今后的世界必须由美国来领导，成为美国人的理念。1992年1月，美国总统老布什宣称："美国已从西方的领袖变成世界的领袖。"[②]

美国核心价值观批判——美国的这些核心价值观，是美国的文

---

① 〔美〕孔华润（沃沦·I. 科恩）主编：《剑桥美国对外关系史》上册，新华出版社2004年版，第181页。

② 齐世荣主编：《15世纪以来世界九强的历史演变》，广东人民出版社2005年版，第379页。

化基因，有它的历史进步性和局限性，也有它的反动性。正由于美国核心价值观的诸多内容，具有历史的和现实的进步性，因此就成为美国国家进步、社会发展的精神力量。而美国核心价值观的一些内容的局限性、虚伪性、反动性，则主要表现为扩张性、霸权性、反共性上。这方面的内容，成为美国扩张主义、霸权主义、帝国主义、强权政治、侵略干涉、冷战思维的理论基础和思想根源。例如1845年，当美国《民主评论》杂志主编约翰·L.奥沙利文首次提出"天定命运论"这个词的时候，他强调："我们的天定命运是，为了我们每年都在大幅增加的千百万人口的自由发展，向上帝指派给我们的这个大陆进行扩展。"[①] 在19世纪末，美国"天定命运"的理论再次甚嚣尘上。美国的思想家们宣扬盎格鲁·撒克逊种族是"优秀种族"，具有先进文明，肩负着使世界"基督教化"的使命，美国应该抓住时机"向墨西哥、中美洲和南美洲扩张，向海外群岛扩张，向非洲和非洲以远的地区扩张"。并且认为，世界基督教化以后，"商业将随着传教士"而来，由此，美国可以获得巨大的海外市场，彻底解决美国的经济危机和社会问题。[②]

美国今天用民主改造世界，就如同它们当年用基督教改造世界一样，实质都是用美国的国家利益来塑造和改造世界。正如美国一位历史学家所说："我们以为，我们发现的新生事物乃是'民主改造世界'"，"但事实上，却是'富足改造世界'"。[③] 所以，美国人用他们的价值观改造世界的最终目的，是用美国自己的利益改造世界，要把世界改造得符合美国的利益。

美国统治集团打着人权的幌子，以维护所谓人权否定国家主

---

① 〔美〕孔华润（沃沦·I.科恩）主编：《剑桥美国对外关系史》上册，新华出版社2004年版，第181页。

② 齐世荣主编：《从称霸世界到回归欧洲》，三秦出版社2005年版，第30页。

③ 〔美〕孔华润（沃沦·I.科恩）主编：《剑桥美国对外关系史》上册，新华出版社2004年版，第16页。

权，以推进人权来推行霸权，干涉别国内政。美国用自己的价值观判断世界，自命为世界的法官和警察，进行道德讨伐。以对美国的态度划线，以民主还是专制划线。美国把自己的价值观强行推销到全世界，要用美国式民主改造世界。美国对共产党领导的社会主义国家进行制裁、封锁、遏制，对中国推行西化、分化战略。这些既破坏世界和平、破坏国际社会和谐，给世界带来战争、混乱、灾难，也使美国在国际舞台上越来越陷于困难、孤立、危机。

所以，美国核心价值观在本质上，是为美国的国家利益服务的，是为美国的资本主义制度服务的，是为美国的强权政治服务的。我们必须认清问题的本质，保持清醒的政治头脑。

二、核心价值观建设——国家文化独立的支柱工程

核心价值观，是意识形态的本质体现，是国家文化的核心和制高点，是国家文化独立的支柱。国家的独立，不仅是政治、经济、军事、外交上的独立，而且是文化上的独立。核心价值观作为国家文化的主旋律，能够有效支撑、拉动、繁荣整个国家的文化事业，保证和实现国家的文化独立，防止国家成为"文化殖民地"和"文化依附国"。

现代美国是从英国的殖民地独立出来的。而美国由实现政治独立到实现文化独立，是经历了一个漫长的过程的。1776 年 7 月 4 日《独立宣言》的发表，宣告了北美 13 个殖民地脱离英国宗主国的统治，成为独立的国家。但是在 61 年后的 1837 年 8 月 31 日，美国又有一个文化独立宣言，虽然这个宣言是由一位伟大的美国思想家、散文家、诗人爱默生以演讲的形式表述的，但是它仍然被人们高度赞誉为美国的第二个独立宣言。

美国著名思想家拉尔夫·爱默生，代表了美国浪漫主义的巅峰，他的主要作品包括《美国学者》《论超灵》《自然沉思录》等。

1837年8月31日，爱默生向哈佛知识界发表了题为"美国学者"的演讲，他指出：美国人"聆听欧洲典雅的纽斯们的时间已经太长了"。他强调新大陆必须挣脱欧洲旧的传统的束缚，他号召并且鼓励美国学者为创建、发展、弘扬本国学术文化而努力。他满怀信心地断言，美国人拥有自己独特文化的"时代已经到来"。他说："我们要用我们的双足行走，我们要用自己的双手劳动，我们要说出我们自己的心里话。""我们仰仗别的民族的日子，我们向其他大陆讨教的漫长的'学徒期'就要结束了。我们周围有千千万万的人正在奔向真正的生活，来自异国他乡残存下来的枯萎的粮食再也不能来喂养他们了。"① 这篇演讲后来被广为传诵。被看成是美国知识分子的文化独立宣言。虽然以后30年的时间里，爱默生由于这篇演讲而被禁止进入哈佛大学，但是，他对于美国思想、美国文化、美国精神的独立和自主，却发生了巨大的影响，美国文化发展到爱默生时代，才真正实现了本土化，由美国大地上的欧洲文化变成了美国大地上的美国文化。从此开始，在美国这个移民国家中，才真正具有了美国特色的美国文化。从那以后，美国出现了一大批富有才华的思想家、作家、哲学家、诗人。爱默生被尊称为"美国学"的先驱。后来的人们一般把20世纪30年代作为"美国学"正式诞生的时间，其依据主要有两个标志：一是耶鲁大学在1931年率先由历史系和文学系开设了"美国思想与文明"课程，是跨系性质的课程。二是曾经拒绝爱默生的哈佛大学在1937年也开设了"美国文明"的研究生课程。

可以看出，国家的文化独立，国家的文化主权，有赖于核心价值观的确立，有赖于以核心价值观为主导的文化的大繁荣、大发展。今天，美国作为一个政治、经济和军事上的超级大国，同时也

---

① 孙哲：《美国学》，上海人民出版社2008年版，第44页。

是一个"价值观超级大国",是一个"文化超级大国"。美国仅仅电
影的收入就占全世界电影收入的 80％。即使是在文化大国法国,美
国电影也占票房的 60％、发行量的 30％～40％。当今世界流行音乐
多数来自美国,网站有 70％设在美国。发展中国家 80％的媒体产
业、娱乐产业的市场,被美国和西方国家所垄断。①

三、核心价值观建设——长治久安的国运工程

美国一位教育学家说:"凡是不曾培养出真正受到良好教育公
民的国家,不能称其为泱泱大国,凡是不能把公民社会的基本价值
观传给下一代的国家,不可能是好的国家,如果不能把本国青年置
于最优先考虑的地位,任何国家都不能强大。"②

核心价值观建设,关系到国家的性质、方向和形象,关系到培
养什么样的下一代,关系到国家的向心力和凝聚力,关系到国家的
长治久安和兴衰成败,是国家的灵魂工程、命运工程。政治家都把
核心价值观建设作为治国理政的一项基本理论和实践活动,放在战
略位置,都把核心价值观作为一面旗帜抓在手里,对内教育和凝聚
国民,对外影响和感召世界。

法国政论家托克维尔曾经在 1831 年亲自到美国考察了 9 个月,
在 1835 年和 1840 年先后出版了他的名著《论美国的民主》上卷和
下卷,他在下卷中说:"在美国,每星期的第七天,全国的工商业
活动都好像完全停顿,所有的喧闹的声音也听不到了。人们迎来了
安静的休息,或者毋宁说是一种庄严的凝思时刻。灵魂又恢复了自

---

① 王小强:《史无前例的挑战——读美国近来战略研究》,香港大风出版社 2006 年
版,第 28 页。

② 中央电视台《大国崛起》节目组编著:《大国崛起》系列丛书《美国》,中国民主
法制出版社 2006 年版,第 171—172 页。

主的地位，并且进行自我反省。在这一天里，市场上不见人迹；每个公民都带领自己的子女到教堂去，在这里倾听他们似乎很少听到过的陌生的布道讲演。他们听到了高傲和贪婪所造成的不可胜数的害处。传教士向他们说，人必须抑制自己的欲望，只有美德才能够使人得到高尚的享乐，人应当追求真正的幸福。他们从教堂回到家里，并不去看他们的商业账簿，而是要打开《圣经》，从中寻找关于造物主的伟大与善良，关于上帝的功业的无限壮丽，关于人的最后归宿、职责和追求永生权利的美好动人描写。美国人就是这样挤出一点时间来净化自己，暂时放弃其生活上的小小欲望和转瞬即逝的利益，而立即进入伟大、纯洁和永恒的理想世界的。我在本书的上一卷里考察过美国人的政治制度得以持久的原因，并且认为宗教是主要原因之一。现在，我要研究的是宗教对个人的影响，并且认为这种影响对每个公民的作用，并不亚于它对整个国家的作用。美国人以他们的行动证明，他们认为必须依靠宗教，才能够使民主制度具有德化的性质。"①

托克维尔不无感慨地说："因此，民主国家的立法者和一切有德有识之士，应当毫不松懈地致力于提高人们的灵魂，把人们的灵魂引向天堂。凡是关心民主社会未来的人，都应该团结起来，同心协力，不断努力，使永恒的爱好、崇高的情感和对非物质享乐的热爱洋溢于民主社会。"②

在美国，核心价值观建设的重点场所是教会、教堂和学校。托克维尔说："一个民主国家之能够有信仰，主要应当归功于宗教；而且，民主国家比其他任何国家更需要有信仰。"③ "宗教使人养成

---

① 《论美国的民主》下卷，商务印书馆1988年版，第675—676页。
② 《论美国的民主》下卷，商务印书馆1988年版，第677页。
③ 《论美国的民主》下卷，商务印书馆1988年版，第678页。

待人处事都考虑来世的一般习惯。"① 美国开国政治家有一个重要观点，就是美国的共和制政体需要一个宗教基础，后来的美国政治家也认为，美国精神的第一个也是最基本的表现，就是承认上帝的存在，美国式样的政体、美国的生活方式，都是以上帝的存在为基础的。否认上帝的存在，就是向美国社会和政体的根本挑战。美国精神的第二个表现，就是上帝选民说，认为美国人是上帝挑选的，担负着上帝授予的在世界上行善的使命。美国公民宗教的第三个部分，就是在公众言论和公共礼仪中渗透和遍布宗教言辞和宗教象征。总统宣誓就职手抚《圣经》，结束语是"愿上帝助我"。美国的钱币包括纸币和硬币，印有"美利坚合众国"和"我们信仰上帝"。重大公共仪式在开始和结束时都有教职人员读祈祷文。国会每天会议开始时先做祷告。美国的国旗，是基督徒心目中的十字架。② 美国每周到教堂做礼拜的人占总人口的 40％。③

美国对内重视价值观建设，对外推行价值观扩张和价值观侵略。毛泽东在 1949 年中国革命胜利前夕发表的《"友谊"，还是侵略?》一文中说："美帝国主义比较其他帝国主义国家，在很长的时期内，更加注重精神侵略方面的活动，由宗教事业而推广到'慈善'事业和文化事业。据有人统计，美国教会，'慈善'机关在中国的投资，总额达四千一百九十万美元；在教会财产中，医药费占百分之十四点七，教育费占百分之三十八点二，宗教活动费占百分之四十七点一。我国许多有名的学校如燕京、协和、汇文、圣约翰、金陵、东吴、之江、湘雅、华西、岭南等，都是美国人设

---

① 《论美国的民主》下卷，商务印书馆 1988 年版，第 683 页。

② 王小强：《史无前例的挑战——读美国近来战略研究》，香港大风出版社 2006 年版，第 42—43 页。

③ 王小强：《史无前例的挑战——读美国近来战略研究》，香港大风出版社 2006 年版，第 48 页。

立的。"①

可以看出，美国人对核心价值观建设这项灵魂工程，从内政到外交，都是高度重视，毫不松懈地摆在战略位置上的。

中国是社会主义国家，西方世界特别是美国对中国推行西化、分化战略的实质，就是对中国进行的一种"价值观攻势"，就是谋求对中国的价值观优势，就是要用西方的那一套价值观演变和改造中国。我们必须筑起中国的价值观长城，保持国家的价值观优势。

四、核心价值观是国家的形象、旗帜

国家之间的战略竞争，首先是核心价值观的竞争。核心价值观是一个国家的立国之本，也是一个国家在国际上的形象和旗帜。核心价值观，确立的是一个国家价值判断的基本标准，展示的是一个国家的根本性质和奋斗目标，体现的是一个国家的内在追求和外在诉求，核心价值观是国家政治和意识形态的"内核"，是文化和道义的制高点。人们判断和定位一个国家，首先是从分析认识其核心价值观入手。

一个国家的国际影响力，首先是它的核心价值观的影响力。法国大革命之所以"大"，是因为提出了具有世界意义的自由、平等、博爱的核心价值观，这一价值观具有深远的历史意义和世界性的影响。马克思主义是科学的进步的世界观，马克思主义同时也是人类最进步的价值观，因此具有巨大的感召力和影响力，能够把千千万万的人激励和动员起来。

一个国家的核心价值观不仅表现在内政方面，而且表现在外交领域。占领核心价值观这个道义的高地，就能够扩大国家的道义影

---

① 《毛泽东选集》，人民出版社 1964 年版，第 1395 页。

响。在第一次世界大战期间，威尔逊总统率先举起了"非殖民化"、"民族自决"、"集体安全"三面旗帜，就为正在崛起的美国赢得了国际社会的赞同。今天正在崛起的中国，在全球化时代高举和平、发展、合作的价值观旗帜，用和平发展、和平崛起的宣示和建设和谐世界的目标，向全世界展示自己的外交价值观，赢得了世界的广泛赞扬，也进一步确立了中国在世界上主张和平、主持正义的负责任的大国形象。

国家有大有小，经济、军事力量有强有弱，但是在价值观上，小国也可以有大作为，小国也可以有大影响，小国因为其价值观的进步和前卫，能够享有崇高的国际声誉。在国际舞台上，新加坡就是这样一个范例。1991 年 1 月 15 日，新加坡国会通过了政府提出的"共同价值观"。内容包括：国家至上，社会为先；家庭为根，社会为本；社会关怀，尊重个人；协商共识，避免冲突；种族和谐，宗教宽容。① 新加坡是一个面积只有 640 多平方公里的岛国，相当于北京市一个区的面积，相当于中国的一个小县，居住着 400 多万人口，新加坡人均国土面积只有 150 多平方米。②

法国一位部长曾经说过：中国在向世界输出自己的价值观以前，不能成为真正的世界大国。法国部长的这句话表达了他的一种看法，那就是大国之所以"大"，一个重要标志，就是要有既能够凝聚自己、又能够影响甚至是风靡世界的"大"文化，要有激励本国又感召世界的大价值观。中国要建设文化大国，但是中国不会像美国那样向世界强制推销、推行自己的价值观。中国文化、中国价值观走向世界的过程，是一个与世界其他一切进步的积极的文化互相包容、互相借鉴、互相融会的过程，是既保持自己特色又尊重其他文明的过程，是既学习世界文化又丰富世界文化的过程，是共同

---

① 吕元礼：《新加坡为什么能》，江西人民出版社 2007 年版，第 89 页。
② 张建立：《中国能从新加坡学什么》，华文出版社 2006 年版，第 9 页。

促进和发展世界文明的过程。改革开放以来，世界的文明进入中国，中国的文明也走向世界。中国不仅是丰富世界物质生活的制造大国，而且也越来越成为丰富世界精神生活的文化产业大国，世界各地的人民在大量享用中国精美的物质产品的同时，也越来越多地享用中国的精神文化产品。这是中国的贡献，也是世界的需求。当然，中国成为世界文化制造大国、文化创造大国、文化产业大国，还有很长的一段路要走。

五、核心价值观是综合国力中最重要的软实力

当今的世界，主要是由四个体系联结在一起的，这就是：世界性的经济体系；世界性的军事体系；世界性的思想体系；世界性的规则制度体系。而在这四个体系中，前两个体系是属于硬实力体系，后两个体系是属于软实力体系。国家之间的竞争，是综合国力的竞争。而综合国力既包括经济、军事等硬实力，也包括思想、文化、规则制度等软实力。一个强大的国家，其强和大，总是表现在硬实力和软实力这两个方面。

在国家的软实力中，核心价值观是主导部分、核心部分。美国作为当今世界唯一的超级大国，既是硬实力的超级大国，也是软实力的超级大国。美国软实力的资源主要在以下四个方面：一是美国的核心价值观。美国认为自己是世界自由、人权、民主的灯塔，是吸引世界的榜样，是世界学习的标本。二是文化产品的输出。就是电影、电视节目、艺术、学术著作、互联网上的材料、广告、流行音乐、通俗文化等。三是在美国领导和主导下，制定的一些国际制度和规则，正是这些制度和规则，规范了国际社会，塑造了世界秩序，使国际社会保持了一种特定的状态。四是国际组织的作用。包括国际货币基金组织、北约组织、美洲人权委员会等。这些组织巩

固了美国的软实力。

核心价值观反映、体现和代表的是国家的文化底蕴，核心价值观也是矗立在国家文化底蕴的基础之上的。国家的"文化底蕴"是国家的文化家底子。核心价值观等于是国家的文化传家宝，是国家的镇国之宝。崛起的大国，都是价值观大国，是文化大国，是具有深厚文化底蕴的。例如近代首先崛起的大国西班牙、葡萄牙，就是在深厚文化底蕴的基础上实现国家崛起的。西班牙、葡萄牙经过了三次文化的洗礼：公元前133年，西班牙成为罗马帝国的一个行省，在此后几百年中，全面受到罗马文化的影响。公元8世纪初，西班牙人又被阿拉伯人统治，阿拉伯人对西班牙人的最大影响是在文化上。在10—11世纪期间，西班牙是世界上重要的文化中心，是西欧的文化中心，是欧洲人的榜样。11世纪时，西班牙许多城市都有大学，而且已经十分繁荣，而当时西欧的大学刚刚在意大利的个别城市出现。西欧最早的大学之一法国巴黎大学的制度，就受到过西班牙大学的影响。为了学习古典文化和科学技术，西欧各国都有许多人到西班牙来留学，西班牙成了西欧人学习古典文化和东方文化的主要通道之一。① 第三次是西班牙、葡萄牙人自己创造的海洋文化的洗礼。葡萄牙开始航海探险的时代，正是西方文艺复兴展开的时代，大航海的探险实践和文艺复兴的伟大思想运动的结合，使葡萄牙人和西班牙人有了新的价值观的武装和指导，有了新的战略视野，从而创造出影响世界历史进程的伟大业绩。②

先进的核心价值观的确立，既是建立在先进文化的基础上，也能够推动先进文化的大创造、大发展、大繁荣，浓厚国家的文化氛围，提升人们的文化品位，提高人们的文化素质，造就大批高素质的文化人才。荷兰崛起的雄厚国力，也是建立在荷兰核心价值观基

---

① 齐世荣主编：《西班牙葡萄牙帝国的兴衰》，三秦出版社2005年版，第5—7页。

② 齐世荣主编：《西班牙葡萄牙帝国的兴衰》，三秦出版社2005年版，第251页。

础上丰厚的文化土壤之中的。当时的荷兰人，不仅是世界上最富有的人，而且是世界上追求知识、热衷于学习、在文化建设上成就卓著的国家。早期的荷兰人读书的风气很盛，普通人以读书多为光荣。富裕人家以藏书丰富为时尚。探索和发现，创新和创造，是人们追求的目标。例如人文主义者、国际法学奠基人格老秀斯1609年发表的《论公海》和1625年应荷兰东印度公司之邀而撰写的《战争与和平法》，第一次阐述了海上航行自由的理论，他在书中提倡荷兰要发展海上的自由贸易，也提出要征服别的国家的海上舰队，他是率先撰写国家与国家之间应用法律的人，被认为是国际法的鼻祖，他为荷兰人进行海外扩张提供了理论根据。[①]

　　核心价值观作为综合国力中最重要的"软实力"，是与国家硬实力的建设密切关联的，但是软实力的建设又具有很大的独立性，可以不受硬实力建设的局限而有相对独立的发展。因此在硬实力方面是二流甚至三流的国家，在软实力的建设上，则可以是一流的国家。不是经济大国和军事大国的国家，完全可能建设成为一个文化大国，以自己的价值观优势和文化优势而雄踞世界、师范全球。法国前外长魏德林在1998年5月所作的一份报告中宣称，法国依然是具有世界影响力的强国。他强调："我们不仅具有'硬国力'，还有'软国力'，例如语言、文化、艺术、音乐、知识分子、非政府组织、烹调、优美景观等独特魅力。法国是人权的祖国，同世界其他国家相比，我们拥有特殊的使命。我们要避免野蛮的全球化，用另外的方式规划全球化。"[②] 在近代世界历史上，法兰西民族一直具有强大的文化优势，法国一直是一个文化大国，是价值观大国。即使是在经济全球化的时代，法国也坚信自己的文化特色，坚守法国的

————————

　　① 齐世荣主编：《15世纪以来世界九强的历史演变》，广东人民出版社2005年版，第46—47页。

　　② 齐世荣主编：《法兰西的兴衰》，三秦出版社2005年版，第277页。

价值观原则，不接受全球化等于美国化的思想观点。早在 20 世纪
70 年代中后期，时任法国总统的德斯坦，就强调要运用法国精神上
的优势，将其作为重要资本，使法国发挥全球作用，争取大国地
位。德斯坦说："我的基本想法是：法国的优势在于他精神上的优
势，而不是武力的优势，也不可能是经济的优势。"这种精神优势
意味着法国要对当代的问题"有最透彻的理解，并且能够拿出最富
有想象力、最开放和最宏观的解决办法"。[①]

六、核心价值观是凝聚力和向心力

核心价值观作为国家和民族文化的核心，也是国民思想的灵魂
和支柱。在这个意义上，国家的"核心价值观"也就是国民的"人
心价值观"，它从根本上决定的是"人心所向、人生所求、人群所
聚"的根本问题。核心价值观不仅是立国的国魂，而且是立身的
灵魂。

核心价值观为什么是国家的核心竞争力，是国家的凝聚力和向
心力，是因为核心价值观具有文化融化、文化同化的功能。例如，
美国是一个移民国家，它在立国 200 多年的时间里，能够吸引大批
移民奔赴美国、建设美国，其土地辽阔、资源丰富、经济发达、创
业环境宽松、成功机会较多等固然是重要因素，而美利坚民族的文
化，美国人民价值观中那些积极、健康、上进的因素，无疑起了很
大的吸引和感召作用。美国是世界上民族最多的国家，目前被美国
公民列为自己出生地的国家和地区有 156 个之多，人们用"熔炉"
来形容美国。[②] 而这个熔炉的燃料，并不仅仅是经济条件，更重要

---

① 齐世荣主编：《法兰西的兴衰》，三秦出版社 2005 年版，第 280 页。
② 齐世荣主编：《15 世纪以来世界九强的历史演变》，广东人民出版社 2005 年版，
第 382 页。

的是文化因素，是价值观中的积极因素。

文化的凝聚力、核心价值观的凝聚力，既表现在其文化融化、文化同化的功能，也表现在其文化的强烈独立性，特别是当一个国家在军事上战败甚至国家政权灭亡和被取代的情况下，仍然能够"亡国不亡文化"，出现"军事上是战败者，而文化上却最终成为胜利者"的局面。例如在世界历史上，犹太人在亡国两千多年以后，仍然能够复国，犹太人虽然分散在世界各地，但是其文化居然能够存在两千年而不被同化和取代，就说明了犹太文化的生命力和战斗力。中国历史上不论是元朝取代汉族的统治还是满族入主中原，都是在军事上征服了汉族，但是在文化上最终是被汉文化征服和同化。美国是一个移民国家，被公认为是一个不同文化的大熔炉，但是在美国这个大熔炉中要融化中国文化就非常困难。有人说，在这个世界的文化竞争和文化角逐中，美国文化最头痛的是中国文化。美国在内战后大力修筑铁路，大量华工开始移民美国。美国在1875年通过了第一部限制移民的法律。1882年，加利福尼亚等地方主张排斥华人的压力剧增，导致了美国颁布排华法，规定停止华人移民10年，以后又无限期延长。1889年，美国最高法院裁定排华合乎宪法，其理由就是华人属于另一个人种，"他们不可能被同化"，与当地居民"格格不入，单独群居，固守其本国生活习惯"。这种类型的"东方人入侵"若不加限制，将会构成"对我们的文明的威胁"①。中国移民难以被美国同化，美国文化难以同化中国移民，这说明中国文化的顽强生命力、强大凝聚力和独特的魅力。美国要西化、分化中国，要用美国文化来改造和同化中国，是不可能的。中国文化不可战胜、不可取代。

进步的核心价值观具有巨大的文化吸引功能。它不仅能够凝聚

---

① 王小强：《史无前例的挑战——读美国近来战略研究》，香港大风出版社2006年版，第41页。

国家内部的人心士气，而且能够吸引世界的人才前来进行跨越国界的创造和服务。美国作为一个移民国家在这方面的成就得到世人的肯定。其实，几乎所有崛起的大国，都有靠价值观吸引人才、靠文化氛围成就人才的经历。例如荷兰在崛起的过程中，就是一个能够有效吸引国际人才的文化之都，是一个自由哲学家和自由思想家的避难圣地。作为国家，荷兰确保了逃亡者拥有避难权。根据有案可查的历史记录，没有一个企求留在该国的难民被提交给教皇、帝王或者宗教法庭进行惩处。荷兰对外国人唯一的限制，就是不能参与当地的政治。只要他们明白这一简单的规约，他们就是安全的。[①]在阿姆斯特丹的中央，有一座著名的城市公园，是以荷兰最著名的人文主义者伊拉斯谟命名的。在欧洲，他代表了一个时代的人文精神所能够达到的境界。他的《愚人颂》在欧洲广为传播。他的《对话集》《箴言录》启迪了欧洲100多年的人文思想。在荷兰的军队里有一名来自法国的数学家，为他的炮兵计算弹道，后来在阿姆斯特丹定居下来，一住就是30多年，他就是开启近代哲学的始祖法国哲学家笛卡尔，他在荷兰写下了《第一哲学沉思录》，向世界奉献出一个全新的哲学体系，他还创建了解析几何。近代国际法的创始人荷兰法学大师格老秀斯，还有写出《论理学》的哲学家斯宾诺莎，也是荷兰最具有创新性的思想家。阿姆斯特丹容纳了欧洲最杰出的头脑，这其中有被英国流亡的约翰·洛克，有18世纪的法国思想家伏尔泰。斯宾诺莎描述阿姆斯特丹的自由空气说："在这个繁荣的国度里，这个城市没有贵族，任何等级和教派的人都和睦相处。"还有绘画大师伦勃朗也是荷兰的旷世奇才。[②]

---

① 中央电视台《大国崛起》节目组编著：《大国崛起》系列丛书《荷兰》，中国民主法制出版社2006年版，第61页。

② 中央电视台《大国崛起》节目组编著：《大国崛起》系列丛书《荷兰》，中国民主法制出版社2006年版，第62—70页。

七、核心价值观是国民拼搏进取的动力

国家间竞争，为什么有的国家能够脱颖而出，奔跑在世界发展进步的前列？这其中的因素虽然是多方面的，但是核心价值观的历史进步性，核心价值观的激励和动力作用，是极其重要的。

葡萄牙最具有开拓精神的群体是探险家，这一群体的出现，是与葡萄牙人崇尚探险的价值观念分不开的。这些人出海后大都有去无回。其中许多人葬身海底。16世纪的一次印度航行，从特茹河出发时上船的有1000～1200人，而到达果阿时仅仅剩下200人。在一般情况下，返乡率仅仅为50％。[①] 崇尚探险的价值观念，可以使葡萄牙人在大航海的危险中不惜牺牲，建功立业。

荷兰人在崛起的过程中，能够创造"小国大业"的奇迹，也是与他们艰苦奋斗的价值观念分不开的。一位西班牙著名的经济学家曾经这样描述荷兰："该国有一半是水或者不出产任何东西的土地，种植面积不过国土面积的四分之一。农业的收成仅能供应居民四分之一的消费。"[②] 根据范·巴斯研究，17世纪上半叶荷兰全国人口大约170万人。[③] 荷兰境内有1/3的土地低于海平面。4.15平方公里的国土面积，仅仅相当于今天两个半北京市大小，略大于我国台湾省。而在这样一个资源贫乏、水患频繁、土地面积狭小的小国，在17世纪的世界舞台上却独领风骚，创造了一个黄金时代。[④] 当时的荷兰不仅拥有世界上最强大的船队，而且几乎垄断了全球的远洋贸易。荷兰创造了一个强大的商业帝国。17世纪被公认为荷兰世纪。

---

① 齐世荣主编：《15世纪以来世界九强的历史演变》，广东人民出版社2005年版，第20页。

② 中央电视台《大国崛起》节目组编著：《大国崛起》系列丛书《荷兰》，中国民主法制出版社2006年版，第19页。

③ 《强国之鉴》，人民出版社2007年版，第45页。

④ 《强国之鉴》，人民出版社2007年版，第35页。

荷兰以百万人口，在弹丸之地，实现"大国崛起"，没有艰苦奋斗、拼搏进取的精神，是不可能的。

当时的法国人曾经描述了清苦简朴的荷兰船员："在一条 250 吨的船上，法国人要用 12 名船员，荷兰人只有 8 个人；法国人每月挣 20 里佛，荷兰人 10 个里佛就满足；法国人一天吃四次，天性恬静的荷兰人每天只吃两三次。"17 世纪英国驻荷兰大使坦普尔也说过："从来没有见过一个民族做了那么多生意，而个人却很少消费。他们只吃自己抓的鱼，自己种的菜，最好的纺织品销往法国，然后从英国买回比较粗糙的布料供自己使用。"① 一位法国人说："在世界各国中，荷兰人最注意节衣缩食，最少讲究铺张。"② 当时从荷兰到亚洲有时需要半年多的时间，船上有几百人，如果幸运的话能够有一半或者 3/4 的船员活着到达印度尼西亚、中国和日本，其余的都死在了路上。但是在 17 世纪勇敢的荷兰人这么做了，因为这些航行对于荷兰的经济太重要了，许多人以此为生，尽管困难重重，也要坚持远行。

今天，在阿姆斯特丹港口，依然保留着一座古老的灯塔，一千多年来，荷兰渔夫的母亲和妻子们，曾经站在塔下送自己的儿子和丈夫出航，又在凛冽的海风中默默地等待着他们的归来。这其中的每一次"出航"，都如同是一次"出征"。荷兰人把这座灯塔叫做"泪水塔"，它是荷兰人心中一座神圣的纪念碑，它记载着荷兰这个商业帝国在奠基时代付出的勇气、坚毅、情感和牺牲。③ 我们现在讲大国崛起，实际上，荷兰是从小国崛起的。

荷兰艰苦奋斗的价值观传统，也表现在他们长期填海造地的事

① 中央电视台《大国崛起》节目组编著：《大国崛起》系列丛书《荷兰》，中国民主法制出版社 2006 年版，第 22 页。

② 《强国之鉴》，人民出版社 2007 年版，第 46 页。

③ 中央电视台《大国崛起》节目组编著：《大国崛起》系列丛书《荷兰》，中国民主法制出版社 2006 年版，第 18 页。

业上，形为一种和中国的"愚公移山"媲美的"愚公移海"精神。根据统计，自 1540—1714 年的 175 年中，荷兰共开发新地 179575 公顷，是一个相当惊人的数字。[①] 1987 年 5 月 12 日，邓小平在会见来访的荷兰首相吕贝尔斯时说："听说荷兰有不少土地是填海造出来的，这种艰苦奋斗的精神了不起。中国有句话，叫做'愚公移山'，这是我们民族的一个传统，你们称得上'愚公移海'。中国的人均耕地面积在世界上是比较少的，你们比我们更少，但是搞得很好，成为一个农产品出口大国，我们要向你们学习。"

价值观是道义品牌，也是经济效益。中国古代，人们往往把商人称之为"奸商"，认为他们是最不讲信义的。而荷兰能够崛起为一个商业帝国，是与他们商人的诚信分不开的。当时，那些勤劳而坚毅的荷兰水手和商人把诚信看得比生命还要宝贵。在荷兰流传着一个真实的故事：1595 年，荷兰人的两条船在前往北极探险的途中不幸被困，17 名荷兰水手在北极圈中度过了 6 个月的漫长冬季。在这 6 个月中，他们拆掉了船只的甲板做燃料，以便在零下 40 度的严寒中保持体温。他们靠打猎来维持生存，在恶劣的条件下，先后有 8 个人死去。但是荷兰人一直精心保管别人委托他们带往东方的货物，在这些货物中包括可以挽救他们生命的衣物和药品。当有机会返回荷兰的时候，他们宁可拆掉睡觉用的船舱，也要腾出空间，把货物几乎完好无损的带回荷兰，交回到委托人的手中。荷兰人的诚信赢得了世人的尊敬。[②]

核心价值观在本质上也是一种理想信念，核心价值观能够使人们具有理想信念。例如美国开国的一代政治家其最重要的观念乃是心向共和制度，这与当时世界其他地区近乎普遍信奉君主制

---

① 《强国之鉴》，人民出版社 2007 年版，第 41 页。

② 中央电视台《大国崛起》节目组编著：《大国崛起》系列丛书《荷兰》，中国民主法制出版社 2006 年版，第 22 页。

度的做法泾渭分明。当时的美国人拒绝君主制思想，他们认为，共和制度以及作为其杰出的实践先驱的美国，代表了当时和未来的希望。同共和主义密切相关的是政治的和经济的个人主义观念。托马斯·杰斐逊在 1815 年写道，美国结合了共和主义和个人主义两大主题，因而是"一个模范政府，它通过一种自始至终都从属于人的个人意志的组织形式，确保了个人的权利和劳动成果"。1796 年，华盛顿总统言之凿凿地指出，他只要看到一个被压迫民族举起自由大旗，不管在何时，也不问在哪个国家，都会抑制不住地心潮澎湃。美国人坚信，他们推翻了专制暴政，避免了血腥无度和社会动荡，缔造了一个共和国，而这正是上帝为全世界所预设的道路。当然，我们也要看到美国价值观的历史局限性和一定程度的虚伪性。

八、核心价值观失落，必然导致国家衰落

核心价值观是国家的生命线，核心价值观决定国家的生命力。核心价值观的失落，必然导致一个国家的衰落。

19 世纪下半叶，英国的发展势头减慢。1870—1913 年，英国国民生产总值，年增长率为 2.1%，低于美国的 4.3%，也低于德国的 2.9%，只是高于法国的 1.6% 和意大利的 1.4%。[①] 学术界一般将 1870 年作为英国经济发展的分界点，英国由不断发展并且几乎在所有方面都占据优势地位而领先世界，到发展速度减慢、开始从绝对领先地位衰退。19 世纪 80 年代，美国的工业能力超过了英国，在世界工业生产中跃居第一。1951—1973 年英国的国民生产总值年平均增长率只有 2.8%，是同期欧洲和美洲资本主义国家中增长率

---

① 齐世荣主编：《15 世纪以来世界九强的历史演变》，广东人民出版社 2005 年版，第 111 页。

最低的。1973—1979年这个平均数降低到1.3％，有些年份是负增长，英国经济严重滞胀。英国由全世界学习的样板和追赶奋斗的未来目标，成为全世界都在研究如何避免患上"英国病"的欧洲病夫。①

产生"英国病"的病因是多方面的，但是一个十分重要的原因，是英国核心价值观的失落，是崛起时期那种顺应时代要求、引领世界潮流的朝气勃勃的"英国精神"的丧失。

英国是开辟人类"工业化"时代的国家，英国的企业家精神是推动和创造国家实现"工业化"的伟大动力。但是后来在产生企业家精神和企业家文化的故乡，企业家精神却丧失了。由于在英国社会，对贵族及其生活方式的崇拜根深蒂固。第一代企业家创业后，往往想把后代培养成贵族，结果几代人以后，创业的激情就荡然无存了。英国存在着一种轻视工商业、追求安逸、贪图享受、反对变革的贵族文化传统。这种传统即使在工业革命中也没有彻底根除。英国是一个向贵族看齐的社会，贵族更多地是与土地而不是与工业联系在一起。当时的人们认为，一个百万富翁用他的一半资产购买一万英亩土地，即使只是获得1％先令的收益也是值得的，因为他已经成了一个绅士，他的身份和地位变化了。那些工业家和商人们在发财之后，就会追求发达，就会以贵族的形象重新塑造自己。英国的企业家以工商业起家发财，最后却以贵族文化的价值观来改造和塑造自己。②贵族价值观的潜移默化，销蚀了英吉利民族工业化时代形成的宝贵的价值观念，那么英国的落伍就是难免的了。

---

① 齐世荣主编：《15世纪以来世界九强的历史演变》，广东人民出版社2005年版，第119页。

② 齐世荣主编：《15世纪以来世界九强的历史演变》，广东人民出版社2005年版，第115页。

英国价值观的倒退和变异，不仅使英国成为"病夫"，而且由于创造精神的丧失，也难以依靠自己的力量找到药方，自我治愈。为了医治"英国病"，英国从 20 世纪 70 年代中期开始，再次改革，用货币主义取代凯恩斯主义。发挥市场机制的作用。撒切尔夫人上台后，运用货币主义理论对英国经济进行重组，大规模削减福利开支，将国有产业重新实行私有化，严格控制货币发行量，打击工会力量，压制工资增长，英国经济开始回升。值得关注和研究的是，在第二次世界大战以后，英国曾经两次进行大的调整和改革，第一次是用凯恩斯主义取代自由放任，这虽然背离了英国传统的经典原则，但是凯恩斯主义毕竟是英国人自己的创造，是英国的"国产"理论，也可以说是自己生病，自己开药方，自己治疗。而且凯恩斯主义理论是英国创造、世界使用，凯恩斯主义曾经被世界其他国家广泛使用，发挥了世界性的作用和影响，凯恩斯主义可以说是一个时代性的理论，是一个具有国际影响的世界性理论，凯恩斯主义是英国在思想理论上对世界的一个贡献。而货币主义却不是英国人创造的，货币主义是美国人的发明，也就是说，解决英国病，必须从美国请医生，要靠美国医生开药方，为英国病夫治病的药物也必须从国外进口。英国人在思想上也枯竭了，失去了创造力。

九、深刻理解中国 24 字核心价值观的科学含义

党的十八大提出的 24 字社会主义核心价值观，即：富强、民主、文明、和谐，自由、平等、公正、法治，爱国、敬业、诚信、友善，明确了国家、社会、公民三个层面的价值目标、价值取向、价值准则，是社会主义核心价值体系的凝练表达。培育和践行社会主义核心价值观，有利于更好地弘扬共同理想、凝聚精神力量、建

设道德风尚，使我们国家、民族、人民在思想和精神上强起来。而要增强培育和践行社会主义核心价值观的实效，就必须深刻理解和全面把握 24 字核心价值观的科学内涵。

社会主义核心价值观，首先要解决的第一个问题，就是我们到底要"建设一个什么样的国家"。而"富强、民主、文明、和谐"，这八个字，作为中国国家层面的价值目标，就从价值观上回答了这个问题。

所谓"富强"，主要包括四个含义：一是国家在经济建设上能够科学发展、健康发展，在经济建设和物质文明上成为现代化国家，成为发达国家；二是在军事力量上，实现了国防和军队建设的现代化，具有强大的军事力量和国防实力；三是在综合国力上，名列世界前茅；四是广大人民群众的物质文化生活水平和幸福感能够充分达标。

所谓"民主"，就是社会主义民主政治建设程度高，广大人民群众的政治权益能够得到有效保障和充分实现；人民代表大会的根本政治制度、中国共产党领导的多党合作和民主协商等基本政治制度不断完善；基层直接民主制度充分发展，高层代议制民主制度更加科学，二者相互结合、相得益彰，国家政治生活既充满活力又健康有序。而民主与法治是紧密联系在一起的，民主靠法治保障，民主不违背和破坏法治，建设社会主义民主政治与健全社会主义法治，是一个统一的过程。

所谓"文明"，就是坚持社会主义先进文化的前进方向，大力弘扬中华文化，发展文化事业和文化产业，解放和发展文化生产力，满足不同层次、不同群体的精神文化需求，让人民群众共享精神文化发展的成果，不断提高广大人民群众的文化水准、文化境界和文化品位。

所谓"和谐"，就是在经济建设、政治建设、文化建设、社会建设、生态文明建设"五位一体"的基础上，在公平正义和民主法治的基础上，建设和形成人与人之间、人与自然界之间和谐相处、安定有序的良好关系。特别要以维护人民的合法权益为前提，以大力改善民生为重点，在学有所教、劳有所得、病有所医、老有所养、住有所居上，持续取得新的进展。

社会主义核心价值观，要解决的第二个问题，就是我们到底要"建设一个什么样的社会"。而"自由、平等、公正、法治"这八个字，就解决了这个问题。我们要建设的中国特色社会主义社会，就是这样一个社会。

所谓"自由"，就是人们追求和向往的一种免于心理恐惧、追求个人理想、满足自身欲望、实现自我价值的一种心理状态。对自由的追求是人类社会进步的动力，人们实现自由的程度是社会进步的重要标志。但是，在任何社会中，自由都是相对的而不是绝对的。人们的自由一方面受到法律和纪律的保障，另一方面又受到法律和纪律的限制。必须破除绝对自由的幻想，必须抵制自由主义。要努力营造又有集中又有民主，又有纪律又有自由，又有统一意志又有个人心情舒畅这样一种生动活泼的政治局面。

所谓"平等"，是相对于"不平等"而言的。就是人与人之间在政治地位、社会地位、经济地位上的一种平等和平衡。平等，不是绝对的平均和相等。平等，既表现在权利的平等，也表现在义务的平等。平等的实现是一个与生产力的发展和生产方式的变革紧密相连的逐渐实现的过程。中国现阶段的平等，要努力解决好在一部分人先富裕起来以后，如何尽快实现共同富裕的问题。在更高的程度上实现中国男女平等的问题，也是建设平等社会的一个重要问题。

所谓"公正"，就是公平正义。就是社会各个方面的利益关系得到妥善协调，人民内部矛盾得到有效处理，社会公平和正义得到切实维护，使整个社会全体人民都能够享受改革开放和现代化建设的成果。要运用多种手段，积极建立起以权利公平、机会均等、分配公平为主要内容的利益调节机制，要畅通有效的利益表达机制，保证不同的利益群体能够各得其所。实现公平正义是一个过程，在社会主义初级阶段，在有些问题上，只能做到相对公平，不能搞绝对平均主义，不能提出脱离实际的过分要求。

所谓"法治"，是相对于"人治"的一种现代化的治理体制。就是整个社会都把法律置于至高无上的地位，整个社会都严格按照法律来治理和运转。在法治社会中把宪法作为最高准则，做到有法可依、有法必依、执法必严、违法必究。法治社会，政府坚持依法治国，执政党坚持依法执政，全社会弘扬法治精神，增强法律意识，形成法律面前人人平等、人人自觉守法用法的社会氛围。

社会主义核心价值观，要解决的第三个问题，就是我们到底要"塑造什么样的公民"。而"爱国、敬业、诚信、友善"，这八个字，作为公民个人层面的价值准则，就从价值观上回答了这个问题。

所谓"爱国"，就是对祖国充满感情，以热爱祖国为荣，以危害祖国为耻。具有为祖国的独立、统一、繁荣、富强而奋斗的使命感，具有保卫祖国、建设祖国的豪情壮志。爱国，不仅是爱古老的中国，而且对社会主义新中国具有深沉的爱，对改革开放以来在中国特色社会主义道路上发展进步的祖国，具有坚定的信念和信心，对于十八大以来朝着两个百年目标前进、为实现民族伟大复兴的中国梦而不断开拓创新的祖国，怀有无限的崇敬之心和爱戴之情。

所谓"敬业"，是指一个人对于自己的岗位和职业高度热爱和高度负责的态度和行为。就是爱岗敬业，具有主人翁的责任感；就是恪尽职守、精益求精的工作作风；就是干一行、爱一行、专一行的职业态度；就是艰苦奋斗、积极向上、争当先进的工作标准。敬业的最高境界就是无私奉献。

所谓"诚信"，就是诚实守信。诚实，就是要说老实话、办老实事，不弄虚作假，不隐瞒欺骗，做到表里如一。所谓"守信"，就是要讲信用、守诺言，就是要言而有信、诚实不欺。诚实守信，既是人们的一种道德品质和道德信念，也是公民的道德责任和道德底线。诚实守信也是一种高尚的人格力量，是一个人的形象和品牌。一个人有诚信，才能够立身；一个组织有诚信，才能够成事；一个社会有诚信，才能够有序运转。

所谓"友善"，就是在人与人的关系中，做到相互之间的友爱、善良。就是坚持与人为善、乐于助人的幸福观。待人处事始终具有一颗友好善良之心态。在各种场合，都能够做到心怀坦荡，与人互敬、互爱、互让、互谅。要心底无私天地宽，防止各种不良心态。善于创造亲密无间、充满阳光的人际关系生态。做一个具有明亮胸怀、具有高尚道德情操的人。这样的人，必然是一个爱别人也被别人爱的人，是一个为别人创造温暖也能够收获温暖的人。

积极培育和践行社会主义核心价值观，我们的国家就会更加伟大，我们的社会就会更加和谐，我们的人生就会更加幸福。

第二章

大国崛起与核心价值观崛起

核心价值观，引领大国崛起。近代西方大国崛起，从本质上说来，既是资本主义经济的崛起，是先进的资本主义生产关系的崛起，也是资本主义核心价值观的崛起，是新生的先进的资本主义价值观对于中世纪腐朽落后的价值观的代替。西方大国崛起的重要内容和动力，是资本主义核心价值观的崛起。

一、西方国家核心价值观崛起的历程

近代西方价值观的源头，可以追溯到古代希腊文化。西方文明发源于希腊，希腊文明是西方文明的摇篮。古代希腊人建立的"城邦国家"有 1000 个以上，彼此常发生战争。在公元前 600—前 500 年的时代，以雅典为首，有一部分希腊国家采取"民主"制度，但是，这种民主制度与现代民主制度只是貌似。而斯巴达等其他国家没有采取此种制度。从地缘战略的观点来看，雅典为海权，斯巴达为陆权。从经济观点看，雅典重视商业，而斯巴达重视农业。从思想文化来看，雅典倾向自由和平，而斯巴达倾向专制黩武。雅典文治优于武功，而斯巴达武功优于文治。二者都同属于希腊文明的范畴，所以希腊文明也是对立统一，是斯巴达精神与雅典精神的统一。自从亚历山大英年早逝以后，其强大的马其顿帝国也瓦解了，希腊时代也逐渐趋于没落，而西方文明则在地中海内的另一个半岛上找到了新的生命。在西方思想的根源中有两条不同的源流，一是历史；二是哲学。①

形成近代西方价值观的三次思想解放运动，是文艺复兴、宗教改革、启蒙运动。这三场运动，是近代世界历史上人类的三次意识形态革命。它使"自我、理性、科学"成为个人价值观，使人类从神秘宗教解放出来。三场运动使得与中世纪价值观相对立的先进的资本主义价值观得以确立。

关于文艺复兴——恩格斯在《自然辩证法》一文中高度评价文艺复兴对世界历史的进步作用，指出："这是一次人类从来没有经历过的最伟大的、进步的变革，是一个需要巨人而且产生了巨

---

① 钮先钟：《西方战略思想史》，广西大学出版社 2003 年版，第 3—11 页。

人——在思维能力、热情和性格方面，在多才多艺和学识渊博方面的巨人的时代。"在近代世界历史上，如果说地理大发现是人类向未知的物质世界进军的话，那么文艺复兴则是人类向未知的精神世界的进军，是在精神世界中进行的探索。这个探索在文学、艺术、政治思想、自然科学等领域创造了丰硕成果。文艺复兴的深远历史意义在于它使欧洲人从以神为中心过渡到以人为中心，在于人的觉醒，在于人们把重点从来世转移到现世，它焕发了人们积极进取以改变自己命运的精神，激励了人们创造发明的精神，激发了人们的科学实验精神，激励了人们的商业精神，从而为资本主义的发展准备了所需要的文化和精神条件。

关于宗教改革——在中世纪的欧洲，教会的权力至高无上，不仅是精神领域的中心，而且是政治的中心。席卷欧洲的人文主义运动虽然触动了教会的权威，但是没有从根本上动摇它。人们对于宗教的自行改革感到失望，于是宗教改革在人文主义的影响下爆发了。16世纪，最初在德国，接着在瑞士、英国、法国以及北欧诸国，掀起了声势浩大、震撼教廷的宗教改革运动，并且脱离罗马教会、自行成立了新教，经过长期斗争取得了合法地位。恩格斯在《关于"农民战争"》文中称宗教改革是"第一号资产阶级革命"。宗教改革是用活的灵魂来抗衡死的教条，使个人的权利与教会的专断分庭抗礼。但是宗教改革只是在信仰范围内进行的改革，其宗教哲学思想依然具有神学的深刻烙印，是新教神学的理论基础。

关于启蒙运动——启蒙运动是指17世纪和18世纪在欧洲，特别是在英国、法国、德国知识界和社会上发生的思想运动。它涉及到上帝、理性、自然、人类等基本概念以及相互关系。它的影响，一是在于科学革命和知识的连续暴长。二是在于技术改变和征服自然，减轻人的痛苦、贫穷和疾病，有助于人的健康和幸福。三是在于普遍的教育、阅读、写作和学习取得了惊人的进展。这些在过去是上层阶级的特权，现在成为所有儿童的权利。四是在于民主革命的进展，民主革命席卷法国、英国、美国，扩展到整个欧洲大陆，自由、平等、人权成为全世界人类普遍追求的价值观。科学和理性，成为启蒙运动的两个思想主题，启蒙运动催生了近代科学，科学又壮大了启蒙运动的声势和力量。[①]

在近代西方世界价值观形成的过程中，一些国家实现了有本国特色的价值观崛起。

二、英国核心价值观的崛起

关于英国的价值观崛起——孟德斯鸠曾经认为，英国人"在三件大事上走在了世界其他民族的前面：虔诚、商业和自由"[②]。自从亨利八世宗教改革以来，英国就形成了浓厚的清教氛围。清教所强调的，一方面是勤奋，另一方面是节欲。清教伦理既鼓励人们追求财富，又反对人们不讲信义。这种"合理谋利"的精神，与前工业社会中以非经济的强制手段侵占社会财富，是一个历史的进步。"合理谋利"的提倡，形成了一种氛围，促使人们特别是新兴的城市中等阶级，依靠自身的努力去扩大生产、创造财富，并且促进城市和乡村的加工贸易交流，在英国形成了一种不同于农业社会的精神追求和价值体系。

能够引领和推动英国作为大国崛起，并且能够使英国雄踞世界舞台引领世界潮流的核心价值观，主要体现为"五大主义"：重商主义；功利主义；工业主义；私有财产神圣不可侵犯主义；自由主义。正是由这"五大主义"组成的新的核心价值观，引导和推动英吉利民族崛起。

---

① 白万钢：《大国的崛起》，中国社会出版社 2007 年版，第 157—159 页。
② 唐晋主编：《大国崛起》，人民出版社 2006 年版，第 154 页。

（1）英国的"重商主义"价值观——工业革命之所以首先在英国发生，不仅在于适宜的经济基础，因为同时期的荷兰也许更应该率先步入工业革命的行列，主要是因为英国形成了与工业化要求相适应的社会结构。正如奇波拉所说："工业革命之所以首先发生在英国，主要是由于该国……社会和政治结构、人民精神面貌以及价值标准已经发展到适合于工业化的程度。……工业革命在漫不经心的观察者看来仅仅是经济和技术问题，实际上它是可怕的非常复杂的政治、社会和文化的大变动问题。"[①]

18 世纪在英国被称为贵族的世纪，当时欧洲大陆的贵族，例如法国、西班牙、俄罗斯的贵族，非常轻视工商业，认为从事工业和商业与贵族的出身地位很不相称。在当时欧洲农业逐渐没落，工商业日渐兴起而贵族利益逐渐被蚕食之际，这些国家的贵族们不是去适应潮流而努力完成自身经济观的改变，而是继续视工商业为粪土，死死抱住土地利益和土地观念不放，因此必然是衰落和被淘汰的命运。这些国家的主流意识一直是轻视工商业，反对通过传统生产手段之外的途径去发财致富。结果是不仅加速了贵族自身的没落，也制约了工商业的发展。当时英国的主流意识形态和主导性的价值理念，与上述国家有明显不同，英国的舆论氛围对工商业人士的发财致富，一直是支持和提倡态度，英国贵族们也不反对从工商业中谋求利益。这种开明和现实的价值取向，既决定了贵族们能够在一个不断变动的转型社会中保持自己的经济和社会地位，也有利于整个社会的发展。因此当工业化潮流在欧洲各个国家兴起的时候，其他国家传统的贵族们或者漠视或者反对，只有英国的贵族们，表现出前所未有的热情，他们直接参与并且推动工业化的进程。商人阶层在英国具有很高的社会地位。当时的小说家丹尼尔·

---

① 奇波拉主编：《欧洲经济史》第 3 卷，商务印书馆 1989 年版，第 10—11 页。

笛福在他的著作中，把商人看作是英雄和顶礼膜拜的理想人物，商人的美德在他的眼中，几乎被解释成英国人的美德。商人在英国社会中的高地位，有利于工业化社会的生成。①

（2）英国的"功利主义"价值观——人类追求财富的愿望历来就有，但是必须得到社会的普遍认同，成为一种价值观念，才能够成为一种推动社会进步的思想和精神力量。欧洲中世纪的社会是压制人们的功利欲望的，等级制和基督教都主张抑制人们的功利追求。这既不利于个人幸福，也不利于社会发展进步。而在英国，自从君主专制开始以后，情况就渐渐有所不同，尤其是清教思想传播之后，一种通过个人奋斗去"合理谋利"的思潮逐渐扩散，而且这种新的价值观念逐渐得到社会各个阶层尤其是统治阶层的普遍认可和接受，成为一种时髦的新的时代精神。英国民族价值观念的变化，为工业社会的勃兴创造了极为重要的思想动力和价值观支持。

18世纪的英国社会是贵族的社会，贵族主导着社会的主流意识形态，贵族们对于新兴工商业阶层的态度，直接决定着英国社会的总体价值观。当时欧洲大陆的贵族们有的鄙视工商业活动，而英国贵族则相反，他们不仅与工商业阶层有着千丝万缕的联系，而且自身也积极投入工商业活动，加入到追求财富的洪流中。这就在全社会形成了一种崇尚和追求财富的社会意识和时代精神。而特别宝贵的是，英国人在追求财富的奋斗中有一种高尚和崇高，就是具有"合理谋利"的情操，这与清教的传统有关系。自从亨利八世宗教改革以来，英国就形成了浓厚的清教氛围。清教所强调的，一方面是勤奋，另一方面是节欲。清教精神既鼓励人们追求财富，又反对人们不讲信义，鄙视没有诚信。这种提倡"合理谋利"的教育，引导和规范人们靠自己的努力去扩大生产、创造财富，反对昧良心、

_____

① 齐世荣主编：《英国从称霸世界到回归欧洲》，三秦出版社2005年版，第97—104页。

赚黑钱，在商业上也要诚信可靠，不依靠投机取巧走捷径，这就导致了工业革命中一种合理精神的形成。①

（3）英国的"工业主义"价值观——英国有重商主义的传统，而英国晚期的重商主义与早期的重商主义又有不同，就是在财富观和获取财富的途径上不同。晚期的重商主义者在提倡对外贸易的基础上，又提出了早期的重工主义理论，即为了保持贸易顺差，国家就要多出口商品；而为了增加出口，就必须扩大商品的生产；为了扩大商品的生产，就必须大力发展手工业、制造业等。有强烈重工主义倾向的重商主义理论被英国贵族阶级所接受。工业主义的价值取向，又有力地推动了英国的工业化进程，使英国获得了巨大的实现国家工业化所需要的舆论环境。②

（4）英国的"私有财产神圣不可侵犯主义"价值观——英国人仅仅有合理谋利的精神是不够的，因为如果人们的财产得不到保障，随时可以被权势者剥夺，那么合理谋利的精神和社会追求财富的热情，也就难以保持和发扬。这就必须为私有财产正名，必须确立私有财产神圣不可侵犯的地位。在这一点上英国人又走在世界的前面。从 16 世纪末开始，当其他国家的教会、王室、贵族任意剥夺私人财产的时候，英国的思想家们已经在严厉抨击这种做法，他们为保护私有财产辩护。从霍布斯开始，到威廉·配第，再到约翰·洛克，他们的著作，都阐述了一个重要思想，就是个人通过劳动所得到的私有财产神圣不可侵犯，这是天赋人权的一个重要组成部分，政府或者国家应该保护个人的私有财产。这一思想在形成和宣传之初，还受到社会主体思维的质疑，但是慢慢地人们接受了这种观点。到 18 世纪工业革命开始以前，在英国，人们已经广泛接受了

---

① 齐世荣主编：《英国从称霸世界到回归欧洲》，三秦出版社 2005 年版，第 110—112 页。

② 齐世荣主编：《英国从称霸世界到回归欧洲》，三秦出版社 2005 年版，第 110 页。

这一思想，这样人们就可以理直气壮地去维护私有财产的神圣地位。工业化是一个财富急剧增长的过程，许多国家是在工业化带来大量财富以后，才认识到确立私有财产权原则的重要性，而英国是在工业化到来以前就解决了私有财产的地位问题，这也是英国首先走上工业化的一个重要因素。①

（5）英国的"自由主义"价值观——英国在价值观上对合理谋利、致富欲望的肯定和对私有财产权原则的确认，扫除了工业化前进的两大障碍，但是在国家政策的层面上，重商主义仍然阻碍工业化发展。重商主义主张国家干预，是实行国家垄断政策的理论基石和支柱，专制王权曾经利用它谋取私利，影响了国家的发展。在专制王权消失后，重商主义的国策曾经帮助英国保持过去的财富，具有积极意义。而在工业化进入高潮的时候，就需要突破重商主义的束缚，为经济松绑，于是，自由主义的经济理论应运而生。

对重商主义经济理论进行彻底否定并且推出工业主义理论的，是古典政治经济学家亚当·斯密。1776年，亚当·斯密出版了《国民财富的性质和原因的研究》一书，系统地提出了全新的自由主义经济主张。亚当·斯密认为：资本的"唯一目的"在于"谋取暴利"，当资本家投入和使用资本的时候，"既不打算促进公共的利益，也不知道他自己是在什么程度上促进那种利益……在这种场合，像在其他许多场合一样，他受着一只看不见的手的指导，去尽力达到一个并非他本意想达到的目的"；换言之，"他追求自己的利益，往往使他能比在真正出乎本意的情况下更有效地促进社会的利

---

① 齐世荣主编：《英国从称霸世界到回归欧洲》，三秦出版社2005年版，第112—113页。

益"。^① 这只"看不见的手",实际上是指一种"自由放任"的市场机制。这种机制要求生产在自由竞争中求生存,经济在自由状态下去发展。亚当·斯密还提出了"经济人"的概念,他认为人性是自私自利的,追逐个人利益是人的行为的根本动力,这在人的经济活动中表现得最为明显,因此政府应该创造一种自由、公平的环境以保障个人的经济活动,国家对于私人经济生活的任何干预往往会起妨碍作用,这就是"自由放任"的理论。这种理论为人们放手追求财富作出了道德上的辩解。因为根据这种理论,既然每个人在追求个人财富的时候,他也就在不知不觉中"增进了社会利益",人们出于自身利益的主观考虑而采取的行动,在客观上会造福于全社会,造成主观为自己、客观为社会的局面。亚当·斯密的"自由放任"的理论,公开鼓励人们去谋求私利,把追求利润的行为定位为既有利于自己也有利于国家和社会以及他人的事情,这就为人们发财致富的思想和行为,提供了最好的理论辩护,从而推动着一个新时代的来临。

亚当·斯密的思想出台以后,虽然引起了一定的社会反响,但是并没有马上被英国社会普遍接受。亚当·斯密的思想后继有人,大卫·李嘉图在19世纪初发展了亚当·斯密"自由放任"的思想。大卫·李嘉图认为:资本主义经济具有自行调节的功能,因此应该实行自由竞争,发展自由经济。国家对经济的干预有害无益,因为在没有政府的干预的时候,农业、商业和制造业最为繁荣。"自由放任"的理论思想是对传统重商主义的彻底否定,是对由于国家无端插手经济活动而阻碍经济发展状况的批判,这个理论适应了当时英国经济发展的客观需要。

如果说,亚当·斯密和大卫·李嘉图是从社会经济角度论证了

---

① 〔英〕亚当·斯密:《国民财富的性质和原因的研究》下卷,商务印书馆1981年版,第27页。

经济自由并且鼓励人们追求个人私利的话，那么，杰里米·边沁则是从伦理学的角度支持了这一理论。在法国大革命爆发的那一年，杰里米·边沁出版了《道德和立法原理导论》一书，系统阐述了他的功利主义理论。杰里米·边沁强调个人追求幸福的权利，认为"鼓励人们为他人造福并不是取得最大限度幸福总和的最好方法，最好的方法是让个人尽可能自由地按照自己的方法去追求自己的幸福"。也就是说，国家权力的行使应该在最小的限度，只是限于保护自由和财产安全，除此之外，政府不应该有任何干预。可以看出，不论是亚当·斯密、大卫·李嘉图还是杰里米·边沁，他们的理论从不同的角度论证人们追求财富和幸福、反对政府干预的合理性和进步性，认为人们在从个人私利出发追求个人财富和幸福的同时，也就必然会为社会造福，认为个人利益是社会发展的主要动力，自由主义经济政策是最有利于个人利益也最能够造福于整个社会的政策。从18世纪末开始，工业主义与自由主义的经济思想，逐步被英国统治阶层所采纳，在相关的国家政策中被体现，也在社会大众的心理上被接受，这大大推动了英国工业生产的增长。进入19世纪以后，处于工业革命高潮中的英国，更加彻底认识到强调垄断的重商主义已经不能适应经济发展的需要，推行工业主义与自由主义政策，是时代需求。

总之，到英国工业革命开始前，一种全新的社会价值观在英国已经初步形成。这种社会价值观的主要内容是：欲望的合理性、合理谋利精神、工业主义思想、私有权原则的确认、要求国家推行自由主义经济政策的理论等等。这些全新的价值理念，汇成一股新的时代精神，这就是英国的工业革命精神，也是支撑英国工业革命、实现大国崛起的核心价值观。所以，英国的工业革命，首先是一场价值观的革命；英国的工业革命不仅创造了新的生产力，而且创造了新的价值观；英国的崛起，不仅是生产力的崛起、经济力量的崛起，而且首先是国家新的核心价值观的形成和崛起。

三、法国核心价值观的光辉

法国启蒙运动催生法国新的价值观——法国的 18 世纪被看作是启蒙的世纪，在这一时代，法国出现了一场思想解放运动，就是启蒙运动。"启蒙"的法语原意是"光明"，是指用理性的光芒战胜愚昧，战胜虚妄和偏见。这场思想解放运动为法国大革命提供了重要的思想理论武器。法国启蒙思想家有孟德斯鸠、伏尔泰、卢梭、狄德罗等。他们的共同点是抨击现实社会的陈规陋习，批判君主专制制度和教会。孟德斯鸠的著作强调三权分立，要求政治自由；伏尔泰强调思想的宽容，宣扬乐观和进步的历史观；卢梭则强调政治民主，用社会契约的观点要求还政于民，宣扬普遍意志高于一切。

法国大革命实现了法国价值观的革命——如果说法国启蒙时代在价值观念方面的创新，是法国在近代强盛的先导，那么法国大革命则更是为法国后来的强盛奠定了坚实的思想与文化基础。法国大革命是法国历史上第一次自然权利之革命。大革命把法国人民吸引到争取人权和公民权的斗争中，并且为法国近代公民权利的确立和发展奠定了以"自由"和"平等"为核心的理论基础。在法国大革命中，依据启蒙思想家创立的价值原则进行了政治制度的建设，确立了依法治国的原则，并且初步进行了实践。法国大革命还确立了以自由经济为基础的新经济秩序，尤其是在工业领域中实行包括企业自由、生产自由、雇工自由在内的经济自由主义。①

法国《人权宣言》是法国新的核心价值观宣言——1789 年 8 月26 日，法国大革命的纲领《人权和公民权宣言》正式通过，这个文

---

① 齐世荣主编：《法兰西的兴衰》，三秦出版社 2005 年版，第 3 页。

件被历史学家称为"新制度的诞生证书"。宣言庄严宣告：人人生而自由、平等，而且始终如此；财产权神圣不可侵犯。《人权宣言》从根本上否定了旧时代的王权、皇权和特权，确立了以人权和法制作为新的社会秩序的奠基石。自由、平等、博爱的价值观旗帜，不仅使法国走向强盛，也在全世界发生重大影响。列宁曾经高度评价说：整个19世纪，即给予全人类以文明和文化的世纪，都是在法国革命的标志下度过的。① 人权宣言共有17款，所宣布的价值原则有两类，一类是对人的自然权利的承认，一类是政治组织的原则。在人的自然权利方面，《人权宣言》宣告："在权利方面，人们生来是而且始终是自由平等的。""这些权利就是自由、财产、安全和反抗压迫。"《人权宣言》规定了宗教宽容与言论、著述、出版的自由。规定未经法律程序，不得控告、逮捕和拘留任何人；处罚必须要依照法律的规定；任何人在未被宣告为犯罪之前应该被推定为无罪，不能施以酷刑等。规定私有财产神圣不可侵犯。在政治组织原则方面，人权宣言包括的主要思想是：第一，国家组成的目的，是保障人权。这一原则变革了传统的国家和人民之间统治与被统治、奴役与被奴役的关系，规定了国家政权和人权的关系，不是政权统治人权，而是政权服务人权。第二，主权在民。主权在民是与主权在君相对立的，这是说明权力的源泉和基础，不是君权神授，而是君权民授。第三，分权制衡的原则。这是对权力的监督和管理，防止权力的垄断、专制和腐败。第四，武装力量服从全体公民的利益，建立武装力量的目的是保障人权。这一条规定了军队和人民的关系。《人权宣言》是法国大革命的重要思想理论成果，是重要政治成果，是大革命原则的集中体现，是对传统社会价值观的根本否定，是对新的社会价值观的创立和宣示，不仅成为法国新社会建设的基石，

---

① 中央电视台《大国崛起》节目组编著：《大国崛起》系列丛书《法国》，中国民主法制出版社2006年版，第75页。

也是世界进步的一个重要坐标。①

四、俄罗斯核心价值观的转型

　　研究大国崛起过程中的核心价值观崛起，俄罗斯具有与西方国家不同的特点。近代以来俄罗斯核心价值观有两次转型，第一次是由彼得一世启动的俄罗斯改革所带来的价值观转型。第二次是由列宁领导的十月革命所带来的价值观转型。这里，主要简略分析一下俄罗斯第一次价值观转型。

　　彼得一世的改革基本限于军事、行政、经济和技术层面，叶卡捷琳娜二世则是深入俄国人的精神层面，从而打牢了现代俄罗斯文学、艺术和思想的基础。叶卡捷琳娜二世在思想领域进一步向欧洲靠近。当时正好是启蒙运动风行欧洲大陆的时候，她对启蒙运动很有兴趣，并且长期与法国的思想家孟德斯鸠、伏尔泰、狄德罗等人通信。她宣称，孟德斯鸠《论法的精神》应当是"每个头脑健全的国君的案头必备书"。伏尔泰则成为她最喜欢的作家，她把他看作自己良知和思想的最高统帅。早在1762年就有人评价她对伏尔泰的作品，对爱尔维修的《智慧论》，对卢梭百科知识的文章都爱不释手。她也为自己的勇敢、自由和智慧的哲学家气质感到骄傲。

　　1765年，叶卡捷琳娜二世得到一个消息：狄德罗为了嫁女，急于卖掉自己的藏书。她就特命俄国大臣别茨科伊将军去向狄德罗讲明，愿意用16000金币买下这批书，唯一的条件就是狄德罗必须继续使用这批藏书，除非俄皇过问。而且还聘请狄德罗为图书馆馆长，并且一次性付清了狄德罗以后50年的薪金，达50万卢布。叶卡捷琳娜二世此一举动一下子震动了欧洲，整个欧洲舆论大唱赞

---

　　① 齐世荣主编：《15世纪以来世界九强的历史演变》，广东人民出版社2005年版，第149—150页。

歌，她被视为"哲学家的朋友"。法国学者达兰贝尔立即写信给她，称赞她对狄德罗的"恩宠"，甚至说"整个欧洲文学界都向陛下欢呼"。伏尔泰对她也称赞不已，说："狄德罗、达兰贝尔和我，我们三人谨向您致以最衷心的敬意！"狄德罗成为女皇在俄国进行改革的顾问。狄德罗的家，则成为俄国的人才介绍所，欧洲各国的大批学者、医生、教师和工匠，手持狄德罗的介绍信来到俄国。大量人才进入俄国，加速了俄国文明建设的进程。叶卡捷琳娜二世不仅让外国朋友招聘人才，还专门派出心腹大臣施卢泽公爵到国外招揽各路人才。著名的大数学家欧拉来了，并且在俄国居住 31 年。磁体力学奠基人贝努利来了，法国作家米西欧来了，建筑师卡梅伦也来了，他们都为俄罗斯的文化发展和人才培养做出了突出的贡献。①

后人评价：彼得大帝塑造了俄国的躯体，叶卡捷琳娜女皇则塑造了俄国的灵魂。可以说，彼得大帝是一个军事大帝，而叶卡捷琳娜女皇则是一个文化女皇。叶卡捷琳娜二世本人不仅会演戏，而且会写戏。她酷爱文学，高薪任命一位文学家担任自己的秘书。在她当政时期，俄国迎来了第一个文化高峰，俄国的诗人、小说家、作家、画家纷纷涌现。彼得一世在带领俄国人向西方学习军事上取得了历史性的成就，而叶卡捷琳娜二世在带领俄罗斯学习西方文化和思想上迈出了历史性的步伐，并且领导了创造俄罗斯文化和思想的事业。俄罗斯 18 世纪的文化建设，为 19 世纪初文化艺术的"黄金年代"和 20 世纪初的"白银年代"，奠定了基础，使俄国成为一个文化大国。②

---

① 中央电视台《大国崛起》节目组编著：《大国崛起》系列丛书《俄罗斯》，中国民主法制出版社 2006 年版，第 64—65 页。

② 中央电视台《大国崛起》节目组编著：《大国崛起》系列丛书《俄罗斯》，中国民主法制出版社 2006 年版，第 70—72 页。

五、美国价值观的创立

美国是一个移民国家，最早是欧洲移民把他们的价值观带到美国，与他们在北美创业的实践相结合，形成了后来创造美国、影响世界的"美国精神"。德国著名学者马克斯·韦伯在 1904 年到美国考察后，写出《新教伦理与资本主义精神》一书，他在书中指出，美国之所以能够产生出充满活力、发展迅速的市场经济，是和美国新教徒的伦理道德、职业精神分不开的。

事实的确如此。由于当时的欧洲特别是英国商业资本的发展，使欧洲移民来到北美后，一开始创建的就是符合新的价值观的资本主义商业社会。在新大陆没有封建传统，使美利坚民族在形成之初，就比其他民族更加具有商业精神和民主精神。当时在北美盛行一种"清教主义"，这是英国新教徒中一些号称清教徒的改革者的主张，当时北美 13 个殖民地中，80％的教会具有清教主义倾向。清教教义认为，努力工作就能够取悦于上帝，发奋经商，人生就会得到升华，把清教精神和商业经济结合在一起，可以使财富和灵魂都得到发展和提升。清教重视教育，认为"无知是异教之母"。从商业精神和清教主义中产生出崇尚理性、崇尚教育、精打细算、开拓竞争、发奋经商、藐视封建传统、主张平等自由等基本追求，成为美利坚民族性格和价值观念的主要内容，成为经济发展的动力。①

六、德国价值观的魅力

欧洲 30 年战争结束以后，德国进入了大分裂时代。在德意志的政治版图上有 300 多个邦和 1400 多个骑士领地，也就是说，总共有

---

① 齐世荣主编：《15 世纪以来世界九强的历史演变》，广东人民出版社 2005 年版，第 384—385 页。

1700 多个独立政权。仅仅货币就有 6000 种。在这些国家中，有的小国只有几平方英里的土地，狭小的领地使邦君不敢轻易进行军事演习，害怕稍不留神炮弹掉入邻邦，会引发祸端。

德国诗人海涅说："陆地属于法国人和俄国人，海洋属于英国人，只有在梦想的空中王国里，德意志人的威力才是无可争辩的。"① 而德意志人在梦想、理想、思想方面的优势和威力，恰恰有力地激励、推动和引领了德国统一和崛起的伟大事业。

在 18、19 世纪的德意志天空，闪耀着思想和艺术的群星，其灿烂的光芒令全世界瞩目。在世界哲学家的行列里，出自德国的有康德、黑格尔、费希特、马克思、尼采等。海涅说："德国被康德引入了哲学道路，哲学变成了一件民族的事业。一群出色的思想家突然出现在德国国土上，就像用魔法呼唤出来的一样。"

当法国大革命风起云涌、欧洲大地炮火连天之时，康德在其《永久和平论》中描绘了欧洲联合的蓝图，他倡导各国在禁止战争的盟约中结成联邦。他说，理性是完全谴责战争的，只有国际政府才能够防止战争。他在书中提出了世界公民、世界联邦、不干涉内政的主权国家原则等至今仍然具有现实意义的构想。正是 30 年战争给欧洲造成的伤害，使康德提出了永久和平的构想，这一解决方案确实非常超前，在当时不被人重视，在 200 年后，欧洲联合才成为现实。黑格尔则提出"国家至上"、"人民与贵族相联合"的口号，体现了哲学家对于建设德意志强大国家的渴望。②

音乐是德意志的另一个上帝，德意志音乐创造了世界艺术的奇观。巴赫、韩德尔、格鲁克、海顿、莫扎特、贝多芬、舒伯特这 7

---

① 中央电视台《大国崛起》节目组编著：《大国崛起》系列丛书《德国》，中国民主法制出版社 2006 年版，第 49 页。

② 中央电视台《大国崛起》节目组编著：《大国崛起》系列丛书《德国》，中国民主法制出版社 2006 年版，第 51 页。

位音乐巨人，就像一场接力赛中的运动员一样，将音乐的火种代代相传，而且火光越来越旺，照亮了黑暗年代德意志颓唐的心灵。韩德尔的华丽、海顿的自然、莫扎特的优雅、舒伯特的抒情、巴赫对永恒的理解、格鲁克对英雄的崇拜、贝多芬对命运的抗争，构成了一幕幕壮丽的音乐景观。他们的音乐灵魂都来自德意志底层人民的心声，他们都出身于中下层。他们像英雄一样在音乐领域吹响了冲锋号，他们用音乐创造了德意志民族的光荣和尊严，并且用艺术的方式将德意志联系在一起。贝多芬是古典音乐的顶峰，是音乐世界的帝王。当拿破仑用刀剑和炮火征服世界的时候，他则是用音乐和激情征服人心。他是战士，他用音乐挑战命运。在那首《命运交响曲》中，心灵的旋律化作战士的灵魂，不被命运压服，"扼住命运的咽喉"，用烈火一样的激情抗争到底，追求永远的胜利。寻求统一和富强、追求自由与胜利，是时代的最强音。①

一位法国历史学家评价说："能够发现普遍的思想，这是德国知识分子的能力。德国人在 1780 年到 1830 年提出了我们时代的思想。没有一个国家或一个时期，能够出现像德国人把思想发展到如此高度的能力。"② 可以说在 1871 年之前，德国的统一和崛起的过程，是经历了三个阶段：第一阶段是"思想崛起"，是文化崛起；第二阶段是"经济崛起"，包括关税同盟的建立、贸易壁垒的拆除等，为资本主义的发展和国家的统一扫清了经济障碍；第三阶段是"军事崛起"，在 10 年中通过三场王朝战争结束了国家的分裂，实现了国家的统一。所以，德国崛起，首先是从思想文化崛起。

---

① 中央电视台《大国崛起》节目组编著：《大国崛起》系列丛书《德国》，中国民主法制出版社 2006 年版，第 52—55 页。

② 中央电视台《大国崛起》节目组编著：《大国崛起》系列丛书《德国》，中国民主法制出版社 2006 年版，第 57 页。

七、日本价值观崛起的特点

日本明治维新改革涉及三个层面：物质层面、体制层面、精神层面。物质层面包括经济活动、科学技术和日常生活，在国家和社会生活中，是看得见、摸得着的层次，可以通过引进、移植实现新旧更替，在这方面，人们容易达成共识。体制层面包括制度和法律，是属于中间层次，在这方面实现新旧更替，与传统决裂，要难一些，因为任何制度都牵涉到利益关系、利益结构和利益调整问题。当年日本在这方面有一些重大改革，例如废藩置县、地税改革、废除武士、四民平等、职业自由、开设国会、使人民享有基本人权等。同时又保留了浓厚的封建主义、军国主义因素，最突出的就是半封建地主制、天皇的专制权力、军部的特权地位、父权家长制。改革最艰巨的是在精神层面，因为精神层面是属于深层次。①

日本明治初年，活跃着一批启蒙思想家。1873 年，启蒙思想团体明六社成立，福泽谕吉等一批第一流的洋学家和思想教育界的名流，他们在 1874 年发行《明六杂志》宣传启蒙思想。通过批判封建意识形态，唤醒人们的理性和自我意识，克服愚昧、守旧和无所作为。传播西方的民主、自由平等思想和功利主义、自立、自强的价值观念。福泽谕吉的《劝学篇》《文明论之概略》，中村西直的翻译著作《西国立志篇》② 以及《自由之理》③ 等，都起过很大作用。其中福泽谕吉是启蒙思想家的主要代表，被称为"日本的伏尔泰"。

日本启蒙思想家强调的一个重要思想就是自立、自强、自助、自主。他们的格言是"天助自助者"，要能够自主自立，自强不息。

---

① 齐世荣主编：《日本——速兴骤亡的帝国》，三秦出版社 2005 年版，第 135—136 页。

② 即斯迈尔著《自助论》。

③ 即穆勒著《自由论》。

认为当大多数居民能够自助时，国家便充满了生机和旺盛的精神。福泽谕吉认为文明的精神就是人民的独立精神，是不论在智慧上还是在钱财上都没有依赖他人的心理，能够自己支配自己。他把国民的个人独立看成是国家独立的基础。福泽谕吉《劝学篇》的名言是："人人独立，国家就能独立"。"个人可以独立，一家可以独立，国家也就可以独立了。"福泽谕吉《劝学篇》共 17 篇，是作为小学课本和民众读本分篇出版发行的，后来合为一册，出书竟达到数百万册，流传很广，影响很大。福泽谕吉要求人人都能够独立是有些理想化，但是他认为人人都应该有独立精神，要求人人以自己在事业上的努力奋斗实现国家的独立富强，他提倡的独立精神对于激励日本人的奋斗精神，是有重要作用的。[①]

日本多数启蒙思想家并不否定儒学的价值，而是力图把儒学和西洋思想折中。日本虽然曾经受到西方文化的猛烈冲击，但是传统思想和封建伦理道德势力强大，日本建立的资本帝国主义国家，具有浓重的封建性和军事性。日本的启蒙思想家先后向右转向了国家主义立场，有的否定天赋人权思想，鼓吹国家主义。日本崛起离不开其价值观的崛起。日本后来走上军国主义道路，走上侵略扩张道路，也与其价值观的异化直接密切相关。

八、西方世界的殖民扩张与"价值观扩张"

西方大国崛起的过程，既是商业和武力的扩张，也是价值观的文化扩张。其武力扩张和价值观扩张是紧密结合、成为一体的。几乎在每一个探险队和远征队中都有传教士。葡萄牙的武力扩张总是伴随着天主教的扩张。早在亨利王子时期，就是打着宗教的名义进

---

① 齐世荣主编：《日本——速兴骤亡的帝国》，三秦出版社 2005 年版，第 78—79 页。

行探险，亨利王子本人就是葡萄牙骑士团的团长。①

近代西方的殖民扩张，不仅依靠军事上的优势，而且依靠精神上的征服。殖民主义者都知道，军事征服只能收到暂时的效果，灵魂的依附才是关键性的。西方一位学者曾经说过，在美洲的殖民活动中，"西班牙以两种富于战斗性的行动向前推进。一种是军事上的，一种是精神上的。两者都十分热衷于征服事业。前者的目的在于攫取权力、占领土地和掠夺财富，后者的主要目的在于赢得基督信徒。这两者是相互交织和相互帮助的。彼此都依靠对方增强自己一方面的力量。洞悉两者之间的相互关系，是了解西班牙殖民事业的最基本的钥匙。"早在19世纪的时候，就有人对西班牙在菲律宾的殖民这样评价："西班牙所以能够占领和保有菲律宾，以1000多士兵征服拥有50万人口的群岛，当时和后世都看到：这完全是由于宗教的影响。"当时的许多殖民主义者都有极其强烈的宗教感。哥伦布就是一个极其虔诚的天主教徒，他一直到死，都认为是上帝派他去发现了新的天和新的地，就是发现新大陆。因为他无法解释，为什么只有他才那么强烈地感到要往西走。当他第二次到美洲时，他的船上就有10多个教士。在葡萄牙和西班牙的整个殖民征服过程中，军事人员走到什么地方，总是能够看到教士的身影。大规模的军事征服刚刚结束，必然有教士深入到被征服地区的各个角落，使被征服地区的土著居民大批大批地皈依。在西班牙的国王看来，天主教是真正征服印第安人和菲律宾人不可缺少的工具。殖民主义者不仅通过火与剑进行资本原始积累，也通过火与剑使被征服民族皈依基督教。教堂的位置总是建设在城市和村子的中央。孩子一生下来，就接受洗礼，成为教徒，洗礼证比出生证还要重要。教士学习当地语言，用医学知识为居民治病，创办免费学校。②

---

① 齐世荣主编：《西班牙葡萄牙帝国的兴衰》，三秦出版社2005年版，第74页。
② 齐世荣主编：《西班牙葡萄牙帝国的兴衰》，三秦出版社2005年版，第150—155页。

以传播西方价值观为己任的传教士，同时也是西方武力扩张的军士、战士。例如，在鸦片战争之前，一些西方传教士鼓吹应该以强硬的武力手段叩开中国的门户。有的人为此搜集情报并且参加了对中国的侵略战争，其中，以郭士立较为典型。郭士立是普鲁士人，由荷兰传道会派来远东，后来在1829年脱离该会做自由传道人。从1831年起，他曾经10次乘船考察了中国的东南沿海，搜集了大量情报。他发现清朝政府防务松懈，武器落后。他的结论是："如果我们是以敌人的身份到这里来，整个中国的抵抗不会超过半小时。"①

西方世界在大国崛起的过程中，其核心价值观的崛起，是起了引领作用的。我们分析大国崛起中的价值观崛起，是要从中更加清醒地认识到，中国的发展和崛起，离不开价值观的崛起，从而增强对核心价值观建设战略意义的认识。同时，我们也必须看到，西方价值观具有两重性，与中世纪比较，具有历史的进步性，然而其局限性、其侵略扩张性也带来了灾难。特别是在社会主义核心价值观出现以后，西方核心价值观中注入了反共反社会主义的内容，这是逆历史潮流而动的。对于西方国家核心价值观中一些积极的内容，我们今天仍然需要有选择地借鉴，用来为中国和平发展和崛起的伟大事业服务，为我们的核心价值观的建设服务，而对于西方国家核心价值观中一些落后、反动的内容，则要彻底批判、坚决抵制。

---

① 任继愈总主编：《基督教史》，凤凰出版传媒集团、江苏人民出版社2006年版，第374页。

第三章

实现中国梦要铸中华魂

党的十六届六中全会通过的《中共中央关于构建社会主义和谐社会若干重大问题的决定》，在中国共产党的历史上第一次提出了"建设社会主义核心价值体系"的战略任务。这是一个重大的理论创新，是中国特色社会主义的一个伟大创造。

党的十七大报告中进一步指出："社会主义核心价值体系是社会主义意识形态的本质体现。"他强调，要"建设社会主义核心价值体系，增强社会主义意识形态的吸引力和凝聚力"。

党的十八大提出，倡导富强、民主、文明、和谐，倡导自由、平等、公正、法治，倡导爱国、敬业、诚信、友善，积极培育和践行社会主义核心价值观。

2013年12月11日，中共中央办公厅印发《关于培育和践行社会主义核心价值观的意见》的通知。《通知》指出：《关于培育和践行社会主义核心价值观的意见》已经中央同意，请结合实际认真贯彻执行。《通知》明确：富强、民主、文明、和谐，是国家层面的价值目标，自由、平等、公正、法治，是社会层面的价值取向，爱国、敬业、诚信、友善，是公民个人层面的价值准则。这24个字，是社会主义核心价值观的基本内容。

中央办公厅印发的《关于培育和践行社会主义核心价值观的意见》指出："社会主义核心价值观是社会主义核心价值体系的内核，

体现社会主义核心价值体系的根本性质和基本特征，反映社会主义核心价值体系的丰富内涵和实践要求，是社会主义核心价值体系的高度凝练和集中表达。"

中国自古就是一个文化大国，是一个价值观大国。社会主义核心价值观，是中国特色社会主义的重要组成部分。社会主义核心价值观，对于中国特色社会主义事业，具有思想引领、灵魂塑造、文化激励、精神推动、意识形态凝聚和吸引的巨大作用，是关系到国家性质、民族命运、事业前途的战略问题。必须深刻认识社会主义核心价值观建设的重大意义，全面塑造中国核心价值观优势，为实现中国梦提供强大的精神和文化支撑。

一、中华民族核心价值观发展演进的五个历史阶段

历史的经验证明，旧社会的解体，往往是以核心价值体系的崩溃为先声，新社会的诞生往往是以核心价值体系的形成为先导，社会的稳定和发展也是以核心价值体系的确立和完善为支撑。中华民族核心价值体系主要经历了五个发展阶段，大致有五种模式形态：

第一个阶段是中华民族核心价值观的创造时期——汉武帝以前，在夏、商、周文化生成的基础上，特别是春秋战国时代，思想文化界"百家争鸣、百花齐放"，可以说是中华民族核心价值观的形成阶段。在这个阶段，"百花齐放"是各种文化的大生产、大创造、大涌现、大发展；而"百家争鸣"则是各种文化的大碰撞、大比较、大竞争、大选择、大融汇。"百花齐放、百家争鸣"的阶段，为中华民族核心价值观的形成，做了充分的文化准备。这个时期，实际上是中华民族核心价值观的准备时期、酝酿时期、创造时期。第一阶段是竞争融合的"百家"模式。

第二个阶段是中华民族核心价值观的确立时期——从汉武帝实行"罢黜百家、独尊儒术"之后，中华民族确立了"儒家"思想为主导的核心价值观。对"罢黜百家、独尊儒术"，需要有一个科学全面的认识。"罢黜百家、独尊儒术"不是在思想文化上丢掉百家、只留一家，而是在百家中确立儒家的指导地位，发挥儒家的主导作用，是以儒家文化为中华民族文化的主旋律，以儒家的价值观为中华民族的核心价值观。儒家学说，既是一种政治学说，是一种文化，也是一种价值观。儒家价值观作为中华民族核心价值观，历时两千年，不仅对中国的稳定和发展起了重大作用，而且对世界文化发展特别是对中国周边地区国家的文化进步都产生了重要影响。儒家文化也成为世界古代文化中唯一没有中断的文化，而且在全球化

时代，儒家文化又重新走向世界，其在世界受欢迎的程度在提高，在世界上的影响也越来越大。第二阶段是定于一尊的"儒家"模式。

第三个阶段是从农业社会价值观向工业社会价值观的转变——以孙中山创立"三民主义"、领导辛亥革命、实行共和制为标志，是在中国建设资本主义核心价值观的努力。虽然取得了一定的成效，但是由于中国民族资产阶级的软弱性，由于国民党反动派对孙中山革命三民主义的背叛，使资产阶级性质的三民主义核心价值观没有在中国真正确立起来和贯彻下去，没有成为整个民族普遍的共识和认同。所以近代资本主义性质的核心价值观，在中国只有努力而没有确立，只有少数人的宣传和呼吁，而没有真正成为成功的和彻底的实践，这个阶段具有很大的过渡性特征。我们可以形象地说，第三阶段是"孙家"模式。

第四阶段是马克思主义核心价值观对中国的影响和在中国的确立——就是十月革命一声炮响，马克思主义传入中国，中国共产党成立，中国革命开始，直至中国革命胜利，延续到建国以后、改革开放以前，中国共产党人在民主革命的实践中，在社会主义革命与社会主义建设的实践中，形成了以马克思列宁主义、毛泽东思想为指导的革命性的核心价值观。在这一阶段，中国共产党人在中国进行马克思主义核心价值观的建设，取得了伟大的成就，建立和积累了巨大的精神文化优势，但是也出现了严重的曲折，遇到了重大的挫折，有宝贵的经验，也有沉痛的教训。

第五阶段是改革开放以来，特别是进入新世纪新阶段，党中央提出建设社会主义核心价值体系，这是中华民族核心价值观的最新发展阶段。这个阶段核心价值观建设的主要特点，是在继承民族优秀文化传统和中国革命优良传统的基础上，特别是在总结改革开放30多年价值观建设经验的基础上，在中国特色社会主义伟大旗帜指

引下，进行社会主义核心价值体系的建设。社会主义核心价值体系
的建设，将大大增强社会主义意识形态的吸引力和凝聚力，大大提
升中国特色社会主义在世界的影响力和竞争力。

二、靠价值观"富国"——日本教授的思考和告诫

这些年来，在中国一些地方，大楼越盖越高，而一些人的思想
境界却越来越低；一些人的钱包越来越鼓，而头脑却越来越空；一
些人物质生活越来越富裕，而精神世界则越来越空虚。一些中国人
物质上的富裕程度在提高，而精神上的贫困程度却加大了。国家经
济增长率以两位数增长，而一些地方干部队伍中的腐败率、社会的
刑事犯罪率、上访请愿聚众闹事的群体性事件率，往往比经济增长
率更高。中国古代大政治家管仲说：衣食足，则知荣辱；仓廪实，
则知礼节。我们国家的经济在高速发展，而一些人的精神和道德在
迅速滑坡，甚至成为了腐败的代表。

科学的发展观，也是科学的价值观。科学的发展需要经济、精
神与道德的协调发展。我们要发展成为一个经济富裕、道德高尚的
社会。中央提出依法治国和以德治国的结合，建设社会主义核心价
值体系，就是落实科学发展观的要求，是加强以德治国的重要战略
举措。如果我们的社会只有对于利益的追求，没有对于核心价值观
的信奉，没有道德底线的约束，经济的发展和文化的进步比例失
调、格局失衡，那么这个社会就要出问题。

日本早稻田大学名誉教授依田憙家在接受中央电视台大国崛起
采访组采访时说："中国从历史上来看，在亚洲是一个文化大国，
以日本为首的周围国家都是通过中国文化发展了自己的文化。鸦片
战争以前，即使在战争中失败了的中国，也没有让出文化大国的位
置，但是鸦片战争之后，中国失去了这个地位。中国最需要的是恢

复当时亚洲文化大国的地位。现在，中国有一些人认为，先发展经济，再发展文化，但是从历史的观点来看，并不是这样。比如日本，像大家知道的，战争末期，东京、大阪等城市，都成为了废墟，产业受到毁灭性打击，在这个时候，日本首先提出的是建设文化国家，没有提出过建设经济国家，从当时的报纸都可以看到这些情况，但是结果，日本却成了经济大国。也就是说，日本朝着文化大国发展，最终却成为了经济大国。比如日本的教育是在战前得到普及的，所以其他的被战火烧掉，不容易恢复，文化还是能够迅速恢复的。从历史的观点来看，至少让文化、经济共同发展是应该的，经济就是放在那里也能够发展，但是文化不重视的话，就不能发展。现在中国的当务之急，是恢复亚洲的文化大国的地位，只有成为亚洲的文化大国，才能够被世界所认知。过去中国要有自己的文化，才能够成为文化大国，但是现在，中国需要吸收各国的文化，才能够成为文化大国。"①

这位日本教授揭示了日本战后的文化建设和经济建设的关系。我们从日本以"建设文化国家"引领"建设经济国家"的成功实践中，可以看出建设经济大国和建设文化大国的内在关系。经济建设需要文化基础，经济奇迹需要文化创造的支撑和引领。中国改革开放 30 多年取得的巨大发展，是"以经济建设为中心"的发展战略的成功，也是以改革开放的新的价值观为指引、为牵引的结果。中国特色社会主义核心价值体系指引我们前进。改革开放这一场伟大的事业，是以实践是检验真理的唯一标准这一场伟大的讨论开始的，是以伟大的思想解放启动的。包括"以经济建设为中心"，本身就是一个新的价值理念。中国的经济发展是建立在价值观发展和进步的基础之上的。

---

① 中央电视台《大国崛起》节目组编著：《大国崛起》系列丛书《日本》，中国民主法制出版社 2006 年版，第 205 页。

三、重视"精神 GDP"的创造——美国"软实力"研究的启示

我们过去讲国家发展，有个重要指标就是"经济 GDP"，后来有人提出"绿色 GDP"，就是要有环保指标，现在又有一个提法就是"文化 GDP"、"精神 GDP"、"道德 GDP"。一个国家如果只有"经济 GDP"，没有"文化 GDP"、"精神 GDP"和"道德 GDP"，就等于是建设了一个身体强壮而没有灵魂的壮汉。

近代世界崛起大国都重视精神和文化优势。美国现在是全世界公认的综合国力最强大的国家。美国的强大，不仅表现在它的经济实力和军事实力等硬实力上，也表现在它的核心价值体系等软实力上。有一个著名的概念叫"软实力"，这个概念是美国人创造的。是由美国著名政治学家、曾经担任克林顿政府国防部长助理、现在是哈佛大学肯尼迪政治学院院长的约瑟夫·奈提出来的。他在 1990 年针对保罗·肯尼迪等人的"美国衰落论"，出版了《注定领导：变化中的美国力量的本质》一书，提出了这一概念。他认为当今世界，美国不仅拥有经济和军事等硬实力的优势，而且还具有文化、价值观和国民凝聚力等软实力的优势。硬实力是通过经济胡萝卜或者经济制裁、军事大棒，威胁利诱别人去干他们不想干的事情。软实力是通过制度、文化、精神和道德力量，影响、诱惑和说服别人相信和同意某些行为准则，价值观念和制度安排。国际政治学界逐渐接受了这一观念，作为衡量一个国家国力的重要范畴或者要素。[①]约瑟夫·奈把软势力作为美国的三大势力之一。他在《软势力》一书中指出："有权力就能影响他人，让他们做你想要做的事。有三

---

① 齐世荣主编：《美国从殖民地到唯一超级大国》，三秦出版社 2005 年版，第 286 页。

种方法这么做：你可以施加压力威胁他人，就是所谓的'大棒'；你可以用报酬来诱惑别人，这是所谓的'萝卜'；你也可以说服别人，这就是我所说的'软实力'。如果我通过说服你去做我要做的事情而得到了想要的结果，那我就可以省很多的'大棒'和'萝卜'了。所以'软实力'是一种引诱别人做你要做的事情的能力。它通常来自于一个国家的思想，来自合法的政策，来自共有的价值观和有魅力的文化。软实力是能够吸引他国的强项。如果你有一项能够吸引其他国家的技术，那么这项技术能够为你的软实力加码。……技术既能够影响你的软实力，也能够影响你的硬实力。如果你把技术用在军事上，就加强了你的硬实力。如果你吸引其他国家的是你的技术，这就加强了你的软实力。"① 美国之所以能够称霸世界，它的世界霸权是建立在三个支柱上，这就是军事霸权、经济霸权、文化霸权。它可以用军事霸权来打你，可以用经济霸权来制裁你，可以用文化霸权来和平演变你。美国作为世界上最大的资本主义国家，它有一套"资本主义核心价值体系"，这是它推行和平演变战略、推行西化、分化战略的政治资本。中国作为世界上最大的社会主义国家，必须建设社会主义核心价值体系，这是我们抵制西化、分化战略所必须建设的精神上的万里长城，是必须筑牢的思想上的铜墙铁壁。

四、以精神崛起，引领国家崛起

核心价值观，是人们的一种根本性的价值认同，是一种源泉性的精神力量。社会主义核心价值体系的建设，就是社会主义核心精神的建设。

---

① 中央电视台《大国崛起》节目组编著：《大国崛起》系列丛书《法国》，中国民主法制出版社 2006 年版，第 226 页。

　　"建设社会主义核心价值体系"，是中国和平崛起的重要保证。现在国内讲"和平崛起"，国际上讲"中国世纪"、"中国时代"。前两年"大国崛起"的系列电视片和系列图书在国内外反响很大。分析世界 500 年来先后崛起的 9 个大国，可以发现一条规律，那就是大国崛起，离不开精神崛起、思想崛起、文化崛起。没有一个国家是在没有思想文化革命和精神优势的情况下能够崛起的。在崛起的 9 个大国中有 6 个是在西欧，俄罗斯是横跨欧亚两洲，亚洲有一个日本，美洲有一个美国。这些崛起的大国都有自己的价值观体系，有自己的奋斗精神，有自己的文化创造，决不是没有思想、没有文化、没有头脑的纯粹的经济崛起和军事崛起。这些崛起大国的价值观体系有自己的特色，而文艺复兴运动、启蒙运动、法国大革命运动、十月革命等，是几次著名的思想解放运动，是对大国崛起的精神洗礼，为大国崛起准备了思想能源和精神动力。最先崛起的西班牙和葡萄牙，是航海大国、探险大国，它们就有强烈的探险精神，有一种前仆后继的精神。面积只相当于两个半北京的小国荷兰，人口不足 200 万，能够进入大国崛起的行列，将自己的实力几乎延伸到地球的每一个角落，悬挂着荷兰三色旗的 10000 多艘商船游弋在世界的五大洋之上，成为全世界的"海上马车夫"，被马克思称为当时世界的"海上第一强国"。[①] 很重要的一个原因是他们具有艰苦经商和诚实经商的价值观。中国要实现的和平崛起，是中国特色的社会主义事业的和平崛起，如果没有社会主义核心价值观的崛起，没有强大的精神和文化优势，就是无法实现的事情。

---

　　① 中央电视台《大国崛起》节目组编著：《大国崛起》系列丛书《荷兰》，中国民主法制出版社 2006 年版，第 121 页。

五、掌握国际文化竞争的战略主动权

当今时代，文化在综合国力竞争中的地位日益重要。谁占据了文化发展的制高点，谁就能够更好地在激烈的国际竞争中掌握主动权。国际竞争中的"文化竞争"，是一个十分重要的战略问题。"社会主义核心价值体系"，就是文化竞争的制高点。社会主义核心价值体系，是巩固全党全国人民团结奋斗的共同思想基础，是党、国家、民族存在和发展的精神纽带和思想动力，是国家性质的体现，也决定国家文化的发展方向。核心价值体系是国家的核心竞争力，社会主义和资本主义的竞争，当今世界不同发展模式的竞争，关键是核心价值体系的竞争。中国特色社会主义文化崛起的支柱，就是社会主义核心价值体系的建设。美国作为世界上最大的资本主义国家，它有一套"资本主义核心价值体系"，这是它推行和平演变战略、推行西化、分化战略的政治资本。中国特色社会主义核心价值体系，也是我们抵制西化、分化战略的精神上的万里长城，是思想上的铜墙铁壁。

中国和平崛起的过程既是中国经济、科技、军事实力不断提升的过程，也是文化、精神、意识形态等软实力的吸引力、凝聚力、亲和力不断增强的过程。中国文化崛起是保证中国文化安全的需要。美国近年来对外竭力宣传美国商务部前高级官员大卫·罗斯科普提出的一个战略理念："如果世界趋向一种共同的语言，它应该是英语；如果世界趋向共同的电讯、安全和质量标准，它们应该是美国的标准；如果世界正在由电视、广播和音乐联系在一起，节目应该是美国的；如果共同的价值观正在形成，它们应该是符合美国人意愿的价值观。"① 世界对中国的肯定和赞扬，不仅是对中国经济

---

① 《中国模式与"北京共识"》，社会科学文献出版社 2006 年版，第 185 页。

建设成就和物质面貌改变的认可，更是对中国发展理论、道路和模
式的认可，是对中国核心价值观的认可。马克思主义之所以能够影
响和改变世界，首先因为马克思主义是一种世界性的文化，因为马
克思主义是一种先进的价值观，能够指导人们的价值判断，成为人
们的价值理念。

　　当今世界对中国的文化崛起和软实力增长是高度关注的。提出
"北京共识"的美国专家乔舒亚·库珀·雷默指出："根据它拥有多
少艘航空母舰或人均国内生产总值等陈旧的规则来评估中国的实
力，会导致极大的错误估计。中国正在成为世界历史上最大的不对
称超级大国，一个有史以来最少依赖显示实力的传统手段的国家，
它以惊人的榜样力量和令人望而生畏的大国影响作为显示实力的主
要手段。"[1] 中国特色社会主义核心价值体系的建设，必将使中国进
一步成为"价值观大国"，中国价值观必将在世界上发挥越来越大
的作用和影响。

---

　　① 《中国与全球化》，社会科学文献出版社 2005 年版，第 5 页。

第四章

核心价值观凝聚 13 亿中国心

　　党的十七大报告中指出："社会主义核心价值体系是社会主义意识形态的本质体现。要巩固马克思主义指导地位，坚持不懈地用马克思主义中国化最新成果武装全党、教育人民，用中国特色社会主义共同理想凝聚力量，用以爱国主义为核心的民族精神和以改革创新为核心的时代精神鼓舞斗志，用社会主义荣辱观引领风尚，巩固全党全国各族人民团结奋斗的共同思想基础。"这就全面概括了社会主义核心价值体系的基本内容，这就是：马克思主义指导地位；中国特色社会主义共同理想；以爱国主义为核心的民族精神；以改革创新为核心的时代精神；社会主义荣辱观。正是这五个方面的基本内容构成了社会主义核心价值体系。

　　党的十八大报告指出："加强社会主义核心价值体系建设。社会主义核心价值体系是兴国之魂，决定着中国特色社会主义发展方向。要深入开展社会主义核心价值体系学习教育，用社会主义核心价值体系引领社会思潮、凝聚社会共识。推进马克思主义中国化时代化大众化，坚持不懈用中国特色社会主义理论体系武装全党、教育人民，深入实施马克思主义理论研究和建设工程，建设哲学社会科学创新体系，推动中国特色社会主义理论体系进教材进课堂进头脑。广泛开展理想信念教育，把广大人民团结凝聚在中国特色社会主义伟大旗帜之下。大力弘扬民族精神和时代精神，深入开展爱国主义、集体主义、社会主义教育，丰富人民精神世界，增强人民精神力量。倡导富强、民主、文明、和谐，倡导自由、平等、公正、法治，倡导爱国、敬业、诚信、友善，积极培育和践行社会主义核心价值观。牢牢掌握意识形态工作领导权和主导权，坚持正确导向，提高引导能力，壮大主流思想舆论。"

一、坚持马克思主义指导地位

坚持马克思主义的指导地位，就是以马克思主义基本理论为党和国家的根本指导思想。这是社会主义核心价值体系的首要问题。坚持马克思主义在中国的指导地位，这是中国历史的选择，是中国人民的选择，是实现中华民族伟大复兴的客观需要。马克思主义是科学的世界观和方法论，是对党和国家事业发展全局起根本指导作用的科学理论，其指导地位和指导作用是其他任何一种学说和理论所无法比拟和替代的。每一个时代的社会思潮都是多样化的，每一个国家的进步思想和理论也是多种多样的，但是在各种各样积极和进步的思想中，必然有一种思想是起主导作用的。一个国家的指导思想只能有一个，这关系到国家根本发展方向和发展道路的战略选择问题。在社会主义中国，马克思主义思想是处于指导地位和领导地位的，中国在根本指导思想的问题上是不能搞多元化的。因此必须坚持一元化的指导思想不动摇，必须坚持马克思主义在中国的指导地位不动摇。

坚持以马克思主义为根本指导思想，不搞指导思想的多元化，并不是只要"指导思想"而不要其他思想。马克思主义并不排斥其他积极进步的思想。中国特色社会主义核心价值体系，是坚持马克思主义指导地位的一元化和容纳各种积极进步思想文化的多样化的统一，是弘扬主旋律、提倡多样化，坚持用马克思主义指导和引领多样化的社会思想。

有人主张取消马克思主义，让它在中国没有地位；有人主张马克思主义和其他思想平起平坐，从而降低马克思主义的地位。这些论调都是十分有害的。苏联的解体，首先是根本指导思想的动摇。有不少当年拼命攻击马克思主义和诋毁社会主义的人，在苏联解体后都后悔了。例如，苏联著名哲学家兼作家季诺维也夫说：我写了

30 本反对马克思主义和共产主义的书，但是假如我知道这一切会有后来这样的结果，我永远都不会写这些书。苏联在指导思想问题上的教训，我们一定要警惕和吸取。

二、坚定中国特色社会主义理想

在社会主义理想的问题上，我们经历了一个过程。在革命战争年代，人们的理想信念是建立在要彻底改变旧中国腐朽落后的社会现实的决心上，建立在对马克思主义书本所阐述所描绘的理想社会的憧憬上，建立在对苏联社会主义模式的羡慕和追求上。新中国成立以后直到改革开放以前，人们的理想信念也主要是对社会主义和共产主义远大理想的信仰。改革开放的实践，开启了中国特色社会主义伟大事业的探索和创造，中国特色社会主义成为激励、团结、凝聚中国人民的伟大旗帜，成为中国人民的共同理想。中国特色社会主义的共同理想，就是中国人民共同的奋斗目标和前进方向。我们 13 亿多人要干成一件大事业，那就是建设中国特色社会主义。中国特色社会主义不仅是 13 亿多中国人民的福祉，而且将对世界的发展进步产生重大影响。

过去半个世纪世界大国的战略竞争，主要是西方道路和苏联道路的竞争。现在真正影响和牵动世界的战略竞争，是西方模式和中国模式的竞争。在改革开放的过程中，中国在学习世界。而在改革开放取得巨大成就的情况下，世界也越来越重视对中国的研究。现在，中国特色社会主义的崛起，是全世界都在研究的课题。国外对"中国模式"、"中国经验"、"中国道路"的讨论和研究不断深入。2004 年 5 月 7 日，美国高盛公司高级顾问、清华大学教授乔舒亚·库珀·雷默在伦敦《金融时报》上提出了"北京共识"的概念。5月 11 日，英国外交政策研究中心全文发表了他撰写的《北京共识》的报告。这个报告在国内外引起反响。专家们认为，20 世纪晚期，拉美的经济危机、东亚的金融危机、俄罗斯休克疗法的失败，都与新自由主义经济政策直接关联。而新自由主义是"华盛顿共识"的基础，这说明"华盛顿共识"的局限和失败。在全球化背景下如何实现现代化，是发展中国家面临的新课题，东亚模式和拉美模式的失败，使发展中国家格外关注中国经验。中国快速崛起，对全球格局甚至对世界的发展进程产生深刻影响，中国的发展战略和发展模式自然引起世界大国的深切关注。按照一些国际人士的看法，中国特色社会主义的发展和崛起，是超越资本主义、超越民主社会主义、超越苏联模式社会主义的一种非常具有战略竞争力的新型模式。中国模式对世界上 100 多个发展中国家具有普遍启发和借鉴意义。中国道路实际上是发展中国家发展进步的道路。

现在，以中国为师，越来越成为一些国家的共识。中国特色社会主义，是社会主义的普遍本质与中国特色的结合，而中国特色社会主义决不仅仅适合于中国，它对发展中国家的社会主义事业具有一定程度的普遍意义。过去中国有一句话：中国要发展，必须了解世界。现在世界上有一句话：了解世界的发展，必须研究中国。现在世界上没有一个大国不在研究中国，一些共产党执政国家纷纷"以中国为师"。一些外国评论认为，中国崛起为其他国家提供了除西方发展模式以外的一个新的强有力的选择。目前巴西、越南等国家都在追寻中国模式。印度社会学家拉姆戈帕尔·阿加尔瓦拉说："在人类历史上，中国的经验应当最受称道。中国的成功实验是人类历史上最受羡慕的，其他国家应尊敬他并向他学习。"[①] 美国经济学家斯蒂格利茨指出："中国自从 1978 年改革开放以来，每 10 年就使产出和收益增加一倍。世界银行估计中国使3 亿人摆脱了贫困。一直对中国转型道路持有不同意见的世界银行的官员和经济学家们在评价中国经济转型成就时也不得不承认，在

---

① 《中国模式与"北京共识"》，社会科学文献出版社 2006 年版，第 415 页。

人类历史上，还从来没有这么多的人，经历过这么快的增长。"① 现在中国用改革开放 30 年的时间改变了世界上 13 亿人口的命运，而西方国家在资本主义的模式和轨道上用 300 年的时间也只不过使 10 亿人获得现代化的生活。站在中国看中国，感觉到中国的发展变化。站在世界看中国，更感到中国奇迹震动世界。在最近发生的世界性金融危机中，中国对稳定世界经济的地位和作用进一步凸显，中国特色社会主义的吸引力和凝聚力进一步增强，这为人们坚定中国特色社会主义共同理想创造了更好的条件。

三、弘扬爱国主义为核心的民族精神

一个民族要自立于世界民族之林，就必须要有民族精神。中华民族的民族精神，是以爱国主义为核心的，建设民族精神必须大力弘扬爱国主义。中华民族是一个具有强烈爱国主义精神的民族，这是中华民族几千年来维持大一统的国家而能够战胜分裂的重要原因。

犹太民族过去长期没有国家，他们散居在世界各地，虽然善于经商和赚钱，但是总是被人迫害追杀。这样的境遇更增加了犹太人的复国和爱国情思。二战后至今，他们用多次胜利的战争建立和保卫自己那个只有 3 万平方公里的微型国家以色列，使犹太民族在这个世界上终于有了一个立足点。在建国和卫国的过程中，只要以色列国家有需要，世界各地的犹太人就回国参战，或者捐钱捐物。以色列能够成为一个微型超级大国，20 多个阿拉伯国家打不败它，其坚不可摧的爱国主义，是重要原因。

近代世界历史上一些大国能够崛起，也都是在其形成民族国家之后，与其内部具有强烈爱国主义的凝聚力关系密切，这在那些欧

---

① 《中国模式与"北京共识"》，社会科学文献出版社 2006 年版，第 421 页。

洲大国的崛起过程中表现的尤其突出。而在亚洲的日本从明治维新以后的第一次崛起，虽然其奉行的军国主义是令人深恶痛绝的，但是人们也看到大和民族在对外问题上举国一致所表现出来的一种强烈的民族主义思想。日本社会的口号是"一厂一家"、"一村一家"、"一店一家"、"一国一家"，特别强调个人必须归属于群体，忠诚于家庭、集团和国家。日本在第二次世界大战中，由于兵力和劳动力紧缺，就大力提倡"国家的结婚观"。在1941年开展了轰轰烈烈的"适龄结婚总进军"运动，要求婚龄青年尽早"结婚报国"，"多产育英"。女子青年团为这个运动奔走呼号，要求"女性从个人主义的结婚观转变为国家的结婚观"，把男女婚嫁看作是为国家生儿育女做贡献。日本人传统的群体观念、国家观念，日本人的神道和武士道精神中的忠诚、纪律、牺牲等因素，在明治维新的改革图强之时，曾经发挥了积极的作用，但是后来被引导到支持侵略战争和法西斯统治，走上了邪路。战后，这种传统观念又重新发挥了正面作用。日本人为重建国家同心协力，节衣缩食，埋头苦干，又创造了一个经济崛起的奇迹。人们研究日本企业的竞争力，发现日本企业坚持"命运共同体"，企业对员工实行终身雇佣制、年功序列制、企业工会制等，职工、工会和企业管理者把企业发展作为共同事业。在发达国家中日本储蓄率最高。日本崇尚集体至上、民族至上、国家至上，个人为国家而牺牲，这些精神因素有利于日本的发展。

在经济全球化的大潮中，越来越多的中国人和中国企业走出去，但是每个企业和个人的生存与发展，都离不开国家这艘大船，爱国主义是国家最大的竞争力和凝聚力，爱国主义是民族精神的核心，一个民族的人们不论走到那里，都能够把祖国装在自己的心中，这个民族就是不可战胜的。

四、树立以改革创新为核心的时代精神

我们的时代，是一个改革创新的时代。中国共产党是一个善于创新的政党，中国共产党在自己的奋斗历程中，有三次重大创新：第一次是"革命创新"，就是在中国革命中走出了不同于苏联的城市起义道路，创造了一条农村包围城市的革命道路；第二次是"建设创新"，就是通过改革开放，突破了苏联计划经济模式的社会主义，开辟了中国特色社会主义道路；第三次是"崛起创新"，就是提出"和平崛起"，在国内建设和谐社会，在国际上建设和谐世界，通过走和平发展的道路，实现中华民族的和平崛起。要强化"创新兴国"的意识，要树立改革创新的时代精神。

中国特色社会主义是改革开放以来中国人民的最大创造，而中国特色社会主义目前也正在继续创造之中。列宁曾经把社会主义比喻为攀登一座未经勘察、人迹未至的高山，他强调要"准备忍受几千个困难，准备作几千次尝试，而且，我们在作了一千次尝试以后，准备去作一千零一次尝试"。中国特色社会主义是创造，是试验，是探索，是一项伟大的社会试验工程。中国特色社会主义的形成有一个过程，包括中国特色社会主义的概念也有一个演变的过程。邓小平在 1982 年 9 月 1 日举行的党的十二大的开幕词中，第一次提出"建设有中国特色的社会主义"。中国特色社会主义是伟大的创造，而这一创造是一个正在进行的过程，如同中国特色社会主义现在正处于社会主义初级阶段一样，中国特色社会主义伟大事业的继续开创和全面推进，是一个长期的艰巨任务。中国特色社会主义是我们的奋斗目标，又是我们的奋斗过程；中国特色社会主义是我们的伟大创造，又是我们需要继续探索和实践的崭新课题；中国特色社会主义在建设中，在创造中，在崛起中，在完善中，中国特色社会主义是一个现在进行时。

创新兴国，有创新精神的民族，才有活力。恩格斯曾经高度评

价美利坚民族的创新精神。恩格斯指出："如果我没有看错美国人"，那么，他们"在实践上走在所有人的前面，在理论上还在襁褓之中，情况就是这样，而且也不能不是这样。此外，这是一个没有传统的（宗教传统除外），从民主共和国开始的国家，是一个比任何别的民族都要精力充沛的民族"。① 恩格斯还说："这个新世界由于藐视一切继承的和传统的东西而远远超过了我们这些旧式的、沉睡的欧洲人；这个新世界是由现代的人们根据现代的、实际的、合理的原则在处女地上重新建立起来的……他们这个前进最快的民族，对于每一个新的改革方案，会纯粹从它的实际利益出发马上进行试验，这个方案一旦被认为是好的，差不多在第二天就会立即付诸实行。"②在新大陆、新移民的基础上形成的美利坚民族，是一个富有开拓创新精神的民族，开拓、创新，是美利坚民族文化中最为活跃的特性之一。美国推翻英国殖民统治，抛弃软弱的邦联制，创立联邦制，废除奴隶制，改革文官制，制定反垄断法，保障自由竞争，实施"新政"，建立福利制度，制定与修改宪法、法律，以及在科学技术上的创新发明等，都表明了创新精神对于美国崛起和强大的作用。③

五、用社会主义荣辱观引领风尚

胡锦涛同志在 2006 年提出了以"八荣八耻"为主要内容的社会主义荣辱观，这就是：以热爱祖国为荣、以危害祖国为耻，以服务人民为荣、以背离人民为耻，以崇尚科学为荣、以愚昧无知为耻，以辛勤劳动为荣、以好逸恶劳为耻，以团结互助为荣、以损人利己

---

① 《马克思恩格斯全集》第 36 卷，人民出版社 1975 年版，第 668 页。
② 《马克思恩格斯全集》第 21 卷，人民出版社 1965 年版，第 534 页。参阅齐世荣主编：《15 世纪以来世界九强的历史演变》，广东人民出版社 2005 年版，第 384 页。
③ 齐世荣主编：《美国从殖民地到唯一超级大国》，三秦出版社 2005 年版前言部分。

为耻，以诚实守信为荣、以见利忘义为耻，以遵纪守法为荣、以违法乱纪为耻，以艰苦奋斗为荣、以骄奢淫逸为耻。以"八荣八耻"为主要内容的社会主义荣辱观，旗帜鲜明地指出了在社会主义社会里，什么是真善美，什么是假恶丑，应该支持什么、反对什么，倡导什么、抵制什么，为人们在社会主义市场经济条件下判断行为得失、确定价值取向、做出道德选择，提供了基本规范，为构建与社会主义市场经济相适应、与社会主义法律规范相协调、与中华民族传统美德相承接的思想道德体系指明了方向。

荣辱观是世界观、人生观、价值观的重要内容，树立正确的荣辱观是形成良好社会风气的重要基础。以"八荣八耻"为主要内容的社会主义荣辱观作为社会主义核心价值体系的重要组成部分，体现了社会主义的价值导向，是引领社会风尚的一面旗帜。在一位领导干部的办公室里贴着一个条幅，上面写着这样几个大字："有草名含羞，人岂能无耻"。含羞草作为一种草，尚且知道害羞，而现代人群中有一些人就没有羞耻心。在我们这个世界，有真、善、美，也有假、恶、丑，如果美丑不分，荣辱不辨，人心就会沉沦，社会就会堕落。道德情操的建设，荣辱观的建设，就是要培养"风范大国民"，就是要造就"君子"，防止一些人成为"小人"、"庸人"、"腐败人"、"坏人"。这些年，一些干部不是追求卓越、追求高尚，而是崇尚庸俗和腐败，把无私奉献精神看成是"傻子精神"。而我们的一些好干部一直坚持理想和道德信念不动摇。我们的干部队伍在总体上是好的，有许多先进人物，例如河南省著名的南街村，在党支部的领导下，3100 名村民，都要学习毛主席语录和党的创新理论，参加自我批评会议，村干部每个月工资 30 美元，折合为 250 元人民币，号称"二百五"。他们拿的是"傻子工资"，他们有一种"傻子理论"和"傻子精神"，在这个村庄广场的墙上写着鲜红醒目的大标语"只有傻子才能救中国"。党支部书记说"中国需要傻子，世界需要傻子。什么是傻子，就是有自我牺牲精神的人"。在南街村，这样的"傻子"最光荣。

建设中国特色社会主义核心价值体系，必须高扬主旋律。所谓主旋律，包括三个层次：一是马列主义、毛泽东思想、邓小平理论、"三个代表"重要思想、科学发展观、习近平系列重要讲话精神，这是主旋律的核心和灵魂；二是爱国主义、集体主义、社会主义，这是主旋律的基本内容；三是实事求是、独立自主、改革创新、艰苦奋斗、清正廉洁、诚实守信、无私奉献、自强不息、团结奋进、振兴中华等时代精神，这是实践主旋律的基本要求。所谓弘扬主旋律，就是要在中国特色社会主义的旗帜下，大力倡导一切有利于发扬爱国主义、集体主义、社会主义的思想和精神，大力倡导一切有利于改革开放和现代化建设的思想和精神，大力倡导一切有利于民族团结、社会进步、人民幸福的思想和精神，大力倡导一切用诚实劳动争取美好生活的思想和精神。

第五章

破除灵魂深处"三座大山"

　　核心价值观建设，作为国家和军队一种深层次的文化建设，作为整个国家和军队要大力弘扬的一种高尚的人生追求，作为一种长远性激励民心士气的舆论导向，是在抵制一些不良社会思潮和文化心理的基础上形成和建立起来的。在改革开放和发展社会主义市场经济的大环境下，特别要深入破除"官本位"、"钱本位"、"个人本位"这三种不良倾向。这三种不良倾向，是盘踞在人们心灵深处的"三座大山"，只有破除了这"三座大山"，社会主义核心价值观才能够在人们的内心和灵魂扎根。

一、破除"官本位"，抵制"惟权是图"

习近平一贯高度重视和强调破除"官本位"思想。早在2007年2月5日他担任浙江省委书记期间，就在《主仆关系不容颠倒》一文中指出，古人常讲，"圣人无常心，以百姓之心为心"、"德莫高于爱民，行莫贱于害民"。各级领导干部要站在人民群众的立场上立身、处世、从政。要破除"官本位"思想，克服和纠正那种"做官当老爷"的封建习气，把智慧奉献于人民、力量根植于人民、情感融解于人民。这是习近平非常精彩的一段关于破除"官本位"思想的名言。

2013年9月23日至25日，习近平到党的群众路线教育实践活动联系省河北，全程参加并指导省委常委班子专题民主生活会。习近平针对常委们查摆出来的官本位、理想信念、政治纪律等问题，发表了重要讲话，对于抵制和克服官本位思想的侵蚀、增强执政党各级领导干部的公仆意识，具有很强的针对性和指导意义。他在讲话中指出：十八大之后，深入进行的党的群众路线教育实践活动，就是一场坚持全心全意为人民服务的根本宗旨、坚持党的密切联系群众的根本政治路线、破除"官本位"思想和作风的重要活动。

中国有两千多年官僚制历史。官本位的影响根深蒂固。美国著名汉学家费正清在他的著作《美国与中国》中说："旧中国皇朝的统治是发展得最彻底最巧妙的官僚体制，这一点是了解中华人民共和国的关键之一。"

克服官本位，西方国家一些好的观念值得借鉴。德国前总理科尔讲："我们德国人对大学教授的尊重，远远超过对商业巨子、银行家和内阁部长，这就是我们的希望所在。"德国现在有公职人员500万，其中70万是义务官，他们为官从政，是做义工。平均每周工作 6—80 个小时，只有少量补贴。52 岁的芬格是德国波恩市第一副市长，从政 20 多年，每周工作时间 60 小时以上，仍然只是一位"义务性"官员。德国《明镜》周刊评论说，利用业余时间从政已成为德国政治运作的基础。

一个国家，只要它的绝大多数精英分子都把做官作为自己人生的第一追求和首要选择，那么这个国家的人才导向就不可能现代化。

今天日本大学生的就业取向，也很能说明问题。日本东京大学校长小宫山宏在接受中央电视台《大国崛起》节目组采访时说，过去，东京大学培养日本的精英，政府许多官员是东京大学毕业生，从历史来看是对的。但是现在已经不同了，现在每年 3000 多毕业生，到政府机构工作的也就是一二百人。我是理科出身，我们那里每年 900 多毕业生，去政府部门工作的也就是一二十人。[①]

1923 年 12 月 21 日，中国民主主义革命的先行者孙中山先生在广州岭南学生欢迎会上，曾对岭南学生说"要立志做大事，不要立志做大官"。此后，这句话便成为激励有志之士成就事业、实现人生价值的座右铭。中国共产党的伟大领袖毛泽东早在战争年代就说过："我们共产党人不是要做官，而是要革命"。江泽民同志也说过："共产党人要立志做大事，不要立志做大官"。在立志做大事，不要立志做大官方面，我们党的领袖毛泽东、邓小平、江泽民、胡锦涛，都为我们作出了光辉榜样。在我们党和军队的干部队伍中，也有许多大家熟知的先进模范人物。

克服"官本位"意识，在"官"与"家"的关系上，要更多地提倡尊重专家、争做专家。专家兴国，"大国"需要有"大家"。有的战略学专家认为罗马不如希腊，因为罗马有"大国"而缺"大

---

① 中央电视台《大国崛起》节目组编著：《大国崛起》系列丛书《日本》，中国民主法制出版社 2006 年版，第 84 页。

家"。罗马帝国全盛时期的幅员跨越欧洲、亚洲、非洲，但是学术思想的繁荣不如希腊，没有重大贡献。罗马没有像柏拉图、亚里士多德那样伟大的哲学家，在史学方面虽然有波里比亚和李维，但是也只是承希腊的余绪。在兵学方面虽然有一些著作，但是缺乏有体系的战略思想。[1] 缺乏"大家"的大国，其大国地位必然动摇。

莎士比亚在英国人心目中的分量——400 年前，那位被马克思称为"人类最伟大的天才之一"的戏剧家莎士比亚，曾经是环球剧院的股东、演员和剧作人。他的 37 部剧作中展露出惊人的才华和对人的内心世界的洞察力。[2] 英国首相丘吉尔有一句名言："我宁愿失去一个印度，也不肯失去一个莎士比亚。"因为在成为大国的过程中，戏剧家莎士比亚的作品提升了英国的人文精神。

如果说，在英国崛起的过程中，戏剧家莎士比亚的作品提升了英国的人文精神，科学家牛顿的力学定律开启了英国工业革命的大门，那么，经济学家亚当·斯密的《国富论》就为英国提供了一个新的经济秩序。他们的名字赫然镌刻在英国崛起的道路上。1776 年，在美国建国这一年，影响西方国家经济理念的《国富论》诞生了，撰写《国富论》的经济学家亚当·斯密用"看不见的手"来形容经济规则。1776 年，英国经济学家亚当·斯密出版了他的《国富论》，这本书就像是一台特殊的思想发动机，为人类财富的增长提供了源源不断的思想动力。这本书所贡献的思想，使工业化不再停留在发明机器和制造产品的阶段，它对社会发展产生了革命性的意义。斯密认为追求个人私利是一切经济活动的主要动力。而每个人追求个人利益的努力，会被一只看不见的手牵着，去实现一种他本来无意实现的目的，最终会促进社会利益。"自由竞争"的概念是

---

① 钮先钟：《西方战略思想史》，广西大学出版社 2003 年版，第 37 页。
② 中央电视台《大国崛起》节目组编著：《大国崛起》系列丛书《英国》，中国民主法制出版社 2006 年版，第 217 页。

斯密经济学说的基石。斯密最著名的观点就是：看不见的手。他认为在市场经济中，个体间的自然交易将会创造出高效的资源分配模式，并且有利于市场经济的发展，创造出更高水平的收入。《国富论》提出的那只看不见的手，就是市场供求规律，根据这个理论，斯密提出了一个深远的对外贸易战略。人们说，牛顿为工业革命创造了一把科学的钥匙，瓦特拿着这把钥匙开启了工业革命的大门，斯密则挥动那只看不见的手，为工业革命的推进缔造了一个新的经济秩序。英国历史学家汤恩比认为，工业革命的实质既不是发生在煤炭、钢铁、纺织工业中引人注目的变革，也不是蒸汽机的发展，而是"以竞争代替了先前主宰着财富的生产与分配的中世纪规章条例"。比技术革新影响更深刻的，是经济社会运行规则的变化。斯密的理论形成了自由主义经济模式。斯密的理论是在工业资本主义发展以前发表的，它不仅促进了英国资本主义的发展，使英国成为第一个世界强国、世界霸权国家，而且促进了全世界资本主义的发展。1815 年，英国人打赢了一场震惊世界的战争，伟大的胜利使他们更加深刻地认识到斯密对英国的伟大贡献。这一年，英国的威灵顿公爵在滑铁卢击败了拿破仑，有人评价说："战争的胜利不仅是不列颠军队的胜利，也是市场经济的胜利。"正是拿破仑十分藐视并且称其为"小店主的国家"英国，打败了他这个法兰西的大英雄。在战争中，无论拿破仑用多么强大的力量，采取什么严格的封锁措施，也难以阻挡"小店主国家"的产品涌向它要去的地方。即使在法国军队与英国军队面对面作战的时候，法国军人身上的军服，也来自英国的棉纺织品。自由贸易成为英国的国策，"英国制造"在世界市场长驱直入。英国成为世界工厂。英国开创了一个自由贸易时代。英国创造了一个贸易帝国。英国的经济学家杰文斯1865 年描述说："北美和俄国的平原是我们的玉米地；加拿大和波罗的海是我们的林区；澳大利亚有我们的牧羊场；秘鲁送来白银，南非和澳大利亚的黄金流向伦敦；印度人和中国人为我们种植茶叶，我们的咖啡、甘蔗和香料种植园遍布东印度群岛。我们的棉花长期以来栽培在美国南部，现在已经扩展到地球每个温暖地区。"海外贸易和殖民地扩张推进工业化，1850年的时候，英国的城市人口超过了60%，铁的产量超过了世界上所有国家铁产量的总和；煤占世界总产量的三分之二，棉花占全球一半以上。① 没有斯密的《国富论》，没有思想家的大思想，就没有英国的大富裕、大发展。英国是靠《国富论》富裕起来的。在一个长时期内，世界商业活动，不管自愿与否，都是遵循着亚当·斯密设计的游戏规则进行，英国在完成工业革命的同时，也创造了一个自由市场经济，这种情况一直持续到1929年，接替亚当·斯密这个位子的是另一个英国经济学家凯恩斯。

《国富论》使斯密成为经济学之父。斯密在大英帝国中受到高度尊敬。"贵族坐等主宾到，首相起立迎斯密"就是具体一例。在英国，亚当·斯密的《国富论》出版12年以后的一天晚上，在伦敦，职务仅仅是一个海关官员的亚当·斯密，应邀去一位公爵家里做客。客厅里都是王公贵族和商界巨贾，是一些几乎掌握了英国经济全部命脉的重量级人物，当斯密下了马车，步入客厅的时候，原来散坐四处、谈笑风生的绅士们，立即停止了话题，大家把目光都投向了斯密，并且纷纷站起来向他致意。斯密不好意思地说："先生们，请坐。"这时已经站在斯密身边的首相皮特认真地说道："博士，您不坐，我们是不会坐下的，哪里有学生不为老师让座的呢？"② 亚当·斯密不仅是经济学大家，而且担任过大学道德哲学教

---

① 中央电视台《大国崛起》节目组编著：《大国崛起》系列丛书《英国》，中国民主法制出版社2006年版，第239页。

② 中央电视台《大国崛起》节目组编著：《大国崛起》系列丛书《英国》，中国民主法制出版社2006年版，第237—238页。

授，他的成名作是《道德情操论》，这本书对于英国国民的价值观建设也具有巨大的影响作用。

美国人"尊家重教"的文化氛围，有一个突出的范例。1879年12月25日，爱迪生在美国发明电灯成功，当60盏电灯齐放光明的时候，在场的人们高呼"爱迪生万岁"。1929年10月21日电灯诞生50周年，美国为爱迪生举办了一场纪念会，美国总统胡佛搀扶着82岁的爱迪生走进"实验室"，美国民众守候在收音机旁边等待收听实况解说，爱迪生重演了半个世纪以前关于电灯的著名实验。全美数十座城市为纪念他的功绩而让所有电灯大放光明。这是一场为发明家而举办的盛宴，是一个国家对一个平民的致敬。500位来宾大都是《世界名人词典》中的人物。爱迪生坐在首席，胡佛总统坐在旁边。总统发表了演讲："在我们的国家中，科学家和发明家要算是最可贵的无价之宝了。……由于他们的努力促使了我们的进步，这种伟大的贡献是无法估价的。"[1] 1931年10月18日，爱迪生走完了84年的人生旅程。美国作出了一个决定，除了关键的电灯以外，其他所有电灯都在自愿的情况下关闭1分钟。在这1分钟之内，美国一片黑暗。1分钟后全国一片光明。[2] 人们用这种方式来展示爱迪生对人类所做的贡献。当中国人在高呼皇帝万岁的时候，美国人在为一个发明家呼喊万岁。"皇帝万岁"，弘扬的是一种对君主的臣服心理。"发明家万岁"，弘扬的是一种科学精神和创造精神。

中国改革开放以来，在克服"官本位"意识方面虽然取得很大进步，但是也仍然有较大的距离。整个社会崇尚知识、尊重专家的氛围还有差距。有的认为现在虽然是知识经济时代，但是只有能够

---

① 中央电视台《大国崛起》节目组编著：《大国崛起》系列丛书《美国》，中国民主法制出版社2006年版，第160页。

② 中央电视台《大国崛起》节目组编著：《大国崛起》系列丛书《美国》，中国民主法制出版社2006年版，第150—154页。

带来经济效益的知识，才有意义。有的认为知识不如权力实惠、"家"的地位不如"长"的地位高。2008年9月7日《广州日报》和新华网有一篇评论文章，题目是《"40个教授争一个处长"的价值拷问》，说的是"深圳一个处长职位，竟有40个教授来争"。有人评论说，现在，在中国的大学中，教授、博士生导师争当处长，早已不是什么新闻了。前些年，很多高校搞处级干部竞争上岗，就有不少教授争相报名竞争处长，有的教授、博士生导师竞争处长落选后，甚至锲而不舍地继续竞争副处长。一些学生说，看到一些教授不仅放弃清高和自傲，屈尊参加考试、答辩、民主测评，而且打电话、发短信、请吃饭、拉选票，四处讨好同事，八面逢迎领导，变成"官迷"，心里不是滋味。什么时候，大学教授的社会地位竟然不如一个副处长了？有人说，40个专家教授竞争一个处长这是大学的悲哀，是社会价值观的扭曲。

在部队，"官本位"意识的影响也是存在的。赵南起上将1992年10月22日到1995年7月30日在军事科学院院长任上是2年9个月，在他走后10年，王安将军还写文章纪念他，提出"科研人员为什么想念赵南起院长"，其中讲道："当他听到有的志愿兵反映，自己还不如一个研究员，感到十分震惊。他在一次全院大会上严肃地指出，科研人员是军事科学院的主体，是国家的高级军事人才，我院长也不能与科研人员相比，要尊重科研人员，服务科研人员，各级领导和机关都要全力做好科研的服务保障工作。后来逐步形成了服务科研、保障科研和尊重人才的良好风气。"[1]

二、破除"钱本位"，抵制"拜金主义"

改革开放以来，中国的社会思潮总的来说是积极向上的，但是

---

[1]　王安：《军事管理革命》，长征出版社2005年版，第261页。

也有一些不良思潮出现，严重败坏社会的风气，腐蚀人们的思想，这突出表现在拜金主义、享乐主义等思潮在一定程度上的泛滥和猖獗。这与市场经济的负面作用有关。中国要富强，离不开市场经济。但是市场经济也确实是一把双刃剑，消极影响很大，它能够助长拜金主义、享乐主义，引发国家的精神道德危机，能够使国家走向腐败和衰败。

拜金主义的目的是享乐主义，拜金主义的典型表现是享乐主义，拜金主义的突出危害也是享乐主义。在这方面，中国晚清王朝的情况是很典型的。谈到甲午战争的失败，一个重要原因，是慈禧太后有钱修花园，没钱买军舰，修好了一座供其享受的颐和园，输掉了一场关系国家命运的甲午海战。1894 年在辽东半岛中国军队和日本军队地面战斗十分激烈的情况下，清朝上下却在忙着慈禧太后的 60 大寿的庆典。在大连失陷的前一天，为了庆贺自己 60 大寿，慈禧太后竟然下旨命令文武大臣"听戏三天，诸事延搁，尽可不到"。次日大连失陷，清朝文武百官却在为慈禧太后大搞庆寿大典。[①]

在发展市场经济的条件下，拜金主义和享乐主义对我们党和军队的干部队伍也是有影响的。前几年在世界各大赌场中，最多的是中国人。国家官员公款旅游的也是中国最多。在军事变革中，军人保险制度的改革是一个重要内容。有人提出"百万重金慰英灵"的观点，并且做过一个计算：如果我们在军事斗争中牺牲 15 万官兵，每个烈士得到 100 万人民币的抚恤保险金，国家需要支付 1500 亿人民币，有人感到这笔开支太大，国家财政负担不起。而根据统计，前些年中国各级政府的大小官员们仅仅每年公费出国考察、周游世界的费用，就不知花去多少钱。在中国，国家和人民养一个官员的

---

　① 齐世荣主编：《日本——速兴骤亡的帝国》，三秦出版社 2005 年版，第 135—150 页。

成本是很高的。美国是发达的资本主义,但是美国官员请客超过 9
美元就算行贿。一些国家对中国旅游团是矛盾心理,一方面中国人
大把花钱,给他们带来利润,另一方面中国人奢侈浪费和不够文明
的行为,又影响社会风气。我们的干部队伍在本质和主流上还是社
会主义的,但是我们必须看到存在的问题。

三、破除"个人本位",抵制极端个人主义

荣誉的取得,既靠个体的努力,更靠集体的合力。人民军队肯
定个人英雄主义,更提倡集体英雄主义。革命军人崇尚荣誉,最重
要的是崇尚集体荣誉,崇尚集体英雄主义。这就要破除"个人本
位"的意识,抵制"极端个人主义",大力弘扬集体主义,增强集
体荣誉感。

在改革开放的过程中,一些人"极端个人主义"思想膨胀,而
且错误地把集体主义看成是"左"的东西加以抛弃,有的盲目地认
为,发达国家的人们都是搞个人主义的,个人主义是这些国家发展
进步的重要动力。这是一种误解。

在西方世界,所谓"个人主义"的含义,并不是指那种自私自
利、只顾自己甚至损人利己的思想和行为,而是指作为独立个体的
人的一种自立自强、奋斗创业的精神和意志。英国 19 世纪伟大的道
德学家塞缪尔·斯迈尔斯(1812-1904),写过许多脍炙人口、影
响巨大的人生随笔作品,如《自助论》《品格的力量》《金钱与人
生》《人生的职责》等,这些作品在全球畅销 100 多年而不衰,激励
亿万人在自立自强中改变了自己的命运,塑造了近现代西方道德文
明的精神风貌。他的这几部人生丛书被誉为"个人奋斗的精神标
本""高贵情操的精神堡垒"。在这几本书中,斯迈尔斯 1856 年写
成、1859 年 11 月出版的《自助论》,又是到目前为止世界上最受欢

迎的励志书之一。《自助论》分为十三章。全书围绕着自立、苦难、勤奋、诚实、信用、勇气、个人品格以及奋斗精神等主题展开。在书中，斯迈尔斯高度推崇那些克服苦难走向成功的人们。他说："只有自立的人格力量才能拯救自己"。人要成功，不仅要有自立之心，还要有坚强的意志。《自助论》出版后，当月就在英国再版四次。到 1910 年，这本书共计再版 34 次。该书在英国出版不久，在美国马上出现了盗版，斯迈尔斯讲到，各种盗版"泛滥成灾"，而"作为该书作者的我对此无能为力，因为盗版行为受当时美国法律的保护"。书中的名言警句和生动的故事曾激励了西方世界无数的有志青年，该书也由此成了西方励志书中的经典名著。该书出版 11 年后，在 1871 年的日本有了中村正直翻译的日译版——《西国立志篇》。日本明治初年的一批启蒙思想家通过批判封建意识形态，唤醒人们的理性和自我意识，克服愚昧、守旧和无所作为。传播西方的民主、自由、平等思想和功利主义、自立、自强观念。日本启蒙思想家们强调的一个重要思想就是自立、自强、自助，自主。他们的格言是"天助自助者"，人们要能够自主自立，自强不息，当大多数居民能够自助时，国家便充满了生机和旺盛的精神。福泽谕吉认为文明的精神就是人民的独立精神，是不论在智慧上还是在钱财上都没有依赖他人的心理，能够自己支配自己。他把国民的个人独立看成是国家独立的基础。福泽谕吉在《劝学篇》的名言是："人人独立，国家就能独立"。"个人可以独立，一家可以独立，国家也就可以独立了。"福泽谕吉《劝学篇》共 17 篇，是作为小学课本和民众读本分篇出版发行的，后来合为一册，出书竟达到数百万册。流传很广，影响很大。福泽谕吉要求人人都能够独立是有些理想化，但是他认为人人都应该有独立精神，要求人人以自己在事业上的努力奋斗实现国家的独立富强，则是十分必要的。他提倡的独立精神对于激励日本人的奋斗精神，是有重要作用的。①

在日本的文化中有一种强烈的"集团精神"。日本文明史学家加藤周一在接受中央电视台《大国崛起》节目组采访时说："集体主义。不是个人在竞争，是一个集团。在一个整体内部，沟通十分默契，与个人能力相比，集体精神比较强，在达成某一个目标，实现一个目的的时候，这种集团精神十分有效。与个人相比，团体利益优先。"② 大和民族的集团精神，也表现在日本国民财富分配上限制个人之间收入差距过大。日本式的"平均主义"、日本特色的"大锅饭"就是对极端个人主义的制衡。在日本是赤裸裸的资本专政，但是日本却依然安定繁荣，没有发生大的社会动荡，其中一个重要原因，就是相对公平合理的分配制度。日本是世界上分配最平均的国家之一。具体到货币收入，最高的管理层与无技术的蓝领工人的收入之比不过 10 倍，一般的技术官僚所得只是蓝领工资的三倍。名牌大学教授的薪水比小学教师多不到 1/3。这种近乎大锅饭的分配制度保证了大资本的利润并没有被少数精英和技术官僚瓜分，而是比较平均地分到所有国民。即使如此，日本人仍然嫌分配不够平均，还要通过累进所得税、地产税、遗产税等制度摊平货币收入，通过对无房家庭提供优惠贷款，对个人拥有多处房产超额征税等方式限制高收入者的自由消费权。而这样的分配方式居然没有影响日本的效率，没有导致动力不足和经济停滞。③

日本人集体主义的一个突出特征，就是对自己所在的企业的效忠。一个丰田公司的员工，在他第一次正式约见女儿的男朋友时，就郑重地对未来的女婿提出："我无其他要求，只是希望以后你的

---

① 齐世荣主编：《日本——速兴骤亡的帝国》，三秦出版社 2005 年版，第 77—82 页。

② 中央电视台《大国崛起》节目组编著：《大国崛起》系列丛书《日本》，中国民主法制出版社 2006 年版，第 184 页。

③ 钟庆：《刷盘子还是读书？——反思中日强国之路》，当代中国出版社 2005 年版，第 183 页。

家人和你们自己买车必须买丰田车!"可以看出这位丰田人对所属企业的忠诚。在中国有一个流传广泛的故事。20世纪80年代初期,在上海宝山钢铁公司兴建的过程中,聘请了近千名日本某钢铁公司的技术工人。在此期间,日本公司出现了严重的经营困境,决定大规模裁员,其中许多在华工作的日本工人,也在被裁撤之列,中国方面获知情况后,明确告诉这些日本人,我们中国欢迎你们留下,但是日本人却谢绝了,他们按照公司的要求按期回国后,成为失业者。他们宁愿当失业者,也不背叛公司。这样的忠诚令人感叹。[①] 日本人历来有这样一个观念,就是认为日本只是汪洋大海中的一条船,只能靠自力更生、团结一致去拼搏奋斗,自己逃生是不可能的。[②]

人们认为美国是典型的资本主义国家,是个人主义意识最突出的国家,其实在美国,从政府官员到普通民众,也是反对极端"利己主义"的。"美国精神"所保护所提倡的个人主义,是指个人自立、自强、自助的创业精神和独立精神,而不是损人利己意义上的个人主义意识。因为极端的利己主义在任何社会中,都是涣散社会团结、破坏社会和谐的一种破坏因素。美国总统罗斯福就是反对"利己主义"的。罗斯福1936年4月25日在《全国性的思考、全国性的计划和全国性的行动是防止全国性的危机的三大要素——在纽约市纪念托马斯·杰斐逊诞辰宴会上的讲话》中说:"只是到了相当晚近的日子,我们才又转而恢复开国先辈们那种开阔的视野。……使我们遭受打击的是十年的放荡无羁,十年的集团的利己主义——所追求的唯一目标表现在这种思想上——'人不为己,天诛地灭'。其结果是,98%的美国人口都遭受到'天诛地灭'。"[③]

---

① 李萍著:《日本人为什么是工作狂》,民主与建设出版社2003年版。

② 钟庆:《刷盘子还是读书?——反思中日强国之路》,当代中国出版社2005年版,第220页。

③ 《罗斯福选集》,商务印书馆1982年版,第115—116页。

怎样看待"美国精神"中的"个人主义"的确切内涵，是调动个人积极性和反对极端利己主义的一个重要问题。美国是以商业精神立国的，"个人主义"确实是占主导地位的价值观。美国开国元勋汉密尔顿在美国独立后不久说：美利坚人"占优势的激情是雄心和私欲"。曾经担任美国总统的胡佛1922年宣称："三个世纪以来个人主义是美国文明的基本动力，它在所有这些年代里为美国的政治、经济和精神提供了动力。"应该承认，当时作为个人独立性的核心的个人主义，对于摆脱封建束缚和依附性，有积极的意义。他们反对主教干预，主张人人都能够同上帝"交流"，宣扬"个人拼命干就可以得救"，体现了依靠个人独立奋斗来改善地位的资产阶级和平民思想。这样的思想特性使"他们完全没有欧洲交际礼貌中十分盛行的那种对地位高的人卑躬屈节的风气"。① 显然，美国精神中的个人主义导向，它的具体含义，是指摆脱封建束缚和依附性，反对主教干预，确立个人主体的独立地位和权益，破除那种对地位高的人卑躬屈膝的风气，树立个人的独立人格，鼓励人们自立自主地创造自己的新生活。当然，美国的个人主义也有它的局限性甚至两面性。但是不关心别人、不负责社会的损人利己的极端个人主义，在美国也是没有市场的。在20世纪初期，普通美国人就指责那种不关心社会和他人而只顾赚钱和发财的行为是"冷酷的个人主义"、"猖獗的个人主义"，在20世纪80年代，人们要求"发动一场精神革命"，恢复互助观念。

美国人的主流道德意识是"利己主义"和"爱国主义"的统一。法国政论家托克维尔1840年出版了名著《论美国的民主》下卷。他在书中说："从古至今，只有美国人幸运……世界上恐怕没有一个国家能够像美国那样很少有游手好闲的人。在美国，凡是有

---

① 《美利坚共和国的成长》上卷，天津人民出版社1979年版，第336页。

劳动能力的人，都热火朝天地去追求财富。美国人追求物质享受的热情虽然非常强烈，但是他们却很少乱来。他们的理性虽然不能抑制他们的热情，但是却能够指导他们的热情。一个美国人在专顾私人利益的时候，就好像这个世界上只有他自己；而在他热心为公务而活动的时候，又好像把私人利益全部忘了。他有时好像是在受强烈的利己主义私欲的驱使，有时又好像是在受崇高的爱国主义的推动。照理说，人的心是不可能这样一分为二的。但是，美国人却能够交替地将同样强烈的热情时而用去追求财富，时而用去追求自由，以致使人认为他们把用于两方面的热情和二为一了，使两方面的热情统一在心灵的某个地方了。实际上，美国人既把自由视为获得幸福的最佳工具，又把它视为获得幸福的最大保障。他们既爱自由，又爱幸福。因此，他们从来不认为参加公务是分外的事。恰恰相反，他们相信自己的主要活动要有一个政府来保护：这个政府既能够使他们得到所希望的财富，又不妨碍他们平平安安地享用所得到的财富。"[1]

极端个人主义之所以在美国没有市场，其中原因是多方面的，但是美国的宗教教育和家庭熏陶是重要因素。法国政论家托克维尔在他1835年出版的名著《论美国的民主》中说：在美国，"对于社会来说，最重要的不是全体公民信奉什么教派，而是全体公民信奉宗教。""美国的确是世界上最尊重婚姻关系的国家，美国人对夫妻的幸福也持有高尚的和正确的看法。""而一个美国人，从政界的激烈斗争中退出而回到家里后，立刻会产生秩序安定和生活宁静的感觉。在家里，他的一切享乐简朴而自然，他的兴致纯真而淡泊。""法律虽然允许美国人自行决定一切，但宗教却阻止他们想入非非，并禁止他们恣意妄为。"[2] 托克维尔在1840年出版的名著《论美国的民主》下卷中又说："我们决不要忘记，使英裔美国人的社会得

---

① 《论美国的民主》下卷，商务印书馆1988年版，第673—674页。
② 《论美国的民主》上卷，商务印书馆1988年版，第337—339页。

以建立的，正是宗教。因此，在美国，宗教是同整个民族的习惯和它在这个国土上产生的全部情感交织在一起的。这就使宗教获得一种特殊的力量。"① "宗教本身在美国主要是作为一种共同的见解，而不是作为一种神奇的教条发生统治作用的。"② 托克维尔说："没有一个宗教不是把人的追求目标置于现世幸福之外和之上，而让人的灵魂顺势升到比感觉世界高得多的天国的。也没有一个宗教不是叫每个人要对人类承担某些义务或与他人共同承担义务，要求每个人分出一定的时间去照顾他人，而不要完全自顾自己的。即使是最虚伪的和最危险的宗教，也莫不如此。"③

在美国，宗教的内容和教派之间的关系，宗教对人们的要求和目标，宗教的宣传影响方式，都有一些不同的特点。这些特点使其能够在一定程度上，把理想主义与现实主义、责任与义务、利己与利他结合起来，防止极端。托克维尔说："如果宗教想让人们完全放弃现世的幸福，而叫人们专门去追求来世的幸福，那么，我们可以预言，人们在精神上最后将摆脱宗教的束缚，并且为了专门去追求眼前的物质享受，而离开宗教远远的。宗教的主要任务，在于净化、调整和节制人们在平等时代关于热烈地和过于排他地喜爱安乐的情感。……宗教绝对无法使人放弃爱财之心，但它还是可以说服人们只用正当的手段去致富的。""在美国，宗教是一个专门由神职人员统治的独立天地，而且神职人员从来不想走出这个天地；他们在这个天地内指导人们的精神，而在这个天地外，任凭人们自主和独立，让他们根据自己的本性和时代的要求，去发挥他们固有的好动精神。我从来没有见过那个国家的基督教像在美国那样不讲究形式和不重视繁文缛节，但对人的精神却有最清晰、最简明和最一般

---

① 《论美国的民主》下卷，商务印书馆 1988 年版，第 521 页。
② 《论美国的民主》下卷，商务印书馆 1988 年版，第 527 页。
③ 《论美国的民主》下卷，商务印书馆 1988 年版，第 539—540 页。

的了解。尽管美国的基督教分成许多宗派，但他们对各宗派都一视同仁。""美国的神职人员决不把人的视线引向和固定于来世，而是让人心更多地注意现世。……他们在不断向信徒讲述来世才是人们应当害怕和希望的伟大目标的同时，并不禁止信徒以正当的方法去追求现实的荣华。他们并不怎么多讲来世和现世的差别和不同，而是仔细地研究用什么方法使两者结合和联系起来。"①

170 多年前的法国青年政论家托克维尔在实地考察美国大地 9 个月后，根据他的所见所闻，在《论美国的民主》下卷中写道："当一个美国人请他的同胞协助的时候，很少有人拒绝。我就屡次见到他们满怀热情地自发助人的义举。如果公路上突然发生车祸事故，人们将从四面八方前来救护罹难的人。要是某个家庭横遭大难，素昧平生的人也会慷慨解囊；每个人的捐助虽少，但集腋成裘，就可以使这一家摆脱困难。""每个人很少有效忠精神，但是大家都乐于助人。"② 一些到美国参观考察旅游的人，也都感到美国人具有互助精神的社会风尚，美国西点军校学雷锋、美国青年学雷锋的新闻报道也时有所见。说明了互助精神的国际意义，说明了极端利己主义实为进步人类所不齿。

---

① 《论美国的民主》下卷，商务印书馆 1988 年版，第 543—545 页。
② 《论美国的民主》下卷，商务印书馆 1988 年版，第 713—714 页。

第六章

坚定高举党的伟大旗帜

当代革命军人核心价值观的第一条内容，就是"忠诚于党"。解放军忠诚于党，最重要的是解决好三个战略问题：一是高举党的伟大旗帜，坚定中国特色社会主义理想信念；二是捍卫党的执政地位，坚决做党的忠诚卫士；三是坚持党对军队的绝对领导，任何时候任何情况下都坚决听党指挥。

一、坚定中国特色社会主义理想信念

忠诚于党，首先是要高举党的旗帜。我军历来是在党的旗帜下战斗和前进的。在新世纪新阶段，中国特色社会主义是我们党的伟大旗帜，当代革命军人必须坚定中国特色社会主义理想信念，义无反顾地团结、战斗和前进在党的时代旗帜下。

中国特色社会主义是中国共产党人的伟大创造。中国共产党是一个善于革故鼎新的创新型政党。我们党在90多年的奋斗历程中，有两次伟大的创新，第一次是"革命创新"——中国革命在毛泽东领导下走出了一条农村包围城市的道路，为经济落后国家的革命创造了一条新路。第二次是"建设创新"——在邓小平领导下改革开放，经过江泽民、胡锦涛、习近平几届领导人的与时俱进，走出了一条中国特色社会主义之路，为经济落后国家的建设，为发展中国家的发展，创造了一条新路。我们党的第一次创新，使中国成为一个独立自主的社会主义国家；我们党的第二次创新，使中国迅速发展和强大崛起，创造了震惊世界的经济奇迹，开创了中国现代化建设新的局面。

中国特色社会主义的发展和崛起，是超越资本主义，超越民主社会主义、超越苏联模式社会主义的一种非常具有战略竞争力的新型模式。中国模式特别对世界上100多个发展中国家具有普遍启发和借鉴意义。在苏联解体、东欧剧变以后，西方政治家普遍认为"下一个该轮到古巴了"。时任美国总统的老布什说：他已经听到了"古巴大厦即将倾覆的吱吱作响的声音"。1990年圣诞节前夕，在美国的反古流亡势力喊出了"回哈瓦那过圣诞节"的口号。然而古巴在美国为首的西方势力包围、封锁、制裁中却奇迹般地渡过危机。古巴从1993年开始进行改革，政治和社会稳定，经济恢复发展，人民生活改善，外交局面好转。近年来，卡斯特罗明确提出："如果要讲市场经济，我们也许不得不讲中国人所说的社会主义市场经济。"卡斯特罗还提出必须向私人学习管理，允许个体经济存在发展，但是不搞私有化。① 卡斯特罗认真研究中国的经验，提出要建设古巴特色的社会主义。这些年，古巴的经济增长率几乎是拉丁美洲国家的 2 倍。

中国特色社会主义是改变中国、影响世界的伟大创造。在中国特色社会主义旗帜下，我们的祖国要走向强大、实现崛起和复兴。中国特色社会主义不容诋毁。那种认为中国特色社会主义是"中国特色资本主义"的论调，必须加以抵制。中国特色社会主义是伟大的创造，是中国共产党人的时代旗帜，当代革命军人要在党的旗帜之下，坚定理想信念，为中国特色社会主义事业的继续发展和更大成功，作出自己的贡献。

二、坚决捍卫中国共产党的执政地位

西方世界原来估计，苏联共产党垮台以后，下一个垮台的就是中国共产党，但是 20 多年过去了，中国共产党在中国仍然是岿然不动，中国共产党领导的事业蓬勃发展。西方世界在研究中国共产党在政治上长寿的秘诀。

中国共产党能够在中国长期执政，这是历史的必然，是人民的选择。其中也有一个重要原因，那就是人民军队对党的无限忠诚，人民军队始终是坚决捍卫党的执政地位的忠诚卫士。

（一）党的领导人关于军队要捍卫党的执政地位的战略思想

我们讲的国家安全，包括军事安全、经济安全、文化安全等多

---

① 《世界社会主义纵横》，人民出版社 2007 年版，第 202 页。

方面的安全。其中一个很重要、很核心的问题，就是国家的政权安全，是共产党执政地位的安全，这是国家其他一切安全的根本保证。人民军队必须坚决保卫国家政权安全，当代革命军人必须誓死捍卫共产党的执政地位。在这个事关国家前途和军队性质的重大问题上，进入新世纪以来，党和国家领导人有一系列重要论述，其中有三个重要战略思想，充分体现了我们党对这个问题的高度重视，也有力地说明了这个问题的极端重要性。

一是关于我军的优良革命传统。在 2006 年 10 月 22 日纪念红军长征胜利 70 周年大会上的讲话中，胡锦涛把人民解放军的优良革命传统概括为三句话：就是听党指挥；服务人民；英勇善战。其中第一句就是听党指挥。听党指挥，要求军队在战争年代要捍卫党的领导地位，在党的领导下夺取政权；在革命胜利以后，要捍卫党的执政地位，保证共产党长期执掌政权。

二是关于我军新世纪新阶段的历史使命。在 2004 年底的军委扩大会议上，胡锦涛指出我军新世纪新阶段的历史使命：为党巩固执政地位提供重要的力量保证，为维护国家发展的重要战略机遇期提供坚强的安全保障，为维护国家利益提供有力的战略支撑，为维护世界和平与促进共同发展发挥重要作用。胡锦涛讲了四条，其中第一条，就是"为党巩固执政地位提供重要的力量保证"，就是要求军队要捍卫党的执政地位。

三是关于当代革命军人核心价值观。在 2008 年底的军委扩大会议上，胡锦涛提出当代革命军人核心价值观，讲了五句话：忠诚于党，热爱人民，报效国家，献身使命，崇尚荣誉。在这五句话中，第一句就是"忠诚于党"。忠诚于党的最高境界，就是要誓死捍卫党，确保党的执政地位的安全。

习近平担任军委主席以后，提出了"听党指挥、能打胜仗、作风优良"的军队建设总目标，要求军队要忠诚捍卫党的执政地位。

深入学习和全面理解党和军队领导人关于军队捍卫党的执政地位的战略思想，我们可以看到，不论是从继承我军优良革命传统、履行我军新世纪新阶段历史使命，确立当代革命军人核心价值观，还是从实现中国梦、实现强军梦，都要求解放军必须把保卫国家政权安全、捍卫共产党的执政地位，作为维护国家安全的首要问题突出出来，作为忠诚于党的实际行动，落实到实践中去。

（二）人民军队为什么要捍卫党的"执政地位"

中国当代革命军人，为什么要理直气壮、坚定不移地保卫国家"政权安全"，捍卫党的"执政地位"呢？

最近30多年，在世界舞台上，200多个国家和地区之间进行了一场战略大竞争、发展大比赛。中国的发展速度最快，高速度增长的时间最长，发展的成就最大。中国共产党领导中国人民创造的是三大奇迹：革命奇迹，建设奇迹，崛起奇迹。捍卫共产党的执政地位，就是捍卫改革开放30多年的伟大成果。

领导力，是国家的核心竞争力。领导力，对一个单位，也是核心竞争力。大国竞争，首先是执政党领导力的竞争。在国家综合国力的竞争中，领导力是核心竞争力。前世界银行行长沃尔芬森在分析对比了20年来世界各国的发展情况以后，得出了这样一个结论："没有哪个领导班子比中国的更优秀"。①《大国兴衰》的作者保罗·肯尼迪说："中国领导人形成了一个宏伟的、思想连贯和富于远见的战略，这方面将胜过莫斯科、华盛顿和东京，更不必说西欧了。"中国的领导班子最优秀，中国的政治领袖领导能力强，这已经是世界的公论了。中国共产党是当今世界最优秀的执政党。我军捍卫党的执政地位，就是捍卫中国的核心竞争力。

---

① 《人民日报》1999年3月4日。

中国共产党代表中国的未来。中国共产党正在领导中国走向未来。中国的未来是什么？就是三句话：走向世界第一、建设冠军国家、创造中国时代。现在的世界，正在进行一场国家之间的竞赛，一个国家就是一个运动员，有200多个国家和地区参加比赛，中国目前是跑在第二名。在我们前面还有一名，就是美国。2000年，中国成为世界第七大经济体，2010年成为世界第二大经济体。我们用10年超越了5个发达国家。世界多数著名经济学家都认为，中国的经济总规模将会在不远的未来超越美国，成为世界最大经济体。英国《金融时报》早就作出这样一个预言："欧洲是过去，美国是现在，中国将是未来。"孙中山在1923年12月底说过："中国人多物富，将来的结果，当然比美国更好。"中国已经成为世界第二，这是共产党领导的结果。中国要成为世界第一，离不开共产党的执政地位。所以，捍卫党的执政地位，就是捍卫中国无比光辉灿烂的未来。

中国要和平崛起，就必须稳定崛起。要保证国家在安全稳定中又好又快地发展。不能靠削弱和取消党的领导反腐败，不能靠动摇党的执政地位反腐败。政治体制改革要科学推进，过去在社会主义的问题上，不能搞空想社会主义，现在在民主问题上也不能陷于空想民主主义。要警惕西方世界对中国的"民主化陷阱"，也要防止戈尔巴乔夫式的民主化天真。中国特色的社会主义，就是要适应中国特点，要遵循中国规律。

（三）遵循"中国规律"，警惕"民主化陷阱"

中国坚持共产党的执政地位面临的最大挑战，就是国内外敌对势力推行的西化、分化战略，就是他们鼓吹的"大民主"、"多党制"、"轮流坐庄"的那一套东西。中国有句古话是：十里不同风，百里不同雨。中国有中国的国情，中国有中国的特点，中国有中国的规律，不能把外国的模式套用到中国。必须从中国的实际出发，必须认识和遵循中国规律，尤其要警惕"民主化陷阱"。

（1）坚持中国特色的人民民主。

党的十八大报告提出："坚持走中国特色社会主义政治发展道路和推进政治体制改革。""人民民主是我们党始终高扬的光辉旗帜。改革开放以来，我们总结发展社会主义民主正反两方面经验，强调人民民主是社会主义的生命，坚持国家一切权力属于人民，不断推进政治体制改革，社会主义民主政治建设取得重大进展，成功开辟和坚持了中国特色社会主义政治发展道路，为实现最广泛的人民民主确立了正确方向。"报告强调："政治体制改革是我国全面改革的重要组成部分。必须继续积极稳妥推进政治体制改革，发展更加广泛、更加充分、更加健全的人民民主。必须坚持党的领导、人民当家作主、依法治国有机统一，以保证人民当家作主为根本，以增强党和国家活力、调动人民积极性为目标，扩大社会主义民主，加快建设社会主义法治国家，发展社会主义政治文明。要更加注重改进党的领导方式和执政方式，保证党领导人民有效治理国家；更加注重健全民主制度、丰富民主形式，保证人民依法实行民主选举、民主决策、民主管理、民主监督；更加注重发挥法治在国家治理和社会管理中的重要作用，维护国家法制统一、尊严、权威，保证人民依法享有广泛权利和自由。要把制度建设摆在突出位置，充分发挥我国社会主义政治制度优越性，积极借鉴人类政治文明有益成果，绝不照搬西方政治制度模式。"

中国特色社会主义，是实行特殊政治体制的社会主义。中国特色社会主义政治体制的最大特征，是坚持共产党的领导、坚持人民当家作主、坚持依法治国的有机结合和统一。我国在政治体制上，不照搬西方国家"三权分立"那一套，而是坚持民主集中制的人民代表大会制度；我国在政党制度上，不搞两党制、多党制，而是坚持共产党领导的多党合作和政治协商制度；我国在民族关系上，不搞"联邦制"，而是坚持民族区域自治制度；我国在治国理政方式上，坚持依法治国、依法行政，切实把党和政府的活动纳入法制化的轨道。这样一种政治体制，保证了人民群众主人翁的地位，实现了共产党的核心领导作用，体现了建设法制国家的时代要求。这是中国政治体制的特色和优势，是中国民主建设的伟大创造。

坚持中国特色的社会主义政治体制，为什么不能套用西方那一套所谓民主政治的模式，邓小平有三段话讲得很深刻：

第一段话他是这样讲的："资本主义社会讲的民主是资产阶级的民主，实际上是垄断资本的民主，无非是多党竞选、三权鼎立、两院制。"[1]

第二段话是他在会见美国总统时讲的，他指出："人们往往把民主同美国联系起来，认为美国的制度是最理想的民主制度。我们不能搬你们的。我相信你会理解这一点。中国如果照搬你们的多党竞选、三权鼎立那一套，肯定是动乱局面。"[2]

第三段话他针对选举问题这样说："我向一位外国客人讲过，大陆在下个世纪，经过半个世纪以后可以实行普选。现在我们县级以上实行的是间接选举，县级和县以下的基层才是直接选举。因为我们有十亿人口，人民的文化素质也不够，普遍实行直接选举的条件不成熟。""像我们这样一个大国，人口这么多，地区之间又不平衡，还有这么多民族，高层搞直接选举现在条件还不成熟，首先是文化素质不行。"[3]

改革开放以来，我们积极稳妥推进政治体制改革，我国社会主义民主政治展现出更加旺盛的生命力。政治体制改革作为我国全面

---

① 《邓小平文选》第3卷，人民出版社1993年版，第240页。
② 《邓小平文选》第3卷，人民出版社1993年版，第244页。
③ 《邓小平文选》第3卷，人民出版社1993年版，第220页、242页。

改革的重要组成部分，必须随着经济社会发展而不断深化，与人民政治参与积极性不断提高相适应。但是发展民主政治不能搞多党政治，深化政治体制改革，必须坚持正确政治方向，以保证人民当家作主为根本，以增强党和国家活力、调动人民积极性为目标，扩大社会主义民主，建设社会主义法治国家，发展社会主义政治文明。

民主政治在不同的地区、不同的国家和不同的发展阶段，具有不同的发展模式，民主政治建设有不同的特点规律。国内外一些有识之士也都看到了"东方民主"与"西方民主"不能一个模式，发展中国家的民主和发达国家的民主不能一个模式、"中式民主"与"西式民主"也必须各有特点，就如同"中餐"与"西餐"具有不同风味一般。美国学者亨廷顿说："现代化孕育着稳定，而现代化过程却滋生着动乱。"[①] 英国社会学家安德鲁·韦伯斯特在《发展社会学》中认为："第三世界国家无论沿着社会主义方向还是沿着资本主义方向发展，都必须建立一个有黏合力的、有权威的政府。第三世界国家在政治上的软弱常常导致经济危机。"[②] 第三世界国家在民主与秩序、民主与发展、民主与稳定、民主与民生的关系上，凡是把稳定、秩序、发展、民生放在第一位的，能够把政治上相对集权、经济上相对自由统一和结合比较好的，始终有一个有凝聚力、有权威的强有力的政府的，国家发展和进步的成绩就大。反之，一些国家在经济落后、人民忍饥挨饿的情况下，把民主放在第一位，把面包放在第二位，就陷于经济落后—社会动荡—持续贫困的恶性循环，经济建设和全面发展就泡汤。这是一些发展中国家之所以能够发展上去，而另一些发展中国家却发展不上去的一个重要原因。对于经济落后的发展中国家来说，以面包和钞票为基础的经济民生问题，是比以选票为载体的政治民主问题更迫切的人权需求，生存

---

① 《变化社会中的政治秩序》，三联出版社 1989 年版，第 38 页。

② 《发展社会学》，华夏出版社 1987 年版，第 29 页。

是第一位的，生活是第一位的，"免于贫困的自由"是第一自由，免于饥饿的权利是第一权利，民生是民主的基础。

走出中国特色民主政治建设道路，必须在借鉴的基础上着眼于创造。西方国家的直接选举式的政治大民主，被世界上许多国家羡慕、崇尚和模仿。中国在 20 世纪 90 年代中期试行乡村干部直接选举，联合国、美国和中外许多学者高度重视，不仅前来观摩直接选举的过程，而且进行了大量的宣传和赞美，称赞中国迎来了"真正的政治民主的新曙光"。几年过后，凡是试行干部直接选举的乡村，很多都不成功，出现了许多始料未及的问题。原来大力赞赏中国乡村干部直接选举的联合国、美国和其他许多学者，都无可奈何地沉默了，他们在思考这样一个问题：先进的政治民主制度一到中国，怎么就水土不服、就变形和走样了呢？他们感到迷惑、疑问、彷徨、悲叹。其实解决中国问题还是要靠中国人，建设中国的政治民主还是要走一条中国路。怎么解决中国乡村直接选举带来的后遗症，人们在思索、在探索，新的试验又开始了。湖南省湘阴县创造了一个新的制度——"乡村第一支部书记"制度，这一制度在实践中取得了好的效果。这一制度的内容是：村里的党支部由本村党员民主选举产生，在此基础上，由县委在全县机关中抽调一批党员任命到各个村党支部担任第一支书，指导、配合和全职参加村党支部的工作，三年轮换一次。县、乡两级设立"第一支书工作领导小组和办公室"。乡村第一支书的制度看起来有点怪，但是效果显著，方法管用。有一个外国人到中国考察，最后得出这样一个结论：中国的许多事情很奇怪，他们的一些做法不可思议，但是却有效果，这就是中国特色。① 解决中国特色的民主政治建设问题，要靠中国人的民主创造，而不能靠进口"西方制造"的民主模式。

---

① 《中国模式与"北京共识"》，社会科学文献出版社 2006 年版，第 424 页。

（2）跳出"依靠大民主反腐败"的误区。

有人鼓吹，中国一党执政是产生腐败的重要根源，"只有民主宪政才能从根本上解决执政党贪污腐败问题"，他们认为只能依靠西方民主在中国反腐败，只能通过实行多党制彻底根除腐败。这种论调是根本站不住脚的。在当今世界一些实行多党政治的国家和地区中，也都存在腐败问题，即使有的国家做得比较好，也都经历过一个腐败现象比较严重的历史阶段。目前在有些国家和地区，也并不因为实行了大民主和多党制度，就解决了腐败问题，在有的国家和地区，反而是"轮流上台、轮流腐败"。而一些没有实行多党制和大民主的国家，他们的反腐败倒是抓得卓有成效。在资本主义民主制度的历史上，英国的民主制度和美国的民主制度是有代表性和典型性的，但是英国和美国在一个相当长的历史时期内，并不因为他们实行了民主制度，就解决了腐败问题，他们同样经历了一个腐败十分严重而且难以治理的阶段。有的专家认为，美国建国以后实际上是打了两场内战，第一场内战是制止分裂的南北战争。国家的统一是保住了，但是总统却被刺，倒下了，牺牲了。第二场内战就是改革文官制度的反腐败战争。为了解决官员素质低下，腐败盛行的问题，1881年美国成立了全国文官改革联盟。但是改革触犯了一些人的利益，一些极端分子在1881年7月行刺了美国总统加菲尔德。但是美国坚决推进改革，美国国会终于在1883年通过了《调整与改革文官制度的法律》。美国文官制度经过多次改革，不断完善，官员队伍素质和风气才得到不断改善。英国也经历了一个腐败严重的阶段，当时的英国官场收取小费——"服务费"成风，实际就是公开受贿。例如，海军部颁发委任状的时候要向被委任者收取小费，财政部向其他部门提供年度财政账目的时候也要收取小费。1783年，一名赋税审计员的小费相当于其工资的100多倍。现在中国的反腐败处在过渡和转型时期，反腐败的斗争任务是艰巨的，但是社会主义是能够战胜腐败的，我们党完全能够在建设核心价值体系和制度创新中战胜自身的腐败，成为全世界廉洁政党和廉洁政权的典范。

一些社会主义国家认真研究和汲取苏联的教训，从严要求执政党，高度重视反腐败，取得了明显的进步和成效。例如，古巴共产党狠抓廉政建设，在 1996 年 7 月颁布了《国家干部道德法规》，对于国家机关工作人员规定了 26 条戒律，包括：高级干部除非公务，即使自己有外汇也不能去旅游饭店消费；领导干部装修房子，即使是用自己的钱，也要经过批准；政治局委员、部长不得更换新型汽车；部以上干部及其家属不能在企业兼职或者担任名誉职务；不允许高级干部子女经商；不允许企业领导人把家属和亲戚安排在本企业工作等。为了加强监督机制的建设，古巴共产党设立了中央、省、市三级申诉委员会，分别在同级党的代表大会上选举产生，其职责是受理党员和党的干部违纪行为的举报。该委员会作出的决定，同级党委无权否定或者修改。他们设立了全国群众举报委员会，直属主管党务工作的政治局委员领导。他们建立了全国审计办公室，从属于财政部领导，但是拥有审计自主权。他们在各省省委下设专事监督的审计局，强化财政监督。他们设立对公车私用行为的专门监督机构，经常在旅游区登记公车的车牌号码，进行跟踪处理。他们对于贪污在 300 美元以上的领导干部就撤销其领导职务。[①]越南共产党 1999 年以来发动了建党以来范围最广、时间最长的整顿运动，并且出台了一系列措施。包括实行干部财产申报制度，规定"被提名或被推荐担任党、国家和群众团体各级领导的候选人，一律要申报个人房地产情况"；"干部、公务员要申报个人房地产情况以及配偶和子女在国外自费留学的经费来源"；党员干部和公务员

---

① 《世界社会主义纵横》，人民出版社 2007 年版，第 204—205 页。

的房产、地产、股票、存款等财产，价值在 5000 万越盾（约 3000多美元）以上的必须申报。① 中国的反腐败斗争也在不断推进。社会主义与腐败是本质对立的，社会主义是在反对资本主义腐朽的剥削压迫制度的斗争中产生和发展的，社会主义完全能够克服自身的腐败因素，中国特色社会主义一定能够走出一条有效反腐败、保持先进性的成功的路子。

党的十八大以来，以习近平为总书记的新一届中央领导集体，以雷霆万钧之势，出重拳反腐败，震撼国内外。习近平反腐败，最有名的一句话是"老虎、苍蝇一起打"。

习近平 2013 年 1 月 22 日在第十八届中央纪律检查委员会第二次全体会议上指出："从严治党，惩治这一手决不能放松。要坚持'老虎'、'苍蝇'一起打，既坚决查处领导干部违纪违法案件，又切实解决发生在群众身边的不正之风和腐败问题。要坚持党纪国法面前没有例外，不管涉及到谁，都要一查到底，决不姑息。"

2012 年 11 月 7 日习近平在十八届中共中央政治局第一次集体学习时的讲话指出："反对腐败、建设廉洁政治，保持党的肌体健康，始终是我们党一贯坚持的鲜明政治立场。党风廉政建设，是广大干部群众始终关注的重大政治问题。'物必先腐，而后虫生。'近年来，一些国家因长期积累的矛盾导致民怨载道、社会动荡、政权垮台，其中贪污腐败就是一个很重要的原因。大量事实告诉我们，腐败问题愈演愈烈，最终必然会亡党亡国！我们要警惕啊！近年来我们党内发生的严重违纪违法案件，性质非常恶劣，政治影响极坏，令人触目惊心。各级党委要旗帜鲜明地反对腐败，更加科学有效地防治腐败，做到干部清正、政府清廉、政治清明，永葆共产党人清正廉洁的政治本色。"

---

① 中联部办公厅：《政党与世界》，2004 年第 144 期，第 6 页。

习近平 2012 年 11 月 15 日在党的十八届一中全会上指出："要深入抓好反腐倡廉工作，坚持有案必查、有腐必惩，任何人触犯了党纪国法都要依纪依法严肃查处，决不姑息，党内决不允许腐败分子有藏身之地。""我们一定要居安思危，增强忧患意识、风险意识、责任意识"。

习近平 2013 年 1 月 22 日在第十八届中央纪律检查委员会第二次全体会议上指出："为政清廉才能取信于民，秉公用权才能赢得人心。""我们党员干部队伍的主流始终是好的。同时，我们也要清醒地看到，当前一些领域消极腐败现象仍然易发多发，一些重大违纪违法案件影响恶劣，反腐败斗争形势依然严峻，人民群众还有许多不满意的地方。党风廉政建设和反腐败斗争是一项长期的、复杂的、艰巨的任务，不可能毕其功于一役。反腐倡廉必须常抓不懈，拒腐防变必须警钟长鸣。关键就在'常'、'长'二字，一个是要经常抓，一个是要长期抓。我们要坚定决心，有腐必反、有贪必肃，不断铲除腐败现象滋生蔓延的土壤，以实际成效取信于民。""党的十八大提出建设廉洁政治的重大任务，要求做到干部清正、政府清廉、政治清明。这'三清'对党风廉政建设和反腐败斗争提出了更高要求。《人民日报》2013 年 1 月 9 日'人民论坛'栏目发表了一篇文章，题目叫《让崇清成为一种风尚》，文中写道，清则心境高雅，清则正气充盈，清则百毒不侵，清则万众归心，从一个角度解释了干部清正、政府清廉、政治清明的喻义。""坚持标本兼治、综合治理、惩防并举、注重预防方针，以严明党的政治纪律为重点加强纪律建设，以保持党同人民群众的血肉联系为重点加强作风建设，以完善惩治和预防腐败体系为重点加强反腐倡廉建设，更加科学有效地防治腐败，坚定不移地把党风廉政建设和反腐败斗争引向深入。"

十八大后反腐败的一系列举措赢得了天下人心，增强了人民的信心。

（3）破除对西方民主模式的迷信。

由于西方世界的强力宣传和推销，有的人对西方世界的那一套民主模式顶礼膜拜，形成了一种盲目的追求和迷信。其实，西方的大民主既不是解决腐败的神丹妙药，在历史上也演出过由大民主而产生大专制的闹剧。法国的大民主曾经选举出拿破仑家族的两位皇帝，而德国的大民主也选举出一位希特勒这样的大独裁者。1804 年 12 月 2 日，拿破仑在巴黎圣母院举行盛大加冕典礼，成为法兰西第一帝国的皇帝。这位皇帝是法国民众选举产生的，法国的成年男子中，有 357 万人投了赞成票，反对的只有 2569 人。^① 1852 年 11 月 22 日，法国进行是否赞成帝国的全民投票，结果 783.9 万票表示支持，25.3 万票表示反对，支持成立帝国、设立皇帝的是绝大多数。1852 年 12 月 2 日，路易·波拿巴以人民拥戴的名义登上了法国皇帝的宝座，号称拿破仑三世，法兰西第二帝国正式建立。^② 希特勒也是民主选举出来的。西方大民主演出的这几场闹剧打破了大民主万能的神话。

早在 1987 年 3 月，邓小平在一次同外宾的谈话中就指出："我们评价一个国家的政治体制、政治结构和政策是否正确，关键看三条：第一是看国家的政局是否稳定；第二是看能否增进人民的团结，改善人民的生活；第三是看生产力能否得到持续发展。"^③ 实现民主政治是现代国家普遍的政治追求。但是建立和实行什么样的政治体制，以何种具体的政治体制来实现和体现民主政治，则要根据不同国家的历史传统，根据其具体的国情和民情来决定。西方社会具有悠久的分权传统，早在古希腊时期的亚里士多德就主张把国家

① 中央电视台《大国崛起》栏目组编著：《大国崛起》系列丛书《法国》，中国民主法制出版社 2006 年版，第 217 页。

② 中央电视台《大国崛起》栏目组编著：《大国崛起》系列丛书《法国》，中国民主法制出版社 2006 年版，第 159 页。

③ 《邓小平文选》第 3 卷，人民出版社 1993 年版，第 213 页。

权力分为议事、执行和审判三个部分。孟德斯鸠是分权学说的集大成者，他主张把国家权力分为立法、行政、司法三个部分。分权和制衡制度经过长期的完善和发展，已经成为资本主义宪政制度的重要基石，实行三权分立、两院制、多党竞选等，已经成为西方民主的基本形式。我们并不反对西方国家这样搞，但是适用于西方的东西并不一定适用于中国，因为中国和他们的国情不同，我们中国大陆不搞多党竞选，不搞三权分立、两院制，我们要根据自己的情况来决定改革的内容和步骤。如果追求形式上的民主，结果是既实现不了民主，经济也得不到发展，只会出现国家混乱、人心涣散的局面，不仅会丧失战略机遇期，而且会进入一个长时间的混乱灾难期。

中国特色社会主义民主政治体制不能采用西方国家"三权分立"那一套，而是坚持共产党的领导、人民群众当家作主和依法治国"三者统一"的中国模式。一些西方国家搞议会民主制，有他们的两院制，就是上议院和下议院、参议院和众议院。而我们中国不搞他们那种议会两院制，我们有中国特色的"两会制"，就是坚持民主集中制的人民代表大会制度，坚持广泛的民主协商制度。中国每年同时召开的"两会"——人民代表大会和政治协商会议，简称为"人大会"和"政协会"，就很好地发挥了人民群众当家作主和社会贤达参政议政、沟通协商的作用，显示了中国特色民主政治的优越性。现代国家政治主要是政党政治，而中国的政党制度既不是西方一些国家实行的那种两党制度或者多党制度，也不是一党制度，而是坚持中国共产党领导的多党合作制和政治协商制度。在这种政党体制之下，共产党是"执政党"，其他民主党派是"参政党"，把中国的政党政治体制说成是"共产党一党独裁、一党专权"是一种误解或蛊惑。在中国，不是一党专政，而是一党执政、多党参政，或者说是"一党主政、多党参政"。中国的民主党派是参政党，而不是在野党，每个民主党派在政府中都有官可做。在民族关系上，我们不实行"联邦制"，而是坚持民族区域自治制度；在治理国家的方式上，我们摈弃"人治"，坚持依法治国，建设社会主义法制国家，把国家建设和发展纳入法制化轨道。这些，都是中国的国情、特色和优势。中国特色政治体制是符合中国实际的、具有强大生命力的政治体制。

（4）俾斯麦的设计和戴高乐的统计。

一个国家采用什么样的政治民主制度，关系到这个国家的政治稳定、社会稳定，关系到它的国际竞争力。从世界近代历史上大国战略竞争的经验教训来看，国家之间在稳定和秩序方面的比较和竞赛是极其重要的。而利用政治体制的问题大做文章，来破坏对手国家的稳定和秩序，是迟滞、遏制甚至阻止一个国家崛起的重要战略和谋略。在这方面，"俾斯麦的设计"和"戴高乐的统计"，就是一个突出的例证。

所谓"俾斯麦的设计"，就是在1870年的普法战争以后，德意志帝国建立初期，俾斯麦在法国政治体制问题上设置的一个动乱法国的圈套。18世纪的法国和德国是在欧洲争夺霸权的老对手。在1870—1871年的普法战争中，普鲁士打败了法国，法国皇帝和他率领的军队在战场上投降，德国实现了国家统一。统一的德意志帝国实行的是君主制度，有皇帝，国家的统一和权力的集中，制止了德国长期存在的分裂和混乱状态，德国步入了高速发展的轨道。而法国的皇帝则做了俘虏，法国面临着一个在政治体制上是继续搞君主制度还是搞民主共和制度的问题。为了防止法国在若干年以后再度崛起，与德国争霸欧洲，德国的大政治家、首相俾斯麦采取了若干措施，其中一个重要的大谋略，就是不准法国再设立皇帝，不准法国实行君主制，而是叫法国在政治体制上实行民主共和制度。在这个问题上，当时德国的政治家之间意见不一致，曾经发生了一场严重的分歧和斗争。当时德国首任驻法国大使哈里·冯·阿尼姆主张恢复法国的皇帝制度，而俾斯麦坚持叫法国搞民主共和制，因为法国在一个不稳定的民主共和制的政权之下，全国就会像一个不稳定的火山一样，整天进行民主的喷发，就会混乱和不稳定，就一点也不可怕，这是一种最有利于德国的理想状态。俾斯麦 1872 年在一次奏文中指出："我们将来的主要危险，系开始于法国再次作为一个可能和合适的盟国出现在欧洲各国宫廷之时。这在法国目前不稳定和不一致的情况下不是事实。在甘必大或由他主持的任何政权下也将不可能。对一个联合的王朝欧洲来说，巴黎的火山（指不稳定的共和政权）一点也不危险，它将自燃自熄……"① 而那位德国驻法国的首任大使顽固地坚持他的意见，最后他竟被撤职并且被指控犯有叛国罪。

俾斯麦的阴谋在 70 年之后，被戴高乐看透了，戴高乐认为导致法国战略性失败的一个重要原因，是战前法国党派尖锐斗争，内阁更替频繁，造成国家涣散无力。在法国，某个总理刚一上台，就遭受无数的苛求和批评。正如戴高乐所说："虽然竭尽全力也还是穷于应付，更谈不到掌握全局了。议会决不会支持他，给他做的事情只是暗中陷害他和离弃他。他的部长是他的政敌。舆论、报纸和党派利益都把他当成一个抱怨的当然对象。人人都知道他只能在职一个很短的时期，他自己也首先知道这一点。"② 戴高乐认为，正是第三共和国的议会制导致了"从 1875 年至 1940 年（65 年中），法国更换过 102 届政府，而英国只更换过 20 届政府，美国只更换过 14 任总统"。③ 戴高乐主张议会拥有立法权和对政府的监督权，但是不

---

① 王绳祖主编：《国际关系史》第 3 卷，世界知识出版社 1995 年版，第 4 页。
② 戴高乐：《战争回忆录》第 1 卷上，世界知识出版社 1981 年版，第 5 页。
③ 戴高乐：《战争回忆录》第 3 卷下，世界知识出版社 1981 年版，第 584 页。

能代替政府执政。政府应该是"有职、有权和稳定的"。[①] 由于临时政府处处受到制宪议会的掣肘，戴高乐于 1946 年 1 月 20 日愤怒辞职。直到 1958 年 9 月大大加强了总统权力的第五共和国宪法通过，12 月他当选第一任总统后，才能够充分施展他的政治抱负。

关于俾斯麦的设计给法国政坛造成的混乱，后来的人们有更为具体的统计和分析。人们看到，从 1870 年到 1940 年，第三共和国一共更换了 108 届内阁，平均在任时间大约 8 个月，1914 年第一次世界大战前为 9 个月，以后每届政府的平均寿命仅仅 6 个月。[②] 其中，从 1925 年 4 月至 1926 年 7 月一年多时间里，法国就经历了 6 届内阁。1947 年确立的法兰西第四共和国的内阁更是反复无常。从 1947 年到 1958 年期间，共产生了 24 届内阁，平均每个内阁存活的时间仅仅 5 个多月，其中仅仅存在一天的内阁就有两个，它们是 1955 年 2 月 17 日到 18 日的比诺政府和 1957 年 10 月 17 日到 18 日的比内政府。[③] 这就是"俾斯麦的陷阱"，让他的对手法国实行进步的共和制，搞热热闹闹的大民主，使法国一直处在不稳定的状态中，难以稳定地发展。

（5）警惕新的"民主化陷阱"。

在坚持中国特色社会主义政治体制的问题上，我们一定要坚决防止和抵制西方的民主化陷阱。在大国战略竞争中，采用民主化陷阱成功迟滞对方发展、崛起以至搞垮对手的案例有两次，一次是德国对付法国的"俾斯麦陷阱"，还有一次就是美国对付苏联的民主化陷阱。在长期的美苏冷战中，西方世界在所谓"极权"、"集权"、"人权"和"民主"的问题上大做文章，向苏联施加压力，推动其

---

① 戴高乐：《战争回忆录》第 3 卷下，世界知识出版社 1981 年版，第 619 页。

② 齐世荣主编：《15 世纪以来世界九强的历史演变》，广东人民出版社 2005 年版，第 173、175 页。

③ 中央电视台《大国崛起》节目组编著：《大国崛起》系列丛书《法国》，中国民主法制出版社 2006 年版，第 186 页。

和平演变。而苏联共产党也正是在所谓民主化的问题上，栽了跟头、上了当。2006年2月28日，前苏联共产党总书记戈尔巴乔夫对中国记者说："我给中国朋友的忠告是：不要搞什么民主化，那样不会有好结果！千万不要让局势混乱，稳定是第一位的。"他还说："我深深体会到，改革时期，加强党对国家和改革进程的领导，是所有问题的重中之重。在这里，我想通过我们的惨痛失误来提醒中国朋友：如果党失去了对社会和改革的领导，就会出现混乱，那将是非常危险的。"

现在美国也企图用"民主化陷阱"来对付中国，他们希望用大民主来乱中国，来迟滞和遏制中国崛起。中国要和平崛起，就必须稳定崛起。这就需要有一个能够保证中国长期稳定、适应中国国情、能够充分体现社会主义民主和法制要求的有权威的政治体制。美国的智囊机构认为，对付中国，用军事手段太危险，搞和平演变太漫长，只有让中国搞大民主，才是迟滞中国发展和崛起的最省事最快捷的办法。中国要和平崛起，就必须紧紧扭住战略机遇期，在安全稳定中又好又快地发展。美国的世界民主化战略，最大的目标是中国，其目的是破坏中国的稳定。现在，国际上有一种说法，不怕台湾乱糟糟，就怕大陆静悄悄。中国大陆不声不响、平安稳定地建设和发展，扎扎实实进行军事斗争准备，这是美国感到最可怕的事情。

在中国，从改革开放以来就有一种资产阶级自由化思潮，主张在中国复制西方的民主政治模式。这种资产阶级自由化思潮是十分有害的，必须坚决抵制。苏东剧变以来，世界共产党搞多党制上台的只有摩尔多瓦共产党一家。摩尔多瓦共产党人是在重建后，经过艰苦努力，在2001年大选中上台执政，党的领导人出任总统，之后又在2005年的大选中连选连任，保持了执政地位，成为欧洲第一个共产党人通过选举上台执政的"红色政权"。但是摩尔多瓦现象不带有普遍性，摩尔多瓦现象也不适用于中国。对这种现象怎么看？有的专家认为，在摩尔多瓦，虽然是原来苏联时代存留下来的共产党人掌权，却是共产党在领导搞资本主义，而不是搞社会主义。像中国这样的真正坚持社会主义的大国，必须坚持中国特色的政治体制，必须坚持中国特色的民主政治建设道路。我们要借鉴人类政治文明的有益成果，但绝不能照搬西方政治制度的模式。世界上一些发展中国家盲目照搬西方政治制度的模式，导致了严重的社会政治后果，这方面的教训我们一定要引为警戒。

三、坚持共产党对解放军的绝对领导

习近平要求解放军要"听党指挥"。听党指挥，是党和人民对人民军队的最高政治要求，是人民解放军不可动摇的基本原则。人民军队必须具有凝聚军心的神圣军魂。人民解放军铸就的军魂，就是坚持党的绝对领导。正是由于高度自觉听党指挥，人民解放军才始终保持了坚定正确的政治方向，始终保持了强大的凝聚力和战斗力，始终保持了蓬勃旺盛的生机活力。解放军忠诚于党，最重要的是强化"军魂"意识，坚持党对军队的绝对领导，在任何时候任何情况下听党指挥不动摇。

（一）"绝对领导"的涵义是什么

坚持党对军队的绝对领导，是我军的特色和优势。这种"绝对领导"作为我军的特色和优势，它主要"特"在七个方面、"优"在七个方面。这七个方面的内容，实际上也全面揭示了党对军队绝对领导的科学含义。

一是领导地位的"权威性"。在人民军队中，党的权威大于一切、高于一切。整个军队要服从党的领导，部队各级首长要服从党设在军队中的各级组织———党委和支部的领导。

二是领导主体的"唯一性"。坚持军权独掌而决不与其他党派分掌，这种唯一领导，既排除敌对势力染指，又防止野心家篡夺，也不允许其他政治势力插手。在政权问题上，我们实行"一党执政、多党参政"、"一党领导，多党合作"的政治制度。但是在军权问题上，就是要由中国共产党这个执政党来领导和指挥我们这支人民军队。

三是领导权力的"集中性"。军队的最高领导权和指挥权集中于党中央和中央军委。中央军委实行主席负责制。

四是领导内容的"全面性"。党对军队的绝对领导，是对军队中一切组织、一切人员、一切重大问题的统一领导，是政治上、思想上、组织上的全面领导。决不允许其他政治组织在军队活动，决不允许与党的指导思想和政治主张相背离的其他政治思想和政治主张在军队宣传和散布。

五是领导方式的"直接性"。不搞两套班子，不经过中间环节，是直接领导、直接指挥。

六是领导原则的"集体性"。我军的根本领导制度，是党委统一的集体领导下的首长分工负责制，这就使党对军队的领导权在每一个部队中，都是一种集体领导权，是党委、支部的"集体领导"，而不是首长的"个人领导"。

七是领导性质的"先进性"。党对军队的绝对领导，在本质上是代表中国最广大人民的根本利益、代表中国先进生产力的发展要求、代表中国先进文化的前进方向的先进政党对军队的领导，这是"绝对领导"的政治性、先进性和科学性之所在，是任何其他政治势力所不可比拟和取代的。

从以上七个方面的特征可以看出，党对军队的绝对领导是有丰富内涵和科学含义的。这种绝对领导是一种革命性的领导，是一种先进性的领导，是一种科学性的领导。根本不存在所谓绝对领导是绝对化，绝对领导不辩证、不科学的问题。党对军队的绝对领导，是中国的特色，是我们党的创造，是我军的优势。

（二）抵制"三种错误论调"的影响

我军在新世纪新阶段坚持党对军队的绝对领导所面临的最大政治挑战，就是"军队非党化、非政治化"、"军队国家化"这三种错误政治观点的腐蚀和影响。对这三种错误政治观点，全军官兵必须高度警惕，坚决抵制，深入批判。

（1）抵制"军队非党化"，强化人民军队的党性观念。

人们往往认为，西方军队是"非党化"，实际上，西方军队只是形式上的"非党化"，本质上并没有"非党化"。在这个问题上最重要的是，军队统帅出于政党，是执政党的领袖。不论是美国的总统还是英国的首相，都是资产阶级政党的领袖。总统和首相统率军队，实质上就是资产阶级政党统率军队。

军队"非党化"为什么不可能？要从"政党政治"去分析。当今世界，除少数国家没有政党或者禁止政党活动，因而不实行政党政治外，绝大多数国家实行政党政治。我们讲经济全球化，全球信息化，其实还有一个世界政治"政党化"。现在全世界有5000多个政党，全世界200多个国家和地区中，有180多个国家和地区是实行政党政治。目前，世界上的"政党政治"主要有四种类型：一是一党制。二是两党制。三是多党制。四是一党领导、多党合作制。在实行政党政治的国家中，无论是政权还是军队，在本质上就不可能"非党化"，都要受执政党的领导，都要被执政党的政治所"化"，根本不存在什么"非党化"的问题。

（2）抵制"军队非政治化"，保持我军鲜明的政治本色。

西方军队从来没有"非政治化"。政治委员，就是资产阶级的创造，最早在尼德兰的资产阶级雇佣军中出现，后来在法国资产阶级政治大革命时期又充分发挥了作用。资产阶级军队，历来重视他们的资产阶级政治化。英国的克伦威尔，创立了第一支资产阶级军队，并在军队中设置了随军牧师团，宣传资产阶级政治。法国大革命时期的罗伯斯庇尔，向军队和有战争的地区派出政治委员，宣传雅各宾党人的政治主张。

第一次世界大战时，美军总司令部专门成立了一个"精神处"，主抓意识形态。德国出版了《军队政治教育工作细则》。美国在朝鲜和越南战争失败后，朝野上下都指责"陆军政治教育不够"、"陆军对共产主义思想抵制不力"，促使美军改进其政治性工作。海湾战争结束后，美国当时的参谋长联席会议主席鲍威尔将军深有感触地说：我的大量时间通常花在揣摩政治环境上。人们有时说我是个政治将军。事实上，在华盛顿没有一个将军不是政治将军，如果他要有所作为，就不能不是政治将军，因为这是我们的制度的本质。

美军的"政治化"，是通过其政治性工作来实现的。他们虽然不使用"思想政治工作"这一概念，但是他们既有政治性工作又有从事政治性工作的庞大队伍。他们把众多的思想性政治性工作冠以与我军不同的称谓，例如把政治性教育称作"信息与教育"；把干部工作和军务工作称作"人事与人力"工作；把群众工作称作"民事"、公共关系工作等等。从事政治性工作的人员分别称为"内部信息军官"、"人事参谋军官"、"民事军官"等等。从事政治性工作的部门和机构也相当健全、完备，而且与其军事体制融为一体。主要有：直接从事"人事支援"的人员约有3万人，从事宣教、公关、新闻的人员有六七千人。由各军种参谋长直接领导的军事警察局，人员有10万之多。在美国陆军系统中，每个军有一个军事警察旅，每个师有一个军事警察连，主要负责惩治犯罪、治安、保卫、打击吸毒贩毒和恐怖活动、安全保密工作等。美军实行随军牧师制度，二次大战期间，美军随军牧师曾达到8800多名，目前仍然有2000多名。美陆军共有监察官2000名。这样一支十几万人的政治性工作队伍，保证了美军的政治化。美军对其官兵政治化的要求是很高的，特别要求高级军官要成为"战略家"，成为"军人政治家"。美国的一些研究机构的研究报告称，"美军越来越政治化"。

美国军队的政治性质，主要表现在三个层面：美军在国际政治上是推行霸权主义的工具；在国内政治上是维护资本主义制度的工具；在政党政治上是维护多党制、三权分立的所谓"民主政治"的工具。无论在哪个层面上，它都是高度"政治化"的军队，而不是"非政治化"的军队。

我军讲政治，要强化五种观念：一是反对霸权主义、维护世界和平的"重要力量"的观念；二是保卫祖国的"钢铁长城"的观念；三是捍卫共产党执政地位的"忠诚卫士"的观念；四是人民民主专政的"坚强柱石"的观念；五是执行党的路线方针政策的"表率模范"的观念。

（3）抵制"军队国家化"，坚持"执政"与"执军"的统一。

在苏东剧变时，有一个口号很时髦，叫做"降下党旗、升起国旗"，"只忠于祖国、不忠于政党"。其结果是，党旗降下来了，国旗也改变了颜色，军队也改变了性质。苏联推行"军队国家化"，其军队脱离共产党领导之日，也就是敌对势力控制军队、夺取国家政权之时。所以，我们一定要认清"军队国家化"的虚伪和荒谬，认清它的本质和危害。

有的同志提出，邓小平讲过，我们这支军队，是"党的军队，人民的军队，社会主义国家的军队"。"国家的军队"和"军队国家化"有什么区别？这两者虽是一字之差别，却有本质之不同。

邓小平讲党的军队，揭示了党与军队之间领导和被领导的关系，是从"军魂"的角度讲的；邓小平讲人民的军队，揭示了军队与人民之间服务与被服务的关系，是从"宗旨"的角度讲的；邓小平讲国家的军队，揭示了国家与军队之间整体与部分的关系，明确了军队在整个国家政权中的地位。因此，邓小平是从三个关系、三个角度，全面揭示了新时期我军的性质。党的军队，人民的军队，社会主义国家的军队，这三者是统一的。三者之间的这种统一，是靠党的领导来实现的。党的绝对领导，起着根本性决定性作用。而"军队国家化"，要"化"掉党的领导，这就从根本上抽掉了我军的军魂。

敌对势力极力向中国散布什么"军队非党化、非政治化、军队国家化"等虚伪荒谬的东西，就是要从根本上离间军队和党的关系。如果我们书生气十足，听信他们那一套，那就会犯历史性的绝大错误，就会把我们这支人民军队断送掉。

有的人攻击党对军队的绝对领导，他们说共产党之所以要坚持党对军队的绝对领导，是为了一党之私利，认为是共产党的政治自私。这种说法是极其错误的。中国共产党历来是立党为公，立党为民，立党为国。在新形势下，之所以要继续坚持党对军队的绝对领导，是出于三大需要：第一是人民军队建设和发展的需要。过去没有党的绝对领导，就没有一支新型的人民军队，现在没有党的绝对领导，就不能保证人民军队的性质和方向。第二是巩固党的执政地位的需要。无产阶级专政的首要条件就是无产阶级的军队，这是马克思的一句名言。掌握政权必须掌握军权，这是政治学的一条定律。我们党是执政党，"执政"包括"执军"，坚持党对军队的绝对领导，是我们党执政的重要内容；"执政"必须"执军"，坚持党对军队的绝对领导，是保持我党执政地位的重要保证。第三是保证国家长治久安的需要。我们党把军队真正掌握住了，国家就出不了什么大的乱子，我们的社会就会在保持稳定中持续高速发展，我们的祖国就能够在动荡不安的世界中立于不败之地。

坚持党对军队的绝对领导，关键是保证枪杆子掌握在忠于党的人手里。党对军队的"领导权"，是通过党在军队中的各级"领导人"来实现的。党的绝对领导，要靠那些绝对忠于党的人来坚持。因此，选人问题至关重要。在美国，少校以上军官的晋升，要由国会讨论、总统签署任命。西点军校3/4的新生要由议员推荐，并对学员上中学时的表现进行考查，凡有反政府言行的不得入校。

坚持党对军队的绝对领导，必须坚持党领导军队的根本制度。党领导军队的根本制度，是坚持党对军队绝对领导的重要保证。我军与各国军队的性质不同，集中表现在我军实行党委制、政治委员制、政治机关制等一系列科学先进的制度。

我军历史上有三个现象值得回味，一是成建制的部队从来没有一支被策反、被拉走。二是野心家的阴谋没有一人得逞。三是在重大政治关头，我军总是与党中央在政治上保持高度一致，是党和国家的忠诚卫士。形成这种现象的重要原因，是党的绝对领导制度的威力。

中国共产党对军队实施绝对领导的这一套制度的作用，西方有的军事家曾经用五句话15个字做了这样的概括：一是乱不了，它是一个稳定的机制；二是跑不了，谁也别想把一支部队拉走；三是反不了，谁也搞不了政变，造不了反；四是变不了，只要党的领导坚强，军队的性质和本色就不会改变；五是误不了，紧急情况下首长有临机处置权力，不影响效率。这个概括虽不那么准确和全面，但是在一定程度上也反映了西方军事家对中国军队根本领导制度的威力、价值和作用的客观性分析。

现在，有的基层干部还认为党委制是扯皮制，影响效率，认为两长制是摩擦制，是造成不团结的根源，个别的甚至认为政治干部是多余的等等。这些认识都是十分错误的。必须加以教育，帮助他们从本质上看问题。

党对军队实施绝对领导，一定要强化"特色"的观念。一个国家采用什么样的军事领导制度，要以这个国家的国情、党情、军情为依据。在军事领导体制上，过去我们没有照搬苏联的"苏化"模式，搞所谓的"一长制"，现在也不能套用西方国家的"西化"模式，就是要保持我军特色，坚持"中国化"的军事领导模式，永远保持老红军的政治本色，保证我军永不变质。

（三）经受五种时候和情况的考验

习近平提出"听党指挥，能打胜仗，作风优良"的军队建设总目标，第一条就是"听党指挥"。在这个"军魂"的问题上绝对不能动摇。那么在什么时候和什么情况下，军队对党的感情和信任容易淡化和动摇呢？我感到以下五种情况，对官兵的考验特别严峻。

一是在党犯错误的时候——在党的决策英明伟大、我们的事业顺利推进的时候，大家对党是坚信的，而在党犯了错误特别是严重错误、导致事业受到严重挫折的时候，就容易冲击到对党的信念和信任。其实，领袖是人不是神，一个先进的政党也不可能是神。伟大、光荣、正确的党，并不是不犯错误的党。中国共产党不论是在民主革命中还是在社会主义建设中，进行的都是探索性和创造性的事业，不可能不犯错误。在革命年代，党有个革命前期和革命后期，有两个 14 年，第一个 14 年是从 1921 年党的成立到 1935 年遵义会议之前，是曲曲折折，错误不断，而从 1935 年到 1949 年的 14 年，则是势如破竹，节节胜利。进入社会主义建设时期，党有两个 30 年，从新中国成立到 1978 年的 30 年中，党犯了不少错误，而从

1978 年之后的 30 年则是飞速发展。这说明不论是认识革命规律还是认识建设规律，都有一个过程，要付出代价，而认识建设规律比认识革命规律用的时间更长，是两倍多的时间。在今后建设中国特色社会主义事业，实现中国和平崛起的过程中，我们也不能苛求党就不犯一点错误，不出一点问题。所以我们越是在党的领导出现失误、在党的事业发生曲折的时候，越要理解党、体谅党、信任党、忠于党。

二是在党内腐败现象严重的时候——这些年党内的腐败问题是官兵议论比较多、疑虑比较大的问题。腐败分子虽然严重败坏了党的形象，影响了党的威信，但是他们没有也不可能从根本上改变党的性质。在我们的国家也只有在共产党的领导下才能够真正有效地反腐败。看不到腐败的严重性是危险的，而由此影响对党的先进性的怀疑、动摇对党的信任，则是更加危险的。在社会的转型和过渡时期，在党内腐败现象严重的时候，一方面要坚持原则反腐败，另一方面要坚信只有在中国共产党的领导下，才能够有效地反腐败。决不能因为党内的腐败问题而淡化对党的感情，动摇对党的忠诚。

三是在军地收入反差比较大的时候——这些年在我国经济高速发展的过程中，出现了一批腰缠万贯的大款，也出现了一支收入较高、生活富裕的中产阶级，一部分人先富裕起来了。而由于军队较长时间贯彻忍耐方针，由于政策制度滞后，军队社会地位相对下降，官兵经济困难的问题突出，一些官兵的攀比、失衡和埋怨情绪滋长。但是我军在总体上是经受住了利益调整的考验，这是很可贵的。现在中央军委也给我们军人涨了工资，这是党对全军的关怀，也是人民的厚爱。军队不能因为物质利益调整中暂时失衡的问题而影响对党的忠诚和感情。

四是在军事斗争中出现不利的时候——我军未来要进行的军事

斗争是很艰巨很复杂的，在顺利和胜利的时候，要听党指挥，在遇到曲折、发生失利、出现挫折的时候，也要充满信心，坚定不移地听党指挥。

五是在受到不公正待遇甚至冤枉的时候。在和平时期，有的干部由于在个人待遇和进步上感到受挫，往往由于对党的组织不满，对领导不满，就走向极端，出卖情报，当特务，做间谍，这是很恶劣的。革命军人在受到不公正待遇甚至冤枉的时候，也能够对党保持忠诚，这也是考验。

第七章

永远与人民群众心连心

解放军核心价值观的第二条内容是"热爱人民"。热爱人民，要求每一个革命军人必须坚持全心全意为人民服务的根本宗旨不动摇。

当代革命军人要做到"热爱人民"，最关键的是解决好三个重大问题：一是始终坚持人民军队的人民性。一支军队与人民的关系，从根本上决定着这支军队的性质。要牢固树立"建军为民"的思想。二是要模范实践我军的根本宗旨。要服从大局，贡献人民；维护战略机遇期，造福人民；抢险救灾，舍己为民；维护人民群众海外利益。三是要永远保持密切联系群众的作风。要关心弱势群体；不谋求特殊利益。

一、始终坚持人民军队的人民性

我们的军队被称为"人民军队",人民性,是这支军队的根本特征。我们所进行的战争被称为"人民战争",人民是进行战争、赢得战争的最伟大力量。所以热爱人民,是我们军队人民性的要求,是我军政治性质的体现,也是我军力量的来源。

服务人民,是人民军队一切奋斗发展的出发点和归宿,是人民解放军必须永远坚持的根本宗旨。人民军队必须具有牢不可破的依靠力量。从诞生之日起,人民解放军就始终坚持全心全意为人民服务的宗旨,完全彻底地为人民利益而奋斗,赢得了亿万人民的衷心爱戴和全力支持,形成了夺取胜利最深厚、最伟大的力量源泉。热爱人民,全心全意为人民服务,是中国人民解放军的根本宗旨,宗旨是决定本质的东西。所谓"不变质",从根本上来说,就是坚持宗旨,不改变人民军队的人民性,不动摇立军之本。

(一)与人民的关系决定军队的性质

热爱人民,规范的是军队与人民的关系。一支军队,是热爱人民还是压迫人民,是对立人民还是属于人民,是决定这支军队性质的根本问题。中国共产党领导的人民军队与过去一切旧军队的根本不同,就在于其与人民的关系。我们从美国人在不同时代关于中国军队的三个报告,就可以非常清楚地看到问题的实质。

第一个报告,是在中日甲午战争以后,当时的美国驻华公使田贝向美国总统的报告。他在报告中对清朝的批评有这样一段文字:"中国以完全无准备状态而投入战争,乃史无前例,其主要原因为统治者之无知及与人民脱节。中国统治虽自以为高贵尊荣,然终日忙于礼节之中,使最可爱之中国中之最无智识而最愚笨者成为统治者。中国几乎无官不贪，无事不贿，上下相欺，大小相欺。高官之门人仆役，苛索勒榨，非钱不能见，仆人欺其主。然中国商人之守信，尤为世界商场中所无。汇丰银行经理金马伦言：历年万万镑生意中，中国人所借未曾损失一文。在日本之外商宁愿雇中国人而不雇日本人。中国军队中贪污、吃空缺、盗换公物、扣饷以为常。""鸿章之名誉为虚传，彼之左右多为寄生虫。鸿章之所以有名者，为鸿章善待外人，注意物质进步而已。……中国之达官贵人之所以贵，所以通达者，为善用私人营私而贪污而已。至于儿皇帝光绪，则深居禁中，为宦官及妇人所包围，不能生子，健康不好，对中国并无前途。……今日北京人人思逃，公使团认日本可能占北京，若各国公使随清廷迁移，己亦随迁。然中国之唯一出路，为无代价求和，希望总统出而主持。"① 美国人的这份报告，既揭露了清朝政府脱离人民的腐败状况，也揭露了清朝军队的腐败情况。像这样的政府怎么会有凝聚力，像这样的军队怎么会有战斗力？

第二个报告，是史迪威上将向华盛顿陆军参谋长的报告。1944年7月7日，鉴于日军横渡黄河，越过长江，为了挽救恶化的军事形势，罗斯福致电蒋介石，委派史迪威上将到中国在蒋介石领导下，统率在华的中国和美国军队，阻止日军深入。9月26日，史迪威上将向华盛顿陆军参谋长报告说："蒋介石对于进行（抗日）战争没有作进一步努力的企图。……他无意建立任何真正的民主制度或与共产党组织联合阵线。他本身是中国统一和真正为抗日而合作的主要障碍。……我现在确信，蒋介石掌权一日，美国就不能从中国得到真正的合作。我相信，他只会继续运用他的故技与拖延，同时攫取贷款与战后援助，以维持他现有的地位。这种地位是以一党

---

① 李守孔：《李鸿章传》，台湾学生书局1978年版，第263—264、267、274页。

政府、反动政策或利用特务的积极协助，镇压民主思想为基础的。"10 月 24 日，罗斯福宣布召回史迪威，由魏德迈接任中国战区美军总司令兼蒋介石的总参谋长。① 这个报告，是美国军队的一个高级将领对国民党政府和军队情况的揭露。

第三个报告，是美国驻延安观察组的报告。1944 年 7 月 22 日，驻华美军总司令部派遣的第一批美国观察组成员到达延安，观察组组长为包瑞德，成员有谢伟斯、戴维思等。11 月 7 日，美国驻延安观察组成员戴维思写的报告中说："共产党已经历了十年的内战和七年的抗日战争。他们不仅遭受了比中国中央政府军队所承受的更大的压力，而且还遭到蒋（介石）的严密封锁。"但是"他们生存了下来，并且壮大了"。戴维思报告中又指出，中国共产党富有生命力的原因是"共产党的政府和军队，是中国近代史中第一次得到广大人民积极支持的政府和军队。他们之所以得到这种支持，是因为这个政府和军队真正是属于人民的"。②

从这三个报告中，可以看出，政府和军队与人民的联系，从根本上决定政府与军队的性质与力量。人民军队的人民性，使我军从根本上与旧的封建王朝的军队和国民党军队区别开来，使我军不仅得到了人民的拥护，也受到美国友好人士的赞扬和好评。

（二）牢固树立"建军为民"的思想

热爱人民，必须要牢固树立"建军为民"的思想。我们这支军队之所以称为人民军队，就是在政治上突出军队的人民性。人民军队要坚持两个一致：一是与党中央在政治上保持高度一致，坚决听党指挥；二是与广大人民群众的利益和愿望保持高度一致，始终不脱离人民。就是要上与中央保持一致，下与人民保持一致，做党和

---

① 李长久、施鲁佳主编：《中美关系 200 年》，新华出版社 1984 年版，第 115 页。
② 李长久、施鲁佳主编：《中美关系 200 年》，新华出版社 1984 年版，第 116 页。

人民的忠诚卫士。这两个一致也是一致的，因为党也是为人民利益而存在的，所以，为人民服务既是党的宗旨，也是军队的宗旨，军队听党指挥和党绝对指挥军队，根本目的都是服务人民。军队坚持以人民为本，有两重含义，首先是坚持以人民为本，然后是坚持以官兵为本。作为一名共产党员，要树立"立党为民"的思想，作为一名革命军人，要树立"建军为民"的思想。

我军"建军为民"的思想，在战场上就体现为"作战为民"、"作战爱民"、"作战护民"的自觉行为。这一点，不仅表现在国内作战上，而且中国军队在朝鲜战场上的爱民和护民行为，也为外军所赞扬，为对手所钦佩。香港"凤凰卫视"曾经播出过一个纪念朝鲜战争结束 50 年的专题节目，其中一位香港学者谈到，他曾经采访过一些参加过朝鲜战争的美国、韩国老兵，他们对中国军队最深刻的感受，一是中国军人勇敢不怕死，有视死如归的拼命精神，与这样的军队打仗简直就是噩梦。二是中国军队的确是仁义之师，韩国军队在一场激烈的山地防御作战中，看到中国军人从正面一次次发起冲锋，伤亡惨重，但是攻势不减。开始韩国军人不理解，中国军人为什么不改换一个进攻方向，后来才发现，山头两侧的下方是朝鲜村庄，中国军队如果从侧面发起进攻，很容易伤及村庄里无辜的朝鲜百姓。韩国军人的这一发现，使他们的良心受到极大的震撼，韩国军人被感动了，觉得志愿军的确是仁义之师，是不可战胜的，于是主动放弃了阵地。[①]

二、模范实践解放军的根本宗旨

解放军热爱人民，必须模范实践全心全意为人民服务的根本宗旨。

---

① 李凯城：《领军之道》，北京工业大学出版社 2007 年版，第 317 页。

（一）服从大局，贡献人民

服务人民要牢固树立服从大局的思想。军队要服从和服务于国家经济建设大局，要在大局下行动，这是邓小平新时期军队建设思想的一个重要内容，是我军在新世纪新阶段服务人民必须树立和必须坚持的一个重要的战略思想。贯彻这一思想，在改革开放初期，邓小平提出"军队要忍耐"的要求，这是人民军队从人民的利益出发，服从和服务于国家经济建设和发展大局的实际行动，是我军在新的历史时期坚持人民军队根本宗旨的突出体现，是人民军队在特殊历史时期的特殊贡献和奉献。为了集中财力加速国家经济建设，在一段较长的时期内，我军的实际军费一直是负增长。1991 年，我军作为一支 300 万规模的军队，军费却只有 300 多亿，官兵人均 1 万元，在全世界排名是倒数第二。当时美国军队的人均军费是 15 万美元，就连印度的军费也比我军高出好几倍。军费严重短缺，给军队建设和官兵生活带来许多困难。例如，部队改换 85 式新军装时，由于经费困难，每个军官只发了一套，给正常换洗带来不便。[①] 在改革开放的进程中，在一部分地区和一部分人先富裕起来的情况下，人民军队不仅不是先富裕起来的那部分人，不是特殊利益集团，而且是服从国家经济建设大局、长期贯彻忍耐方针、艰苦奋斗做得比较好的一个先进群体。全军官兵牢记宗旨，大局在胸，克服困难，积极进取，充分体现了人民子弟兵顾全大局、服务人民的本色，在人民军队服务人民的历史上谱写了光辉的一页。

（二）维护战略机遇期，造福人民

服务人民要努力维护战略机遇期。中国人民现在遇上了一个战

---

① 李凯城：《领军之道》，北京工业大学出版社 2007 年版，第 24 页。

略机遇期，军队维护好战略机遇期，使国家大发展、社会大稳定、大和谐，人民生活大提高，是最实际的为人民服务。但是战略机遇期也是战略风险期，是社会矛盾突出的时期。我们在动用国家力量处置群体事件的时候，不能用处理敌我矛盾的思路，而是要在"人民利益高于一切"、"坚决维护稳定大局"的思想指导下，慎重运用武力和强制措施，不可把军队和人民对立起来。要正确处理矛盾，加强思想和情绪疏导工作，保护干部，不伤群众，促进和谐，不留后遗症。

从维护人民的利益出发，善于化解矛盾，赢得人民的理解和支持，这是我军在战争年代就具有的优良传统。例如中央红军在万里长征中抢渡大渡河的过程中正确处理与少数民族人民的矛盾，就是一个典型的范例。当时国民党几十万大军追逼，一心要使红军在大渡河畔成为"石达开第二"。红军要摆脱困境，从近路赶往大渡河口以争取时间，就必须通过彝族区。而由于历史上长期形成的民族隔阂和国民党反动派的蛊惑宣传，彝族群众对红军是持敌视态度的，他们处处设卡阻击，不让红军通过，而且造成了红军一些官兵的伤亡。有的基层官兵十分气愤，主张打过去。但是红军没有采取还击和打击的办法解决矛盾，而是从尊重和维护少数民族人民的利益出发，从消除误解入手，一方面积极向彝族群众宣传红军北上抗日的主张，另一方面用打不还手的实际行动来证明红军与旧军队的根本不同。红军总参谋长刘伯承还与彝族首领小叶丹歃血为盟，成为结拜兄弟，红军得到彝族群众的支持，在两天内顺利通过彝族区。红军与太平军在大渡河的不同结局形成了鲜明的对比。80多年前的太平军将领石达开也曾经率部要通过彝族区，起初遇到的情况与红军相似，受到了彝族的阻击，而太平军解决矛盾的态度和方法与红军截然不同，太平军在一怒之下，杀了200多名彝族群众，大大激化了矛盾，结果遭到更为猛烈的阻击，严重迟滞了行军的速度，最后被大批清军追上，结果是太平军被围歼于大渡河畔，石达开全军覆没，成为太平天国悲壮的一幕。① 服务人民必须正确处理与人民的矛盾。我军在与人民的关系上不仅与一切旧军队有根本区别，而且也与农民起义军不同。一支全心全意为人民服务的军队，就会千方百计化解与人民群众的冲突和矛盾，创造出"军民团结如一家，试看天下谁能敌"的局面。

（三）抢险救灾，舍己为民

我军在 1998 年的抗洪抢险中，广大官兵奋不顾身、舍己为民的形象，人民群众记忆犹新。2008 年 5 月 12 日汶川发生 8 级地震，10 万大军水、陆、空立体投送，千里驰援挺进汶川。官兵不畏艰险、舍生忘死、奋力救援，在废墟上展示了当代革命军人抢险救灾，舍己为民的感人形象。在这次抗震救灾过程中，广大官兵时时处处以人民利益为根本出发点，为了抢救废墟中的生命，官兵们冒着生命危险，顾不上余震频频，在废墟里抢救生命；为了及时抢救被困的重伤员，飞行团队顾不上恶劣的天气带来的巨大危险，在崇山峻岭中穿梭。广大官兵在灾难面前，不畏艰辛，连续作战，徒步行军 20 多小时奔赴救灾现场。在险境横生的群山中，他们把生死置之度外，用肩膀架起了悬崖峭壁上的生命通道。为了保护废墟中的生命，用双手代替大型工具，在废瓦石上留下了他们的斑斑血迹。有的同志晕倒了再起来，有的永远的晕倒在废墟上。救灾队伍里有的官兵家就是受灾严重区，可他们几过家门而不入，体现了军人热爱人民的高尚情操。

（四）维护人民群众海外利益

在国家高度改革开放的情况下，在经济全球化的背景下，有越

---

① 李凯城：《领军之道》，北京工业大学出版社 2007 年版，第 298 页。

来越多的人民群众走出国门，创立事业，人民的利益不仅局限于国土之上，而是拓展到全球，热爱人民必须要积极维护人民群众的海外利益。

现在我国在海外的企业有两万多家。每年出境的中国公民和对外劳务输出越来越多。遍布世界的华人近6000万。现在世界上哪个地方动荡，都会影响到中国人民的利益，我们的政府都要担心和操心。中国公民和企业在国外会出现人身和财产安全问题，军队在这方面要尽到责任。现在中国外交部参与处理的各类中国人海外安全事件每年超过数万起。中国军队在这方面的任务会越来越艰巨复杂，这是军队服务人民在范围和内容上的拓展、延伸。

三、永远保持密切联系群众的作风

热爱人民，必须紧密联系人民，永远不脱离人民。

（一）关心弱势群体

热爱人民，要关心弱势群体。人民这个概念在不同的历史时期有不同的构成。现在人民的成分发生了很大的变化，由过去的工人、农民到现在有大款阶层，有中产阶级，有一般群众，也有弱势群体。他们都是我军要热爱、服务和保卫的人民。在建设和谐社会的过程中，军队尤其要在服务弱势群体上有感情、有倾斜、有帮助。热爱人民，眼睛里不能只是盯着那些富裕的人民，特别要正确认识和处理热爱大款和热爱人民的关系。例如有的部队违反规定派兵去给大款站岗、给富人当保镖，这就不妥。军民共建不能只是和大款共建，和富裕单位共建，和强势单位共建。我看到一个报道，说是一些美国人到中国来收养儿童，有的就是收养一些身体有残疾的儿童。问他们为什么这样做，回答是：健康漂亮的儿童可以得到社会更多的关爱，而身体有残疾的儿童，他们则需要更多的社会关爱。这就体现了一种高尚的人道主义，而不是一种功利主义的考虑。

热爱人民首先要联系人民。联系什么样的人民，联系什么样的群众，从中也可以看出一个人的境界、追求和情操。特别是领导干部，要慎重对待朋友交往，坚持择善而交，多同普通群众交朋友，多同基层干部交朋友，多同先进模范交朋友，多同专家学者交朋友，注意净化自己的社交圈，对那些怀着个人目的来拉拉扯扯的人要保持高度警觉。现在有些领导和机关干部就是把密切联系群众变成了密切联系大款，把领导与群众相结合，变成了领导与大款相结合，把全心全意为人民服务，变成了全心全意为大款服务，把热爱人民变成了热爱大款。现在一些领导干部腐败，都和大款有关系，而许多大款犯罪，总是能够把一批干部拉下水。赖昌星就说："共产党想要我这颗人头？那我得叫北京掉200颗人头！"他就敢这么猖狂。也就是说，在他手里掌握着200个领导干部的命运。他把谁供出来、咬出来，谁就得上刑场。现在一些搞腐败的党员干部，不仅人民群众看不起他，就连坏人也看不起他。四川省简阳县有个个体户李老板，长期行贿简阳县的几个主要领导干部，每个月给他们发一份相当数量的工资。会计问这笔钱应该怎么下账，他生气地说："就和公司看门的那几条狗的伙食费记在一起，就算咱们公司多喂了几条狗吧。"战争年代我们宣传和发动群众的一句很有说服力的话是：共产党是穷人的党，是解救劳苦大众的党，共产党领导的军队是穷人的军队，是解放和解救穷人的军队。现在人民军队要服务的人民，是既包括穷人也包括富人，富裕起来的人民也是人民，但是弱势群体的人民是困难更多的人民，是更需要服务的人民。我军在新世纪新阶段服务人民，要更加关注弱势群体的人民。根据江西省前两年的调查，困难群体中认为我国社会是公平的比例只有

9.8%，高达61.4%的人认为当前社会是"不公平"或者是"较不公平"的。下岗工人有66.4%认为社会不公平，农民64.8%认为社会不公平。一方面是物质财富在增长，一方面是不满情绪在增长，两头冒尖很危险。所以，关心弱势群体是一个对他们的感情和态度问题，也是一个关系社会稳定与和谐的重大问题。

关心弱势群体是一个世界潮流和趋势，也是一个国家进步和发展程度的重要标志。即使在西方发达国家，虽然没有社会主义国家做得好，但是他们出于维护资本主义统治的需要，也重视这方面的问题。美国南北战争胜利以后，林肯总统于1864年初在葛底斯堡国家公墓落成典礼上，发表了一次时间不超过3分钟的演说，却被数次掌声打断，被赞誉为美国历史上最精彩的演说之一，"民有、民治、民享的政府"，就出自这一篇演说。缔造美国的福利社会，被认为是罗斯福总统的最大贡献之一。在华盛顿城市有一个纪念富兰克林·罗斯福总统的主题公园，在主题公园里有这样一段文字："衡量一个国家进步的实质，不在于是否让富人更加富有，而在于是否让穷人得到了足够的保障。"文字旁边是一组雕塑，表现的是美国20世纪30年代经济危机时，排队等候领取救济的人们。鉴于当时美国经济大危机暴露出来的问题，罗斯福总统在保障"生命、自由和追求幸福"的权利之上，又拓展了自由的含义，提出四大自由，就是保障"言论自由、信仰自由、免于匮乏的自由和免于恐惧的自由"。一直以保障自由竞争为目标的美国政府开始扩充政府职能；一向笃信生活的好坏是自我奋斗结果的美国人开始要求国家保障公民免于贫穷的权利。如此一来，国家、政府和个人的关系，在美国就有了新的定义。罗斯福实行新政，取得立竿见影的效果，使下层群众得到利益，民主党和罗斯福的威望大增，罗斯福每天都收到5000～8000封源源而来的群众来信。罗斯福通过发表炉边谈话、接见来访者、与人聊天等各种方式同人民群众保持接触。千千万万的美国人认为,他们了解他们的总统,总统是真正关心他们的。在对纽约小学生的一次民意测验中,孩子们说:"他最受欢迎,上帝其次,得票远不如他。"有个众议员,把罗斯福与耶稣相比。有个金融巨头说,他认为"自耶稣去世以后,最伟大的领袖是罗斯福"。[①]

(二)不谋求特殊利益

共产党的先进性表现在党没有自己的特殊利益,人民军队的先进性也表现在这支军队没有脱离人民的特殊利益。热爱人民,要求我们的官兵不谋求特殊利益,始终保持劳动人民艰苦奋斗的本色。

热爱人民的前提是不脱离人民,要坚决反对铺张浪费和腐败特权。苏联共产党的垮台,重要原因是由服务人民到脱离人民、背叛人民,最后被人民抛弃。列宁时代的党和军队与人民群众一起艰苦奋斗。十月革命胜利以后,粮食困难,党的领袖列宁和大家一起挨饿。在一次会议上,苏维埃主管粮食的最高官员——粮食人民委员因为饥饿而晕倒了。但是后来在苏联领导和权力阶层中就渐渐出现了特权问题。1935 年,法国著名作家罗曼·罗兰应高尔基的邀请访问苏联。他既为苏联的成就欢欣鼓舞,又为苏联存在的一些问题深感忧虑。包括对斯大林强烈的个人崇拜,落后困难的人民生活,领导人中的特权思想等。他写了一本书《莫斯科日记》,真实地记录了这方面的情况。他在日记中写道:"身为国家与民族卫士的伟大共产党人队伍及其领导者们,正在不顾一切地把自己变成一种特殊的阶级","而人民则不得不依然为弄到一块面包与一所住房而处于艰难奋斗的状况之中。"由于对苏联的真挚热爱,考虑到这本书如果在当时出版会对苏联造成不利影响,他决定把《莫斯科日记》存

---

① 参见威廉·曼彻斯特:《光荣与梦想》,第 1 册。又见张兹暑:《美国两党制发展史》,河北教育出版社 2003 年版,第 416 页。

放起来，50 年以后再发表，他认为 50 年以后，苏联早已经解决了这些问题。他的书 1935 年写成，在 50 年之后的 1986 年出版。遗憾的是，当年他看到的那些问题，在苏联不仅没有解决，反而越来越严重。他的书出版 6 年之后，苏联解体了。

2006 年，《斯大林传记》作者尤里·茹可夫在接受《大国崛起》节目组访谈时说："马林科夫是在 1953 年夏天上台的，在这之前，每一个党的工作者都会收到一个信封，里面装着比工资多 5～10 倍的钱，而且他们根本就不交这笔钱的党费和税。此外他们还拥有各种特权，包括汽车、豪宅以及特别医院。而马林科夫则取消了这种钱袋和其他特权，他同时提高了苏联工人的工资。党的领导层们很重视自己的工资和特权，他们要求赫鲁晓夫拯救自己，而赫鲁晓夫确实救了他们。其结果是那些很少受到控制的官僚集团掌握了政权。"① 西方评论，苏联解体的重要原因，是他的上层集团失去了理想和方向，成为政治上的异化阶层、利益上的特权阶层、才能上的平庸阶层。

当苏联上层的腐败发展到积重难返的程度的时候，与苏联全面进行冷战的美国，其领导人却在大力标榜自己的廉洁，美国总统也以廉洁总统的面貌出现。美国总统卡特 1977 年 1 月 20 日宣誓就职后，下令关掉白宫的两个恒温器，卖掉了总统专用游艇，每年公布总统的私人财产，带头纳税等。亲自接听公民打来的电话。② 美国总统也提出他们的所谓人民观，在 1992 年大选中，克林顿提出"把人民放在第一位"的口号。③ 在这个问题上，我们既要看到美国政客们虚伪的一面，也要看到他们在这方面的一些值得关注和研究甚

① 中央电视台《大国崛起》节目组编著：《大国崛起》系列丛书《俄罗斯》，中国民主法制出版社 2006 年版，第 176 页。

② 张兹暑：《美国两党制发展史》，河北教育出版社 2003 年版，第 525—526 页。

③ 张兹暑：《美国两党制发展史》，河北教育出版社 2003 年版，第 557 页。

至可以有所借鉴的东西。在任何一个社会中，社会的精英分子与普通大众的结合，精英分子与一般群众的联系，都是社会稳定和发展的重要基础。精英分子与普通大众相结合得好，社会就和谐稳定，精英分子与普通大众相脱离、相分离、相对立，社会就要分裂，矛盾就会激化，这在不同的社会制度下都是一样的。而美国在这方面也是有值得研究的东西的。法国政论家托克维尔在他 1835 年出版的名著《论美国的民主》中说："不难发现，美国的民主常在选择受托执政的人员方面犯错误；但要解释在被选错的人执政期间美国为什么会照样繁荣，那就不容易了。首先，你可以看到，在一个民主国家虽然它的统治者不够忠诚或不怎么能干，但其被治者却很聪明和很认真。在民主国家，不断关心自己的事业和重视自己的权利的人民，可以防止他们的代表偏离他们根据自己的利益为代表规定的总路线。其次，你还可以看到，如果民主国家的行政官员比其他国家易于滥用权力，则人民一般不会让他们长期留任。但是，还有一个比这个理由更有普遍性和说服力的理由。毫无疑问，统治者有德有才，对于国家的富强来说是十分重要的；但统治者没有同被治者大众的利益相反的利益，或许更为重要，因为他们有了这种利益以后，德便几乎不发生作用，而才也将被用于干坏事。我认为，统治者没有同被治者大众的利益相反或不同的利益，是十分重要的；但我决不认为，统治者具有同全体被治者的利益一致的利益也很重要，因为我还不知道哪里有过这样的利益。迄今为止，还未见过对社会各阶级都一视同仁地促进它们兴旺和繁荣的政体。在一个国家里，有几个社会阶级就像有几个不同的国家；而且经验也已证明，把其他阶级的命运完全交给一个阶级去掌管，其危险并不亚于让国家中的一个民族充当另些民族的仲裁者。当只由富人统治国家时，穷人的利益总要受到损害；而在穷人立法时，富人的利益就要遭到严重的危险。那么，民主的好处究竟是什么呢？民主的真正好处，并非像人们所说是促进所有阶级的兴盛，而只是对最大多数人的福利服务。在美国，负责领导国家事务的人，在才德两方面都不如贵族国家的执政者，但他们的利益却是与大多数同胞的利益相同和一致的。因此，他们可能常常不忠于职守和犯重大错误，但他们决不能把敌视这个大多数的方针贯彻下去，他们也无法使政府具有独断独行和令人生畏的形象。"① "但是，在贵族国家的政府中，官员就受他们的阶级利益支配了。他们的阶级利益只是有时与多数人的利益一致，而在大多数情况下，则是与多数人的利益相反的。这个阶级利益，在官员之间形成一条共同而耐久的纽带，促使他们把力量联合和结合起来，以奔向总是不让绝大多数人幸福的目标。它不仅使统治者彼此勾结起来，而且还把统治者与很大一部分被统治者联合起来，认为很多没有担当任何公职的公民也属于贵族。" "在美国，公务人员没有使自己居于优势的阶级利益，尽管统治者常是一些无能之辈，有时甚至是一些可鄙之徒，但政府的日常工作仍然是有利于人民的。"② 不管托克维尔的观察和分析有多大的片面性和局限性，但是他给人们的启示是，不谋求和不存在与人民不同的特殊利益，确实是热爱人民、服务人民的重要基础和前提。

---

① 《论美国的民主》上卷，商务印书馆 1988 年版，第 265—266 页。
② 《论美国的民主》上卷，商务印书馆 1988 年版，第 266—267 页。

第八章

始终与伟大祖国共命运

当代革命军人核心价值观的第三个内容，就是"报效国家"。"报效国家"，要求解放军坚持"爱国主义"不动摇。

树立和践行报效国家的价值理念，必须切实解决好三个方面的问题：一是要强化国家利益至上的观念，把爱国与爱党与爱民、爱社会主义统一起来；二是坚决维护和努力实现国家统一，制止分裂祖国的罪恶行径；三是始终高扬爱国主义旗帜，永远与伟大祖国共命运。

一、国家利益至上——中国特色社会主义的重要特点

中国特色社会主义，是我们团结前进的伟大旗帜。而中国特色社会主义，是不能脱离中国国家利益的社会主义，是以中国的国家利益为最高准则的社会主义。中国的国家利益，是中国特色社会主义的最高准则。把社会主义扎根在中国国家利益的基础之上，这是中国特色社会主义的一个鲜明的特色。

（一）以自己的国家利益为最高准则

1989 年 10 月，邓小平对来访的美国前总统尼克松说："考虑国与国之间的关系主要应该从国家自身的战略利益出发。着眼于自身长远的战略利益，同时也尊重对方的利益，而不去计较历史的恩怨，不去计较社会制度和意识形态的差别，并且国家不分大小强弱都相互尊重，平等相待。这样，什么问题都可以妥善解决。用这样的思想来处理国家关系，没有战略勇气是不行的。所以，你一九七二年的中国之行，不仅是明智的，而且是非常勇敢的行动。我知道你是反对共产主义的，而我是共产主义者。我们都是以自己的国家利益为最高准则来谈问题和处理问题的。在这样的大问题上，我们都是现实的，尊重对方的，胸襟开阔的。"① 邓小平在国家利益上提出"三个不计较"——不计较历史的恩怨，不计较社会制度的不同，不计较意识形态的差别，从国家自身的战略利益出发，以自己的国家利益为最高准则。邓小平的马克思主义国家利益观，是对科学社会主义理论的丰富和发展，是中国特色社会主义的重要内容和特色。我们如果不能从政治上观察和思考问题，脑子里少了国家利

---

① 《邓小平文选》第 3 卷，人民出版社 1993 年版，第 330 页。

益全局这根弦，迟早是要吃大亏的。

冷战时期的苏联，把社会主义的最高原则说成是国际主义，又把国际主义等同于保卫苏联的国家利益。斯大林在共产国际时期提出："谁决心绝对地、毫不动摇地、无条件地捍卫苏联，谁就是国际主义者。"[1] 如果有谁"否认共产国际的领导权力，因而也否认它的干预权力，那就是为共产主义的敌人效劳"。[2] 苏联领导人制定这样的标准、行使这样的权力，充分表现了其大党主义、大国主义，给世界社会主义事业造成了严重的恶果，中国就是其中的受害者之一。而到了勃列日涅夫时代，苏联领导人更是走向极端，他们发明了"主权有限论"、"国际专政论"、"社会主义大家庭论"等霸权主义理论，在国际主义的旗号下，让其他国家的共产党人和社会主义者，都把苏联的国家利益放在本国的国家利益之上，结果造成了很坏的影响。邓小平强调"以自己的国家利益为最高准则"，对社会制度和意识形态的差别不去计较，这是对于国际主义和社会主义关系问题上的一个重大突破，也指出了中国特色社会主义的一个重要特色。我们必须确立一个战略观念：建设中国特色社会主义——中国的国家利益至上。中国特色社会主义必须牢牢扎根在中国国家利益的基础之上。

（二）社会主义必须与国家利益结合

马克思主义必须与中国的实际结合，才能够在中国大地上扎根，这是中国共产党人在几十年革命奋斗的实践中，得出的一个宝贵的认识成果。社会主义必须与中国的国家利益结合，才能够在中国社会主义建设的事业中辉煌，这是中国共产党人在新中国成立以后几十年的建设实践中得出的又一个宝贵的认识成果。马克思主义

---

① 《斯大林全集》第 10 卷，人民出版社 1954 年版，第 47 页。
② 《斯大林全集》第 7 卷，人民出版社 1958 年版，第 58 页。

必须和中国国情结合，社会主义必须和中国的国家利益结合，才能够焕发生机与活力。这两个结合的实质是一致的，就是要求我们科学认识"主义"和国家利益的关系，把马克思主义、社会主义扎根在国家利益的基础上，扎根在爱国主义的基础上。脱离国家利益、脱离爱国主义的马克思主义和社会主义，是没有生命力的，也是无论如何坚持不下去的。

立足国家利益，科学认识"主义"，这是毛泽东和邓小平战略思维的一个重要特征。只有社会主义能够救中国，这是毛泽东提出的一个重大战略思想。在改革开放的历史新时期，邓小平指出："只有社会主义才能救中国，只有社会主义才能发展中国。……不走社会主义道路中国就没有前途。"① 邓小平强调："中国不搞社会主义不行，不坚持社会主义不行。""中国只有坚持搞社会主义才有出路，搞资本主义没有出路。""不搞社会主义是没有前途的"。② 党的十八大报告指出："在改革开放三十多年一以贯之的接力探索中，我们坚定不移高举中国特色社会主义伟大旗帜，既不走封闭僵化的老路、也不走改旗易帜的邪路。中国特色社会主义道路，中国特色社会主义理论体系，中国特色社会主义制度，是党和人民九十多年奋斗、创造、积累的根本成就，必须倍加珍惜、始终坚持、不断发展。"中国共产党的领袖们总是把社会主义和救中国、发展中国、强大中国、振兴中华紧密结合和联系在一起，他们从来不脱离中国的前途和发展去抽象地谈论社会主义，从来不脱离中国独立、发展、振兴的伟大事业去空洞地谈论社会主义。中国之所以要坚持社会主义，不仅因为社会主义是真理，更重要的是因为中国的国家利益需要马克思主义，中国的前途需要社会主义。马克思主义是真理，它还必须对中国有价值。马克思主义能够和中国实际结合，是

---

① 《邓小平文选》第 3 卷，人民出版社 1993 年版，第 311 页。
② 《邓小平文选》第 3 卷，人民出版社 1993 年版，第 326、211—212、195 页。

因为马克思主义能够和中国的国家利益结合。中国特色社会主义是我们必须高举的伟大旗帜，是因为只有在这样一面旗帜之下，才能够实现中华民族的伟大复兴，才能够实现中国国家利益的最大化。

我们坚持中国特色社会主义，是坚持社会主义真理观和社会主义价值观的统一。政治家治国和科学家治学不一样，科学家以发现真理为使命，政治家的使命是根据国家利益来选择真理，选择能够为国家带来最大利益的真理，政治家手中的真理必须是能够给国家创造利益的真理，政治家必须把真理变成国家利益。否则，就不是政治家，而是学问家。毛泽东说："共产党员是国际主义的马克思主义者，但是马克思主义必须和我国的具体特点相结合并通过一定的民族形式才能实现。……离开中国特点去谈马克思主义，只是抽象空洞的马克思主义。因此，使马克思主义在中国具体化，使之在其每一表现中带着必须有的中国的特性，即是说，按照中国的特点去应用它，成为全党亟待了解并亟待解决的问题。"[1] 马克思主义必须与中国的国家利益相结合，社会主义必须能够实现中国的国家利益，它们才能够在中国有说服力、生命力、有吸引力、有凝聚力。离开中国的国家利益去谈坚持马克思主义、坚持社会主义，只是抽象空洞的马克思主义，是难以坚持下去的马克思主义。所谓从中国的实际出发，所谓搞清中国的国情，不仅是经济落后、人口众多、资源有限等数量和数据方面的国情，更重要的是中国"国家利益"的国情，是中国国家前途的要求，是中国国家利益和国家前途对政党、对"主义"的需求和选择。不能把中国坚持社会主义的根基扎在意识形态上，不能把中国坚持中国特色社会主义的根基扎在世界革命上，而是要牢牢扎根在中国国家利益和国家前途上。

---

[1] 《毛泽东选集》第2卷，人民出版社1991年版，第534页。

（三）社会主义必须与爱国主义统一

中国特色社会主义是以中国的国家利益为核心，是坚持国际主义、民族主义与社会主义的统一。坚持社会主义，这是中国共产党之所以称为共产党的根本原因；而我们这个共产党之所以在前面要加上"中国"二字，是因为我们这个党必须要把中国的国家利益摆在第一位，是因为这个党要为中国的国家利益而奋斗，为中国的光明前途而奋斗。社会主义是中国国家利益的选择，中国的社会主义必须服从中国的国家利益；中国共产党是中国国家利益的选择，党的一切理论与实践，必须服从和服务于中国的国家利益。而中国的国家利益，不是一个抽象的概念，它是包括中国独立解放的利益、中国稳定的利益、中国安全的利益、中国统一的利益、中国发展的利益、中国崛起的利益。苏联过去讲"社会主义大家庭"的利益，实际上谋求的是他那个"社会主义大家长"的利益。不是"主义"高于国家利益，而是国家利益决定"主义"、国家利益选择"主义"、"主义"服务于国家利益。中国为什么要坚持马克思主义和社会主义，是因为只有社会主义才能够救中国、富中国、强中国，要国家利益至上，不能为"主义"、为意识形态牺牲国家利益。中国特色社会主义是既不在世界社会主义的大旗之下，损害其他社会主义国家的利益，也不允许其他国家以维护世界社会主义事业为名来损害中国的国家利益。中国特色的社会主义是中国人的社会主义，是为中国人服务的社会主义，这是中国特色社会主义的根本宗旨。正确认识和处理这个社会主义和国家利益的关系，社会主义和爱国主义的关系，是一个重要的问题。中国特色的社会主义是扎根在中国国家利益的基础上的社会主义，中国特色的社会主义者首先是也必须是热爱中国的爱国主义者。

（四）深化对国家利益的认识和研究

坚持中国特色社会主义，必须深化对中国国家利益的研究。国家间竞争，归根结底是国家利益的竞争，不同意识形态和社会制度之间的较量，也都有深厚的国家利益背景。19 世纪后期，英国的外相帕麦斯顿说："要说一个国家与另一个国家是永久的盟友或永久的敌人，那是一种狭隘的观念——只有我们的利益才是永恒的。"[①] 国际政治的现实主义大师摩根索说："国家利益即为外交政策的北斗星。"[②] 美国著名的汉学家费正清说，美国外交政策的基石，就是国家利益至上。当第二次世界大战的阴影正在扩散的时候，美国的对外政策有一种难以理解的反常现象：东面对待欧洲，是孤立主义，决不牵累到结盟关系中，"我们不插手"。南面对待拉丁美洲，是门罗主义，"你们不要插手"；西面越过太平洋，门户开放，"我们都插手"。美国赞同中国连续不断的主权，又赞同通过条约连续不断地损害中国主权。一切围绕美国的力量与利益。[③]

我们的世界是一个国家利益至上的世界。深刻理解以中国的国家利益为最高准则的中国特色社会主义，要求我们加强对国家利益问题的研究。国家利益是国际政治学的基本概念。系统的国家利益理论于 20 世纪 30 年代在西方国家产生。美国认为"所谓美国的命运就是美国的国家利益"，他们把国家利益等同于国家命运，他们是在美国国家命运的高度和层次上研究美国的国家利益。美国有国家利益委员会，每隔几年，就会有一个著名的《美国国家利益》的研究报告出台，供国家决策使用。新中国成立以后，在 1965 年、1979 年、1989 年、1999 年发行过四版《辞海》，里面都没有"国家

---

① 钮先钟：《战略研究》，广西大学出版社 2003 年版，第 73 页。
② 钮先钟：《战略研究》，广西大学出版社 2003 年版，第 72 页。
③ 习贤德：《孙中山与美国》，上海人民出版社 2008 年版，第 273 页。

利益"这个条目。在马克思主义发展史上，邓小平第一个提出"国家利益"概念，并且有一系列的重要论述，形成了他关于国家利益的重要战略思想。我们在国家利益方面的研究和认识有待于进一步加强，进一步深化。

二、国家统一神圣——坚决制止分裂祖国的罪恶行径

国家利益，包括国家安全的利益、国家发展的利益、国家统一的利益，等等。坚持国家利益至上，誓死报效国家，捍卫国家领土、主权安全，一个重要任务，是坚决维护国家的统一，坚决制止分裂祖国的各种罪恶行径，努力完成祖国统一的神圣大业。

（一）国家统一与大国崛起

世界体系理论的主要创始人伊曼纽尔·沃勒斯坦在美国《外交》杂志 2002 年 7—8 月号上刊登文章《苍鹰坠地》指出："美国成长为全球性霸权之路，是一个漫长的进程，它开始于 1873 年的全球性的经济衰退。在当时，美国和德国开始获取不断上升的全球市场份额，主要是取代持续衰退的英国。美国和德国在当时都刚刚赢得了一个稳定的国内政治基础：美国成功地结束了内战，德国获得了全国统一并且取得了普法战争的胜利。1873—1914 年，美国和德国都成为一定领域里的头号生产商：美国是在钢铁以及汽车领域；德国是在工业化工原料领域。""一战和二战最终成就了美国的霸权国梦想。"德国人和美国人都是在统一以后实现了崛起。第一次世界大战以后，英国在总体实力上已经让位于美国。第二次世界大战以后，英国已经沦落为二流国家。似乎是战争使得英国从顶峰上跌落下来，实际上，英国在它最强盛的时期，就已经隐含着严重的深层次问题。学术界一般把 1870 年作为英国经济发展的分水岭。在此以

前，英国不断发展并且几乎在所有方面都占据优势地位，之后，英国发展速度减慢，开始从绝对领先的地位上衰退下来。几乎在同时，在19世纪60—70年代，美国和法国都充分利用了国家统一的力量。德国是在10年内通过三场王朝战争实现了国家统一，而美国是通过一场南北战争捍卫了国家的统一，这两个国家都在国家统一的爱国主义激情中加快了国家发展的步伐。19世纪80年代，美国工业生产能力超过了英国，在世界工业生产中位居第一，德国工业生产的增长速度仅次于美国。1870年普法战争结束后，统一后的德国表现出强劲的发展势头，以最快的速度赶超英国。1850—1870年，英国工业平均增长率高达3.12％，1870—1900年下降到1.6％。1870—1913年，美国的工业产值平均增长率为4.7％，德国为4.1％，英国只有2.1％，1899—1913年，英国的工业出口增长率只有48％，美国是100％，德国是121％，日本是151％。1901年美国和德国的钢产量都超过了英国，此时钢的重要性已经取代了铁。1913年英国的机器生产量占世界总份额不到1/8，美国占一半以上，德国占1/5强。19世纪末20世纪初，英国逐步丧失了世界工厂的地位。从1880年到1913年，英国在全世界制造业总产量的比重从22.9％减少到13.6％，占世界贸易份额也从23.2％下降到14.1％。[①] 德国在1871年统一后的40多年的时间里，经济出现跨越式发展，煤炭和钢铁产量跃居欧洲第一，化学产品总产量跃居世界第一，到1910年，德国工业总量超过了所有欧洲国家。[②] 美国和德国的崛起，突出表现了国家的统一对于大国崛起的作用。实际上，所有崛起的大国，无一例外，都是在国家统一的基础上崛起的。

没有国家统一，就没有德意志的崛起。在德意志的土地上，曾

---

① 齐世荣主编：《英国从称霸世界到回归欧洲》，三秦出版社2005年版，第286页。

② 中央电视台《大国崛起》节目组编著：《大国崛起》系列丛书《德国》，中国民主法制出版社2006年版，第112页。

经有过一个"神圣罗马帝国",被后人称作"德意志第一帝国"。尽管号称帝国,但是内部没有形成集中统一的整体。尤其是从公元12世纪起,中央权力日益衰弱,帝国成为众多封建邦国和自由城市的联盟。1618—1648年"30年战争"之后,欧洲各国签署的《威斯特伐利亚和约》最终以法律的形式确定了德意志的分裂局面,德意志地区出现了360多个独立邦国,有4万个世俗领地,有4万个教会领地,当时有人说:"在德意志境内,一年有多少天,就有多少个国家。"由于领地狭小,使邦君们不敢进行军事演习,害怕炮弹掉入邻邦,酿成祸端。在许多邦国中,奥地利曾经对德意志的发展起过重要作用,奥地利统治者从15世纪起,一直保持着神圣罗马帝国皇帝的称号。当时由于普鲁士的崛起,德意志形成了两雄争强的局面。围绕德意志统一道路的选择,出现了"大德意志方案"和"小德意志方案"的对立,"大德意志方案"是建立以奥地利为中心、包括所有德意志邦国的中欧帝国,"小德意志方案"主张排斥奥地利,建立以普鲁士为首的德意志帝国。后来通过三场王朝战争,按照"小德意志方案"实现了统一,1871年1月18日,普鲁士国王威廉一世加冕为德意志皇帝,德意志帝国宣告成立,此是第二帝国。德意志曾经深受分裂之苦。邦国林立导致层层税卡。从美因茨到科隆不到200公里的路程上,有13道税卡。如果在易北河上航行,则会遇到32道税卡。从柏林到瑞士要经过10个邦国,办10次手续,换10次货币交10次关税。度量衡和货币复杂,仅仅货币就有6000多种。在拿破仑战争时期,大邦吞并小邦的进程加快,但是1815年建立的"德意志邦联"仍然由38个邦国组成。直到帝国成立时,德国境内还流通着126种硬币、108种银行钞票和42种国家货币。[①] 在1870—1871年的普法战争后,德国实现了国家统一。

---

① 齐世荣主编:《15世纪以来世界九强的历史演变》,广东人民出版社2005年版,第180—182页。

德国的第一次统一结束了德意志 500 多年四分五裂的封建割据局面，为德意志民族的发展和德国资本主义的发展创造了有利条件。在此后 20 年的发展中，德国由一个分裂和羸弱的国家成为一个统一的、军事强大、经济势力雄厚的欧洲列强之一，普法战争和德意志帝国的建立，对世界格局有巨大影响。德国统一后在 20 年内，一跃成为欧洲大陆头等强国，在某些部门超过英国和法国，改变了过去俄国、法国、奥地利主宰大陆的局面，使欧洲国际格局发生了根本变化。但是德国的统一是普鲁士通过王朝战争实现的，在政治上和经济上保留了浓厚的封建残余，泛滥的军国主义和霸权主义野心结合在一起，使德国成为欧洲军国主义的堡垒。①

（二）美国统一战争对中国维护国家统一的启示

维护国家的统一，必须坚决制止分裂国家的行为。在这个问题上，美国统一战争对美国国家统一的坚决维护，以及这种维护对美国崛起的作用，就是一个成功的范例。

美国著名历史学家孔华润（沃沦·I. 科恩）在他主编的《剑桥美国对外关系史》中指出："亚伯拉罕·林肯在 1860 年 11 月当选后不久，南部诸州开始脱离联邦。1861 年 2 月，它们成立美国南部邦联同盟，武装冲突旋即爆发。1861 年 6 月，在内战的第一场激战中，南部邦联在华盛顿远郊布尔溪取得大胜。这场战争一直持续到 1865 年春，成为到此时为止的美国历史上的最残酷的冲突，其代价远远超过了从滑铁卢到 1914 年间的任何一场欧洲战争。当然，北方最终打败了南部邦联，但有那么几年，这个结局却是大有疑问的。如果欧洲各国——在许多可能的方式中采用任何一种——帮助南方的话，结果很可能就迥然不同，正如被打败的南部邦联总统杰斐

---

① 王绳祖主编：《国际关系史》第 2 卷，世界知识出版社 2006 年版，第 433—434 页。

逊·戴维斯后来所说的那样。他的南方政府千方百计地争取（外国）干涉，而林肯政府同样地百般努力，而且更加成功地阻止了干涉。"① 孔华润（沃沦·I. 科恩）还说道："1866 年，一家英国杂志《观察家》不无嫉妒地指出：'不再有人怀疑美国是一个一流强国了。这样一个国家，冒犯它会很危险，进攻它几乎不可能。'从直接意义上讲，这个评论反映了联邦通过内战胜利而巩固了国家地位。从更大的角度看，它反映了诞生 90 年以来共和国实力的急剧增长"。"内战结束时，全国人口超过了 3500 万，英法两国则稍为逊色。美国的工业总产量虽然还大大落后于英国，但大体上与法国相当，并超过了其他国家。美国的农业产量居世界首位。领土面积从 1783 年不到 100 万平方英里扩大到超过 300 万平方英里。战争结果证明了共和制政府的生命力。"②

　　没有对分裂势力的坚决打击，就不能维护国家的统一。美国的南北战争就是一场反分裂、反干涉的战争。1860 年 12 月，南卡罗来纳州首先宣布退出联邦。1861 年 1 月，佐治亚、佛罗里达、阿拉巴马、密西西比、路易斯安那 5 个州也跟着退出。这 6 个州联合起来确定自己的宪法，建立自己的议会，选举出自己的总统，于 1861 年 2 月宣布成立"美利坚同盟国"。1861 年 5 月，得克萨斯、阿肯色、田纳西、北卡罗来纳、弗吉尼亚，也都退出联邦加入"美利坚同盟国"，这样，美国南部 11 个州、1/4 的领土、1/3 的人口，分裂出去，在国家一分为二的危险情况下，以英国为首的欧洲各个大国对美国内战的干涉没有能够阻止美国的统一和崛起。林肯政府勇敢应战，经过 4 年的艰苦战斗，终于制止了分裂，捍卫了国家的统一。

---

　　① 〔美〕孔华润（沃沦·I. 科恩）主编：《剑桥美国对外关系史》上册，新华出版社 2004 年版，第 224 页。

　　② 〔美〕孔华润（沃沦·I. 科恩）主编：《剑桥美国对外关系史》上册，新华出版社 2004 年版，第 237 页。

美国从此发展蒸蒸日上。美国在捍卫国家统一的战斗中，付出了历史上最为沉重的代价。美国在两次世界战争和朝鲜战争中死亡总人数是 57.8 万人，而在南北战争中死亡的人数是 622000 人。美国内战中的士兵死亡人数，比美军在两次世界大战中加上朝鲜战争、越南战争中军事人员的死亡总数还要多。[①] 直到今天，美国人民仍然感谢当年林肯政府面对国家分裂所作出的英明决策和表现出来的无畏勇气，林肯也被认为是与开国领袖华盛顿一样伟大的总统。为了记取 62 万人用生命代价换来的统一成果，以民主自由标榜于世界的美国，在每一名公民的誓词中，把终于祖国，永不分裂，置于首位，放在了"自由"与"公正"之前。当年的美国人为什么要打那些想分裂美国的美国人，就是要维护国家的统一。美国统一战争对中国反对分裂势力、维护国家统一具有重要的启示意义，它启示我们，维护和实现国家统一的事业是神圣的，反对和制止分裂势力的斗争决不能手软，在迫不得已的时候，就要敢于和善于以军事斗争的手段粉碎分裂主义的势力，制止分裂国家的行为。而在这种维护国家统一的军事斗争中，革命军人要义无反顾，不怕牺牲，夺取胜利。

（三）让国家统一的文化基因长盛不衰

中国有国家统一至高无上、分裂国家罪该万死的人文传统。1945 年在中国的南方，美国政治家马歇尔主张蒋介石不要过江北，而中国国民党的领袖蒋介石则坚决不肯，他宁愿下野，也要北上统一中国。而在中国的北方，斯大林主张中国共产党不要南下过江，而中国共产党的领袖毛泽东更是不肯，毛泽东在拿下东北以后，以"不可沽名学霸王"和"横扫千军如卷席"的气概和气势，打过长

---

① 《争论中的国际关系理论》，世界知识出版社 2003 年版，第 240 页。

江去，解放全中国。斯大林曾经对蒋经国说："只要你们中国能够统一，比任何国家的进步都要快。"[①] 西藏自治区 120 多万平方公里，占中国面积的 12.5％。达赖喇嘛要求自治的"大藏区"占全国面积的 25％。达赖不仅获得了诺贝尔奖，而且是西方各国的座上宾。[②] 中国不允许"台独"、不允许"疆独"，也决不允许"藏独"。一切分裂国家的行为，在中国都是不得人心的。

让我们看看德国人的统一意识是何等的强烈。1990 年初，在德国还没有实现第二次统一的时候，联邦德国有关机构就德国统一问题进行了一次民意测验，在联邦德国（西德），竟然有 85％的公民赞成德国的统一，其中 27％的人表示愿意将自己积蓄的钱奉献给祖国的统一大业。在民主德国（东德），竟然有 90％左右的公民希望两德重新统一。[③] 两个德国的人民所具有的强烈的统一意识，为德国实现国家的第二次统一，提供了深厚的民意基础。

在朝鲜半岛上的朝鲜民族，也是一个民族、两个国家，他们的意识形态和社会制度不同，在国际上也曾经长期属于不同的阵营。但是不论是北部的朝鲜，还是南部的韩国，都具有强烈的国家统一的意识。2005 年 5 月，韩国公布的一项民意调查显示，将近半数韩国人表示，如果美国在没有征求得到韩国同意的情况下擅自对朝鲜宣战，他们将站在朝鲜一方。[④] 这充分表现了朝鲜民族的民族感情的纽带是何等坚固，表现了他们向往和支持国家统一的愿望是何等强烈。

强化国民的国家统一意识，是一个世界性课题。当今一些发达国家也面临维护统一、防止分离的问题。迄今为止，一些发达国家和发展中国家都没有解决语言民族主义和种族民族主义的抬头。甚

---

① 《环球时报》2008 年 4 月 30 日。

② 《环球时报》2008 年 4 月 30 日。

③ 齐世荣主编：《德国从统一到分裂再到统一》，三秦出版社 2005 年版，第 340 页。

④ 王小强：《史无前例的挑战——读美国近来战略研究》，香港大风出版社 2006 年版，第 194—195 页。

至像英国、法国、美国这些国家，也都面临分裂势力的问题。不仅有苏联的解体和南斯拉夫的分裂，其他国家例如加拿大、塞浦路斯、比利时、尼日利亚、印度、巴基斯坦、斯里兰卡、扎伊尔，也已经被分裂主义运动搞得手忙脚乱。这些运动导致社区纠纷甚至分裂和内战，其结果往往涉及这些国家的政治前途问题。[1] 当今世界一些国家面临要求分离或者自治的压力。例如，加拿大的魁北克人，比利时的瓦龙人和佛兰芒人，西班牙的巴斯克人等。[2] 根据统计，1990 年，联合国有 159 个成员国。[3] 而在 1990—2002 年，联合国增加了 32 名新的成员，平均每年有 3 个国家从旧的地图中分裂出来。在 1989—1999 年间，在 110 次战争中，只有 7 次不是内战。现在战争往往充当国家的分裂者，而不是国家的造就者。[4] 在全球化浪潮中也出现了分裂化和分离化浪潮，给世界的稳定带来影响，也引起世界的严重关切。中国作为世界上最大的发展中国家，在维护国家统一方面的悠久的文化传统和新中国建立以来维护国家统一的成功经验，已经成为宝贵的文化财富，受到世界有识之士的广泛好评。

三、爱国主义高尚——永远与伟大祖国共命运

爱国主义，是一种高尚的情怀，有了这种情怀，就能够有忠心报国的志向，就能够始终与伟大的祖国同患难、共命运。

（一）爱国主义具有超越意识形态和超越国界的魅力

国家利益至上，爱国主义高尚。强烈的爱国主义，是中华民族

---

① 《争论中的国际关系理论》第五版，世界知识出版社 2003 年版，第 682 页。
② 《争论中的国际关系理论》第五版，世界知识出版社 2003 年版，第 292 页。
③ 《争论中的国际关系理论》第五版，世界知识出版社 2003 年版，第 208 页。
④ 王小强：《史无前例的挑战——读美国近来战略研究》，香港大风出版社 2006 年版，第 200 页。

历史上无数仁人志士抛头颅、洒热血、无怨无悔的精神动力，爱国主义也是中国共产党人和革命军人的伟大的精神动力。周恩来曾经在回答一个美国来访者提问时，说自己首先是中国人，其次才是共产党人。[①] 这种首先是中国人，其次才是共产党人的政治信念，充分说明了爱国主义在共产党人心目中的分量和地位。

爱国主义不仅激励国内的人民，而且也是联结海外华人的纽带。2002 年 4 月，美国《新闻周刊》的调查发现，在美国大约有1/3的人认为华裔对中国比对美国忠心。[②] 爱国主义具有超越意识形态和超越国界的魅力。

在一个国家内部的政治斗争中，爱国主义可以化解冤仇、填平鸿沟、共同携手为国家出力。在中国，共产党和国民党在第二次国内战争中，曾经你死我活地在战场上打了 10 年，但是当日本帝国主义侵略中国、抗日救亡成为国家第一位的任务时，两个敌对的政党就达成了"停止内战、一致抗日"的共识，建立了抗日统一战线。在日本明治维新中，拼命反对明治政府而顽固支持德川幕府的海军副总裁夏本武扬，与明治政府武装对抗到最后，政府军参谋黑田清隆（后来出任第二届日本总理大臣）再三劝他投降，都被拒绝，但是他在拒绝信中写了简短的附言："我在荷兰留学时研究的《海律全书》，是关于国际法的独一无二的著作，将它焚于战火太可惜了，希望送给黑田参谋。"他退守最后一个阵地依然拼死顽抗，最后在政府军猛攻下，为了不使跟随他顽抗的 800 名官兵送死，决定自杀以换取官兵生命，被部下强行制止后被俘虏，成为新政权的阶下囚。黑田清隆非常赏识他的为人和才能，他说："死到临头，还把

① 国际战略研究基金会编：《环球同此凉热——一代领袖们的国际战略思想》，中央文献出版社 1993 年版，序言第 4 页。

② 王小强：《史无前例的挑战——读美国近来战略研究》，香港大风出版社 2006 年版，第 194—195 页。

对国家将来有用的书送给敌将，真是令人钦佩。"而他在 1872 年出狱后，不久就受到重用，出任驻俄国大使，并且授予海军中将军衔（当时是日本海军中唯一的将官）。1880 年出任海军卿（部长），后历任农商务、文部、外务大臣等职务，是著名的政治家、外交家。为日本的振兴发挥了重要作用。[①]

（二）爱国主义使人高尚

在近代英国历史上，有一位为了国家一生没有结婚的伊丽莎白女王，她被后人称为"童贞女王"。在女王的加冕典礼上，伊丽莎白将自己的一枚结婚戒指戴到自己的手上，表示她已经将自己嫁给了自己的国家英格兰，她的加冕典礼也是她的婚礼。在这一天伊丽莎白是个新娘，她将永远不会有其他的丈夫。这枚戒指后来一直伴随着她度过了 40 多年。她把自己的婚姻作为获取英国国家利益的政治外交资源。在登基后的 20 多年中，吸引和驱使一个个的求婚者为英国的利益付出和服务。这位"童贞女王"以自己的"独身"，有力又有效地维护国家的独立、谋求国家的利益。同莎士比亚一样，伊丽莎白女王逐渐成为英格兰民族自我意识觉醒时代的等同物。伊丽莎白女王对自己婚姻的处理是"英格兰民族主义"的最好体现，是英格兰爱国主义的理想体现。在她即位以后，不仅她的姐夫西班牙国王菲利普二世，还有瑞典国王、奥地利大公、法国国王、萨伏依公爵、安茹公爵等帝王贵戚，纷纷向她求婚。而她明白，与这些外国求婚者的任何一个结合，都可能使英国卷入欧洲大陆无穷无尽的矛盾和纠葛，危及英国的国家利益。因此她就围绕英国的国家利益，巧妙地进行"婚姻外交"，打好"女王婚姻牌"，用她的婚姻资源为英国赢得了巨大的国家利益，开创了帝王婚姻外交的世界记

[①] 《强国之鉴》，人民出版社 2007 年版，第 147 页。

录。她终身未嫁,用自己的"独身",有效地维护了国家的"独立"。但是伊丽莎白女王对此并不感到遗憾,她很满足做英国人民的"公共情人"的状况。温斯顿·丘吉尔说:"她和臣民的关系是长期调情的关系。"她对待英国臣民的这种脉脉温情的态度,使女王几乎赢得全体英国人的爱戴。女王的独身,被英国人看作是英国摆脱任何外来干涉或者控制的一种伟大行为。

一个国家的政治家有了强烈的爱国主义,就能够把自己的青春贡献给国家。一个国家的民众有了强烈的爱国主义,就能够为国家分忧,能够与国家同舟共济应对危机,度过困难时期。在 20 世纪 90 年代末的亚洲金融危机中,韩国国民爱国主义的自救运动就给世人留下了深刻印象。1997 年 11 月底,韩国总统金泳三发表致歉讲话,号召国民紧束腰带,节俭禁欲。韩国民众响应总统号召,都自觉降低消费标准。包括不去饭店,不购买奢侈品,朴素着装,限制婚姻的宾客人数和礼品数量,不送孩子去昂贵的辅导学校,不用或者少用私人汽车,不去国外旅行,等等。为了节约能源和粮食,韩国人下调家里的取暖温度,减少动物园动物们的伙食定量。韩国政府努力稳定物价,特别是稳定日用消费品的价格。金大中在 1998 年 2 月 25 日的总统就职演说中,把稳定物价作为重新振作经济的重要条件,他强调"没有物价的稳定,任何经济政策都不可能取得成功"。由于韩国消费品价格上涨幅度比东南亚一些国家小,没有发生像印度尼西亚那样因为物价暴涨而导致骚乱的灾难性局面。当时在韩国还兴起了一场民众售卖黄金和黄金饰品来帮助政府增加外汇储备的"解救祖国运动"。运动仅仅开展两天,有关部门就收到了超过 10 吨的黄金,价值超过 1 亿美元。当时韩国一家报纸报道,从 1998 年 1 月 5 日以来全国共收集到黄金总量 225 吨,用其中 196.3 吨黄金换回了 18.2 亿美元急需的硬通货,3.4 吨由中央银行购入,以增加外汇储备。这家报纸还说,总共有 349 万人也就是 23% 的韩国家庭参加了这场运动，平均每户提供黄金65克，其中大多数人是出售黄金，也有2.1万人无偿捐献，无偿捐献的总数量是187公斤黄金。有1734人以131公斤黄金购买政府债券。韩国人在这场运动中所表现出来的爱国精神，是支撑韩国人渡过金融危机的精神支柱。韩国人民的自救运动，使韩国不仅没有出现社会与政治动乱，社会治安状况比较好，而且进一步激发了韩国人的爱国精神。韩国在金融危机期间与印度尼西亚形成鲜明的对比。①

（三）深化爱国主义教育

报效国家的觉悟，主要来源于有效的爱国主义教育。培养公民和军人深厚的爱国主义情怀，必须高度重视并且切实抓好爱国主义教育。

法国是一个重视爱国主义教育的国家。普法战争后，法国社会要求历史学界提供法兰西民族是一个伟大民族的历史证据，要求整个国家加强爱国主义教育，这有力地促进了法国民族自豪感和自尊心的恢复，推动法国由普法战争的失败者重新成为"伟大的法兰西"。法国在1881—1882年通过的法律规定：不论家境贫富以及家长是否愿意，凡是7岁到13岁的儿童必须接受初等教育，即使是已经超龄的少年，也必须通过补习参加初等文凭考试。为了坚定青少年的共和观念，加强爱国主义情感，法国的费里政府决定在中小学校增设道德与公民教育课，并且放在首位。强调共和国学校应该"培养法国青年勇于奋斗，热爱真理，准确不苟和服从命令"，促使"他们投身于创造的民族共同体中，为社会各个方面的进步而奋斗。"法国重视加强师范教育，提高师资水平，规定只有获得考试合格证书的人，才有资格执掌教鞭。并且大幅

---

① 王绳祖主编：《国际关系史》第12卷，世界知识出版社2006年版，第351页。

度提高教育经费，使教师的工资待遇、社会地位都有了显著的提高。在法国当时众多的行会或者职业团体中，像教师那样整体地、热情地赞同共和国者，堪称绝无仅有。其中虽然包含感激的成分，但是教师确实成为共和国大厦的柱石。例如乡村的小学教师始终以令人感动的虔诚把一首《从军歌》教给一代又一代的农家孩子：共和国号召我们，我们要懂得胜利或懂得牺牲，一个法国人应该为共和国而生存，一个法国人应当为共和国而献身。类似于这样的《从军歌》式的教育，对于法国广大民众在第一次世界大战爆发的时候像火山一样喷发的爱国主义情绪起了巨大作用。在这一时期历史课也受到广泛重视。公民教育课也讲授历史。法国的一些历史学名家发挥了很大的作用。当时的巴黎大学教授巴黎高等师范学校校长，被法国人赞誉为"整个法兰西民族的历史教师"的法国一代史学宗师欧内斯特·拉维斯，亲自执笔撰写了数本充斥着共和主义精神的小学《法国史》教科书，用生动形象的事例描述了法国人民走向统一、走向共和、走向自由和民主的进程，使青少年受到深刻的爱国主义教育，为自己是法兰西民族的一员而自豪。这些历史教科书都再版几十次之多，发行几百万册。[①] 法国能够赢得第一次世界大战，费里的教育改革功不可没。费里时代以来的小学不仅是世俗的、免费的、义务的，而且他还成功地把爱国主义情感的培养融入了自己的教育之中。当时由拉维斯这位著名史学大师亲自主编的小学教科书《爱国主义义务》的最后一段写道："保卫法兰西，就是保卫我们生于斯的土地，这是世界上最美丽富饶的土地。保卫法兰西，我们的一举一动，要像祖国好儿女一样。我们要履行对我们祖先应尽的义务，许多世纪以来，他们历经千辛万苦，创建了我们的祖国。法兰西是最公正、最自

---

① 齐世荣主编：《法兰西的兴衰》，三秦出版社 2005 年版，第 158—160 页。

由、最人道的祖国。为了自己，战争是正义的；为了保卫共和国，战争更是神圣的。"①

爱国主义，是国家和民族的凝聚力，爱国主义能够造就保持民族气节的爱国志士。而丧失爱国主义的人，就会在外敌面前卑躬屈膝甚至叛国投敌。晚清时期中国的腐败和落后，不仅表现在经济上、政治上，而且表现在一些官员和百姓爱国主义精神的丧失。从中国晚清年代一直到抗日战争时期，在中国出现的"汉奸现象"，就暴露了这方面的严重问题。描写鸦片战争的电影写的是华人和夷人之间的血战，另外有历史记载，"夷人全是恃汉奸"。遍布全国的鸦片营销网络，全部由华人建设经营。当军队和英国军队开战后，汉奸不仅帮助英国军队刺探军情，为英国军队通风报信，献计献策，指向带路，而且和英国军队并肩作战、冲锋陷阵，奋勇杀同胞。当时在英国军队中有 2500 名中国志愿兵，每个人有两身制服，每个月有 9 两银子的津贴、伙食费。1860 年英国和法国军队在进攻天津的时候，英国将军惊讶中国汉奸奋不顾身，当联军被护城河阻隔，汉奸英军就跳进深到颈部的河水，把梯子扛在肩膀上，让进攻的法国军队从自己的头顶上爬过去，这些华裔英军都受到奖赏。1900 年八国联军进入北京，在英国和法国联军列队入城时，清军士兵是夹道跪迎，居民观者如市，麻木不仁。侵略者在烧杀之后还大夸海口说："3 万名德国或英国步兵，加上 1 万名法国骑兵，就能够打垮中国的全部部队。"侵略者如此大言不惭，一个重要原因，就是他们能够从威海卫调来英国军队中的中国军团，能够从香港调来英国军队中的香港军团，他们同中国人作战都是奋勇争先。1900 年 7 月 13 日，在对天津城发起总攻的联军中，有一支担任攻城任务的主力部队，他们高举英国国旗，每人有来复枪，胸前挂着 5 个子弹

① 齐世荣主编：《法兰西的兴衰》，三秦出版社 2005 年版，第 185 页。

袋。在攻击中发出杀、杀的呼喊声，这支英国军队除了军官之外，全部是中国人。在后来的中国历史教科书上，那一天到达天津租界的各国军队的数字记载是清楚的，其中英国军队是 250 名。这些所谓英军，实际上是四个连队的中国青年。后人悲愤中国人亡中国，八国联军加上中国，实际上是九国联军打败了中国。抗日战争中，为日本征服中国出力的中国军团规模庞大，名目繁多。他们都是由日本军队装备、训练、补给和指挥控制。为日本军队把守点线，帮助日本军队清乡、扫荡，进攻抗日根据地。汉奸队伍有华北"治安军"，蒙绥"蒙军"，华中"绥靖军"，苏豫"皇协军"，广东"和平建国军"等。这些汉奸部队按照军师旅整编成三个方面军、三个集团军。抗日战争胜利后，国民政府裁军，当时各个地方的伪军有 50 多个单位，大约 90 多万人。中国伪军如此人多势众，不仅在轴心国曾经占领的那些国家，而且在人类历史上都是世界之最。[①] 林则徐家书记载：我军作战，汉奸随时通报消息。英国军队中的"中国军团，1898 年组建，到 1906 年因为军纪、经费和兵源等问题而解散。直接指挥中国军团作战的英国下层军官巴恩斯在回忆录中赞扬军团中的中国青年说'中国军团在战斗中毫不逊色地承担了自己的责任，他们为和自己的威海老乡对抗感到骄傲，这无疑证明他们完全可以信赖。……他们守纪律，听从指挥，勇敢，吃苦耐劳，射击水平很高，吃饭不挑食物，只要数量充足就行。……天津作战结束后，英国陆军部特别设计了一种徽章作为中国军团的团徽，镶嵌在中国军团士兵的帽子和衣服领子上，那是中国的一座城门，城门的拱顶上用中文写着'天津'二字，城门下方写有'中国军团字样'，在这四个字的上面是'天津'二字的英文拼写。1902 年，中国军团的 12 名士兵被特别挑选出来，代表中国军团到达英国本土，参加了

---

① 王小强：《史无前例的挑战——读美国近来战略研究》，香港大风出版社 2006 年版，第 76—79 页。

国王艾德华七世的加冕典礼。'"①

我们是中国人，是中华民族，要有向心力和凝聚力，要抱团。要爱我们的国家和民族。爱国主义是反对分裂、少出汉奸、维护国家统一的思想武器。卖国求荣的"汉奸"思想，在当代社会中仍然存在。北京大学有个教授叫焦国标，他在互联网上发表的诗中说："我要当兵就当美国兵，要死我愿意死在美国的'爱国者'导弹下"。这位焦国标教授跑到美国后发表文章说："我要是中国领导人，我要一元钱就把中国卖给美国，做美国的第51个州。"这简直就是一个现代汉奸的典型嘴脸。比"台独"还坏，"台独"是要分裂国家，自己成为独立国家，而焦国标式的人物，是要把自己的国家用一元钱的价格卖给别的国家，并入别的国家。抗日战争时期中国的汉奸队伍庞大，许多抗日英雄不是死在敌人的枪口下，而是死在叛徒和汉奸的出卖和从背后打来的黑枪。这是中华民族的耻辱。这种劣根性现在在一些中国人身上也表现突出，这要引起我们的高度重视。

我们看日本大和民族也有内争内斗，但是一旦涉及到对外斗争，包括对外侵略扩张，就是举国一致。1937年日本挑起全面侵华战争后，日本著名作家永井荷风在《断肠亭日记》中记述了他所见到的国民心态："对于军国政治毫无不安，对于战争更不恐惧，莫如说似乎是喜欢的状态"。著名学者家永三郎在《战争责任》一书中写道："一般国民的大多数，虽然通过学校教育等途径被灌输了军国主义精神，但是他们自己主动地积极支持战争，尽可能为进行战争出力，也是明显的事实"。他还指出："怀有明确的厌战、反战意识的人是少数例外"。② 在日本包括当年以日本共产党为首的左翼

① 王小强：《史无前例的挑战——读美国近来战略研究》，香港大风出版社2006年版，第310—323、93页。

② 齐世荣主编：《日本——速兴骤亡的帝国》，三秦出版社2005年版，第280页。

力量，虽然对日本出兵海外侵略扩张在开始也能够旗帜鲜明甚至英勇无畏地进行反战反法西斯斗争，但是从 1933 年起，日共中央委员长佐野学、日共中央委员锅山贞亲带头转向，开始刮起"转向风"，而在 1937 年后，以集团转向为主的转向风越刮越厉害。根据司法省 1942 年 10 月统计，被起诉的共产主义者共 2440 人，他们是属于骨干、中坚分子。其中转向的 1246 人，准转向的 1157 人，未转向的仅仅 37 人，占 1.5%。转向与准转向在程度上有所不同，后者是思想上还有某种保留，但是在政治上放弃原来的立场。用官方的话来说，两者有着基本的共同点，都是从"非国民"回归为"国民"，拥护或者接受天皇制法西斯国家及其内外政策。这种普遍的转向风，在当年的世界上是独一无二的。而中国的汉奸数量之多在当年的世界上也是独一无二的。日本不少人由反对战争到支持战争的转变，自然与严重残酷的迫害有关，但是更为深层次的原因是与社会传统有关。在举国一致的浪潮下，他们成为孤立的"非国民"，不仅受到社会的压制，而且得不到家庭和朋友的理解。迫使他们重新回归家庭、社会和国家。日本司法省于 1933 年、1936 年、1942 年对转向动机作过三次调查，按照一人一种主要动机来统计，根据最后一次统计，"因囚禁而后悔"的为 12.4%，而"国民（或民族）的自觉"的为 32%，因为"家庭关系"的为 28.2%，这是两个主要动机，而这两个动机是相通的，按照日本人的家国一致观念，回归家庭也即意味着回归国家。另外，"信仰、理论的改变"（占 14.6%）中也会包含"国民的自觉"。可以看出传统观念特别是国家观念是导致转向风的主要原因。[①] 日本人传统的群体观念、国家观念，日本人的神道和武士道精神中的忠诚、纪律、牺牲等因素，在明治维新的改革图强之时，曾经发挥了积极的作用，但是后来却

---

① 齐世荣主编：《日本——速兴骤亡的帝国》，三秦出版社 2005 年版，第 281—282 页。

被引导到支持侵略战争和法西斯统治，走上了邪路。

　　有人认为现在是经济全球化，爱国主义不像过去那么重要了。其实在经济全球化的大潮中，每个企业和个人的生存和发展，都离不开国家这艘大船。爱国主义是国家最大的竞争力和凝聚力。

第九章

献身强军卫国的光荣使命

当代革命军人核心价值观的第四个内容，就是"献身使命"。献身使命，要求建设强大军队，充分展现当代革命军人的时代价值。

当代革命军人"献身使命"，首先，是要从"富国强军"的大局，认识新世纪新阶段军队的历史使命；其次，是要从履行使命的客观需要，明确中国"强军"的标准；再次，是要解放思想，牢固树立与历史使命相适应的军事理念。

一、从"富国强军"的大局，认识当代军人的使命

当代革命军人履行历史使命，是在"富国强军"的大局下进行的；我军新世纪新阶段的历史使命，也是由中华民族"富国强军"的大局所要求、所决定的；我军履行历史使命也是要服从和服务于"富国强军"的大局的；而我军只有成为一支真正强大的"强军"，才能够有效履行自己的历史使命，因为一支"弱军"是没有力量和能力履行历史使命的。所以只有从"富国强军"的大局去认识当代军人的使命，只有从建设一支强大军队的历史要求，去看待军队和军人的历史使命，才能够站在一个新的历史起点上，站在一个战略制高点上，深刻认识其重大意义，增强履行历史使命、献身历史使命的紧迫感和自觉性。

（一）"富国强军"的大局，要求建设一支强大的军队

国防和军队建设，在中国特色社会主义事业总体布局中占有重要地位。必须站在国家安全和发展战略全局的高度，统筹经济建设和国防建设，在全面建设小康社会进程中实现富国和强军的统一。中国特色社会主义是"富国强军"的社会主义。"强军"，是中国特色社会主义的一个重要特色；坚持国防建设与经济建设协调发展，是中国特色社会主义的一个重要方针；中国特色社会主义是和平的社会主义，也是强大的社会主义，中国特色社会主义只有成为强大的社会主义，它才能够成为和平的社会主义。

邓小平在 1985 年时就指出："中国现在是维护世界和平和稳定的力量，不是破坏力量。中国发展得越强大，世界和平越靠得

住。"① "中国的发展对世界、对亚太地区的和平和稳定都是有利的。""如果说中国是一个和平力量、制约战争的力量的话，现在这个力量还小。等到中国发展起来了，制约战争的和平力量将会大大增强。"② 这就提出和回答了两个战略问题：一是中国的强大与世界和平的关系；二是中国的强大与中国和平发展的关系。答案是什么呢？就是中国发展得越强大，世界和平越靠得住；中国发展得越强大，中国特色社会主义的和平发展就越是能够实现。

中国特色社会主义是和平发展的社会主义。和平发展的社会主义，不是不发展军事力量的社会主义。在有强权政治和霸权主义存在的时代，和平发展的社会主义必须是强大的社会主义。要认识和平与强大的关系，要通过强大来实现和平，通过强大来保卫和平。中国要实现和平发展、和平崛起，必须具备两个力量：第一个力量是维护自己国家的崛起能够不被外部的武力干涉所遏制、迟滞甚至被阻挡，就是要有保卫自己能够和平崛起的力量。第二个力量是要有维护世界和平的力量，不光是保证中国自己的国家有和平，而且要保证世界的和平，因为中国的和平发展的基础不只是中国自己的国家稳定不动乱、自己的国家和别的国家之间没有战乱，处于和平状态，而且需要世界的稳定与和平，因为现在是经济全球化，中国的国家利益已经国际化，世界上哪个地方不安定，都会影响中国的国家利益，都会不利于中国的和平发展、和平崛起。解放军要肩负起新世纪新阶段历史使命，必须为维护世界和平与促进共同发展发挥重要作用。中国如果没有强大的军事力量，既难以维护自己的国家安全，又难以在维护世界和平上发挥重要作用。

中国维护自己和平发展和维护世界和平的力量严重不足。美国芝加哥大学政治学教授，《大国政治的悲剧》的作者约翰·米尔斯

---

① 《邓小平文选》第 3 卷，人民出版社 1993 年版，第 104 页。
② 《邓小平文选》第 3 卷，人民出版社 1993 年版，第 105 页。

海默，在接受中国中央电视台《大国崛起》采访组独家采访的时候说："中国现在还没有很强大的军事力量，中国在军事上还很弱。""对于中国人来说，不发展强大的军事实力保护自己是非常愚蠢的。军事力量的竞争是任何时候都不会消除的。我想在将来，在中国和美国之间出现的竞争，很可能不会是意识形态的竞争，更可能会是经济实力和军事实力的竞争。"① 他说："你必须自己保护自己。保护自己的唯一方法，就是变得非常强大。"② 欧洲人曾经狂妄地宣称："对付中国人的办法，就是将他痛打一顿，再跟他讲道理。"现在这种议论是没有了，更多的是炒作中国威胁论，但是西方大国实际上并没有把中国军事力量放在眼中。中国军队和日本军队有两次比较，都是 200 万比 20 万。第一次是 1936 年，中国陆军 220 万，总数是世界第一。当时日本陆军 25 万，数量居于世界第八。但是半年之后发生"七七事变"，世界第一差点亡于世界第八。现在中国军队 230 万，总数仍然是世界第一，日本自卫队现在 20 万，中国军队和日本军队又是一个 200 万对 20 万，现在我们的力量怎么样呢？看看日本人是怎么看和怎么说的吧。日本防卫相石破茂说，中国军队有 200 万，日本自卫队只有 20 万，解放军规模虽然大，但是实力不强，中国国防预算虽然连续 18 年保持两位数增长，但是现有常规战斗力日本优于中国。我们完全可以说，日本人太狂妄了，但是我们中国人是否也有需要深思的东西呢？从世界最近 500 年来 9 个崛起大国的情况来看，没有一个是只有经济崛起、科技崛起，而没有军事强大的。中国的和平崛起，需要军事强大来保障。中国如果没有军事强大，就不能制止台独、维护和实现国家统一，也不能有效

---

① 中央电视台《大国崛起》节目组编著：《大国崛起》系列丛书《英国》，中国民主法制出版社 2006 年版，第 253 页。

② 中央电视台《大国崛起》节目组编著：《大国崛起》系列丛书《英国》，中国民主法制出版社 2006 年版，第 255 页。

捍卫世界和平。

中国古代兵书《司马法》有云："天下虽安，忘战必危。"希腊古训说："要想和平，就准备战争。"① 套用先贤的话，我们可以说：中国人在 21 世纪"要想和平崛起，就必须军事强大"。我们过去有句话叫做"枪杆子里面出政权"，我们现在也要具有"枪杆子里面出和平"的思想。现实的和平，总是靠枪杆子打出来的和平，是用枪杆子来保卫的和平。我们的国家安全、发展安全和崛起安全，不是上帝的恩赐，不是一种自然产生的物品，它是被创造出来的。这种安全在任何时候都是与力量和警惕紧密联系在一起的。大国的安全是有武器的安全，是有自卫能力的安全，而不是没有武器的、没有自卫力量的安全。我们今天是处在一个和平与发展的时代，今天国际事务中的争执，都要坚持用和平方式解决。但是在国际关系中，一切非军事力量的运用、一切非战争手段的运用，都是将国家的军事力量作为后盾。在复杂多变的国际关系中，军事力量始终是一只看不见的手。

（二）坚持经济建设为中心，警惕变成"经济民族"

富国强军，要求中国的崛起不能只是经济崛起，不能把以经济建设为中心变成了心中只有经济建设。新世纪新阶段的中国在经济崛起的过程中，要防止成为一个"经济民族"。韦伯说：一个民族要从经济民族转变为政治民族，成为政治上成熟的民族。按照韦伯的说法，经济民族是一个政治上不成熟的民族，其最明显的表现是醉心于"用经济学看问题的方式"，将民族的目标简化为经济目标。经济民族的特征：一是在制定经济乃至国家对外政策时，忘掉民族国家的政治使命，追求所谓超越民族国家的普遍价值。二是简单地

---

① 钮先钟：《西方战略思想史》，广西大学出版社 2003 年版，第 543 页。

将经济繁荣等同于国家强大。而富裕程度与安全程度是不同的。要有决心和能力把一部分财富转化为安全能力。[1]

经济民族是富裕而不强大的民族，是有"钱袋"而没有"子弹袋"的民族，是在其他方面舍得花钱而在国防和军队建设上舍不得花钱的民族。在这方面，大国崛起系列中的荷兰后期的情况就是如此。荷兰是一个由"舰队"防卫的"账房"，是由"舰队"防卫的"金库"。但是在1713年4月12日，在荷兰人与法国、西班牙、英国、瑞典缔结了和约，结束了西班牙王位战争以后，也结束了伟大的荷兰共和国的作用。在充当了一个多世纪的欧洲强国以后，共和国自愿从大国的行列中退出来。共和国的军队自我解除了武装，舰队在港口中腐烂，将军们和海军上将们解甲归田，领取退休金。将军的位置被披着长发和拥有大量金钱的外交官所取代。国家的金钱被用于购买和平——不惜代价甚至采取不光彩的手段谋求和平成为共和国的新国策。[2] 整个荷兰共和国的男男女女，那些在一个世纪前曾经在饥饿、围攻和瘟疫面前没有屈从外国意志和外国教会的人，他们现在变成什么样子了呢？他们也蜕化了，蜕化成为一群生活优裕和自满的食利者，他们的活力和进取心都已经烟消云散了。他们的金钱都用于投机活动。他们指望用利息维持舒适的生活。几亿盾的金钱仍然用于对外贸易和商业活动。此外还有大量用于投机的剩余资金。18世纪的荷兰共和国变成了世界上的大债主，阿姆斯特丹的股票交易所成为国际股票交易中心。在一片和平的享受财富的氛围中，荷兰人的性格发生了变化，这是一个缓慢的似乎在几十年里觉察不到的过程。而这种变化发生在对共和国危害最大的地方，就是对共和国作为欧洲一流强国的优势损害最大的地方，这就是1715年后共和国完全忽视了海军舰队建设。17世纪晚期，荷兰

---

① 阎学通：《中国崛起及其战略》，北京大学出版社2005年版，第199页。
② 房龙著：《荷兰共和国兴衰史》，河北教育出版社2002年版，第22页。

共和国仍然维持了一支拥有 120 艘军舰的舰队，其中 90 艘是运输船。50 年后，还剩下不到 50 艘军舰，而且其中只有 12 艘是有作战价值的。1696 年，共和国拥有 8 艘装备 90 多门大炮的"无畏战舰"。到 1741 年，共和国只有 1 艘这种军舰，而且已经服役 42 年，完全没有作战价值。30 年后，当军舰的吨位再次大量增加，英国和法国各有 2 艘装备了 100 多门大炮和 900 多名水兵，另外还有几艘各装备了 80 多门大炮的军舰时，共和国只有 4 艘装备 70 门大炮的军舰，而且其中有些大炮使用了将近一个世纪，是严重落后的武器装备。没有适当的海防装备，共和国就完全处于对手的控制之下，而且一定会丧失土地，尽管它的商人具有最好的能力。因为最好的商人，还必须有最好的军人。由于失去了建设舰队的兴趣，军官和士兵都过上平民生活或者迁移到其他国家，在有钱支付工资的外国海军中充当雇佣兵。荷兰作为当时的世界首富，却没有钱建设自己的军队，没有钱支付军人的工资，只好听任自己的军人到外国去当兵赚钱。从 1713 年到 1770 年大约 57 年里，其他 6 个省没有花费一分钱去维持舰队。所有以前留下的军舰，都任其停泊在港口中，逐渐腐蚀。曾经得到精心维护的海军现在陷于了令人感到耻辱的境地，没有一定的常规经费去维持舰队。最后，舰队的条件是如此恶劣，以致曾经是主要海上强国的荷兰共和国，不得不向外国招募海军军官。弱小的荷兰舰队多次把耻辱性的消息带回国内。在大西洋的荷兰商人和在北海的荷兰渔船面临任人捕捉的境地，从而使他们停止捕鱼活动。英国声称拥有搜捕运输战争禁运物资船只的权利，并且以此为理由经常扣押荷兰船只。阿尔及利亚海岸的海盗只有得到荷兰船只的贿赂才允许他们通过。在西印度群岛，海盗抢劫了荷兰价值数百万吨的货物，商人和贸易人员怨声载道。他们有时候向联省议会呈递请愿书，当设立了执政职务时，联省议会就把请愿书转呈给执政，而执政对这些问题的答复都是"马上考虑"。这种

"马上考虑"常常需要 5 年之久，而即使到那时，答复也是含糊其辞的。整个 18 世纪，共和国没有什么时候认真地改善舰队的条件以恢复它的战斗力。由于不愿意通过他的陆军和海军力量获得它应有的权利，所以共和国没有充分的理由埋怨敌对国家破坏了它的繁荣。实际上，荷兰共和国是自杀的。共和国中的一部分人极其严肃地宣称，如果没有进一步的保护，那么共和国将立即面临彻底的失败。18 世纪的荷兰人只是带着感激的心情接受给予他们的一切，当今天能够过上舒服的生活时，他们决不会考虑后天的事。① 一个国家可怕的事情是"有国无防"，荷兰共和国"有钱无防、富而不强"的历史教训在今天依然具有现实的警示意义。

（三）不搞军备竞赛，但是必须把握国际军事竞争的战略主动权

中国奉行防御性的国防政策，不搞军备竞赛，不对任何国家构成军事威胁。中国反对各种形式的霸权主义和强权政治，永远不称霸，永远不搞扩张。

苏联与美国进行军备竞赛的代价巨大、教训深刻。1965 年苏联军费为 326 亿美元，占当年国民收入的 15.2％。1981 年增加至 1550 亿美元，占当年国民收入的 21％，比 1965 年增长 3.75 倍。70 年代苏联累计的军费开支超过美国 20％～30％，1979 年甚至超过美国 50％②，这样一种军备竞赛显然对苏联是极端不利的，因为苏联如此巨大的军事投入缺乏有力的经济实力支持。根据苏联官方统计，苏联 1975 年的国民收入是美国的 67％，而根据美国国务院的计算，只有 53％。苏联的科技水平除了少数军事技术外，同西方的

---

① 房龙著：《荷兰共和国兴衰史》，河北教育出版社 2002 年版，第 41—42 页。

② 齐世荣主编：《15 世纪以来世界九强的历史演变》，广东人民出版社 2005 年版，第 346 页。

差距在不断拉大，计算机、生物工程、合成材料、石油化学工业等新兴部门落后欧美 10—15 年，劳动生产率不到美国的一半，而国防建设投资畸高。根据英国伦敦战略研究所估计，苏联的国防开支1955 年是 324 亿美元，1970 年大约增加一倍，达到 539 亿美元。1979 年又增加近两倍，高达 1480 亿美元。苏联军费开支大约占国民生产总值的 16％，而美国只占 6％。[①] 这样的军备竞赛只能使苏联陷于恶性循环之中，直到把自己拖垮。在冷战年代，全世界动用500 万科技人员（几乎占全世界科技人员总数一半）、60％的世界资源准备战争。在军备竞赛的阴影之下，世界和平与发展受到严重威胁。

苏联和美国军备竞赛的教训要吸取，但是吸取军备竞赛的教训，不是完全放弃在军事领域中适度和必要的战略竞争。世界著名军事情报机构简氏集团最近的评估报告指出：世界军费开支达到1.3 万亿美元，超过冷战高峰期的 1988 年的 1.03 万亿美元的最高记录。在苏联解体前后的 1990—1995 年是世界军费支出总额下降时期，此后就开始增加，最近 10 年特别是进入 21 世纪后，一直是持续增长。20 世纪 80 年代末，世界军费年均增长 2.5％，现在平均达到 6％。[②] 苏联和美国在过去的军备竞赛中吃了亏，而现在的俄罗斯吸取教训，不是降低军事现代化的水平，而是要建设更加强大的军事力量。俄罗斯现在的口号是"强大的军队——强大的俄罗斯"。普京总统多次强调：军事实力是俄罗斯重振大国地位的保证。普京强调：美国的国防预算几乎是俄罗斯的 25 倍，它们的家园早已成了堡垒。无可否认，美国人干得不错，而我们也应该把自己的家园建设得坚固牢靠。俄罗斯国防部长伊万诺夫说，现在俄罗斯军队建设有计划、有资金，主要任务是实现军队总体战斗力超过苏联军队最

---

① 《强国之鉴》，人民出版社 2007 年版，第 189 页。

② 《全球军费超冷战最高峰》，《环球时报》2007 年 11 月 19 日第 8 版。

高水平的目标。胡锦涛提出富国与强军的统一，就是要实现经济崛起与军事强大的统一。中国不能同发达国家搞军备竞赛，但是中国必须努力夺取国际军事竞争的战略主动权。这是国家安全的需要，也是维护世界和平的需要。而实现这样的目标，就需要中国走出一条新型国防现代化的道路。"北京共识"的提出者就认为，中国模式的一个重要方面是积极捍卫国家边界和利益，发展非对称国防，这是一种既不拖垮经济、又能够有效防御的国防。

冷战以后，世界军事力量失衡的问题严重。美国战略学家托马斯·巴尼特在《五角大楼的新地图——21世纪的战争与和平》中说："今天，美国花在国防上的费用基本上超过了世界其他国家的总和。把世界上所有国家花在国防上的费用加起来，美国一个国家的费用占了大约一半。当你意识到美国军队要驻扎在海外，而其他国家的军队只是驻扎在国内的时候，我们在所谓的'打出去的力量'上的优势，或者说把我们的军队送到远方进行战争的能力，简直就是压倒性的。……我们是世界的利维坦。"① "在世界历史上，我们是唯一拥有进行横跨全球的军事行动能力的军队。"② "在冷战期间，世界上的多数人分属于不同的超级大国，或者说是东方和西方的两个利维坦。如今只有美国才是潜在的世界安全的利维坦。没有牙齿的联合国不能承担这一任务，虚弱的俄罗斯或者一个没有统一的欧洲也不适合。正在崛起的中国，他们最近在为送出一个800人的大维和部队到刚果执行临时任务而感到兴奋，因此不能期待他们很快就能把一个25万士兵的军队送到波斯湾。只有五角大楼，与几个潜在的帮助者一起，例如英国和其前殖民地（例如加拿大、澳

---

① 〔美〕托马斯·巴尼特：《五角大楼的新地图——21世纪的战争与和平》，东方出版社2007年版，第211页。
② 〔美〕托马斯·巴尼特：《五角大楼的新地图——21世纪的战争与和平》，东方出版社2007年版，第160页。

大利亚、印度）才能够真正扮演利维坦的角色。"① 美国在二战后的工业总产值占世界总量一半以上，并且在世界范围内建立了以美元为中心的国际金融体系，同时向世界50个国家和地区派驻了军队。② 现在美国在世界各地大约40个国家建立有军事基地，或者享有建立军事基地的权利。美国的军事存在或大或小遍布联合国191个会员国中的132个国家。③ 这是美国世界霸权的军事网络。中国强军的目的、实现的道路和作用的模式不同于美国，但是中国要维护自己国家的海外利益，要维护世界和平与共同发展，就必须面对世界军事力量严重失衡的局面，在世界军事变革的大潮中，积极推进中国特色军事变革，夺取国际军事竞争的战略主动权。

（四）爱好和平的中华民族，必须大力弘扬尚武精神

中华民族是一个爱好和平的民族，又是一个具有尚武精神的民族，这是我们的优秀文化，是我们民族的一大优势。一个民族不爱好和平，就会侵略扩张，给人类社会带来灾难；一个民族如果缺乏尚武精神，就没有战斗意志和战斗力量，就难免被动挨打。我们不能因为自己是一个爱好和平的民族，就淡化了自己的尚武精神。富国强军，必须弘扬尚武精神，强化战斗精神。

一个国家和民族，其尚武精神的强弱，直接决定和反映着它的兴衰成败。罗马帝国的成功，从军事的角度来分析，主要有两大因素：一是由自由公民所组成的军队有强烈的爱国心，有高昂的士气，能够适应严格的组织纪律和艰苦的作战。二是罗马所特有的先

---

① 〔美〕托马斯·巴尼特：《五角大楼的新地图——21世纪的战争与和平》，东方出版社2007年版，第139—140页。

② 中央电视台《大国崛起》节目组编著：《大国崛起》系列丛书《美国》，中国民主法制出版社2006年版，第287页。

③ 齐世荣主编：《美国——从殖民地到唯一超级大国》，三秦出版社2005年版，第285页。

进的军事组织——"兵团",这是一种史无前例的最佳军事组织。这两个因素使罗马军队无敌于天下。罗马国家并不是人口众多的国家,但是军事动员程度很高,大约达到自由人口的10%,达到男性成年人口的30%。罗马与迦太基之间进行了长达118年的"布匿战争"。迦太基是历史比罗马悠久的文明古国,是商业国家和海洋国家。罗马人和迦太基人在性格和气质上有很大的差异。迦太基人缺乏理想,一心只想赚钱和享受。迦太基人虽然有经济优势,但是不论在城市和乡村,居民都缺乏尚武精神,国家被迫要从非洲人口中招募雇佣兵,兵员素质与罗马兵团难以匹敌。而罗马人则坚毅沉着,有奋斗到底的精神。因此,罗马人能够战胜迦太基人。罗马帝国建立之后,国威远播,四海升平,"罗马和平"是从公元70—378年之间的一段长达300年的和平。而正如史学家李维所言:"大国不可能长久维持和平,若无外患则必有内忧。"到公元117年,罗马帝国已经盛极而衰。[1] 19世纪初叶的军事理论家若米尼说:"柔弱无力是罗马兵团衰败的主因。那些士兵过去在非洲烈日之下作战,都一点不感到疲倦,现在在日耳曼和高卢的凉爽天气之下,反而觉得甲胄太重,所以罗马帝国的末日也就快到了!"[2] 到后期,罗马野战军中有一半成员都是由"野蛮人"所组成,原来由重步兵所组成的罗马兵团已经成为历史。到公元476年,罗马帝国灭亡。[3]

在西罗马帝国灭亡900多年后,东罗马帝国也灭亡了。公元330年,君士坦丁大帝在名字为拜占庭的旧希腊殖民地上建立君士坦丁堡城,作为罗马帝国的陪都。到公元364年,罗马分裂为东、西两个帝国。公元476年,西罗马沦亡,而东罗马直到1453年灭亡于土耳其人之手。如果从364年算起,则这个帝国经历了1089年。

---

① 钮先钟:《西方战略思想史》,广西大学出版社2003年版,第33—36页。

② 钮先钟:《西方战略思想史》,广西大学出版社2003年版,第51页。

③ 钮先钟:《西方战略思想史》,广西大学出版社2003年版,第33—37页。

拜占庭虽然发源于罗马，但是代表一种独立的文明，君士坦丁堡三面都有高墙环绕，是三角形状。除了沿海部分外，护城河宽60尺，防御工事非常坚固，有天下第一要塞之称。在1000多年中，曾经抗击多次围攻。根据统计，在617年到1453年之间，曾经受到25次围攻，而被敌人攻入的次数只有3次，其中又有两次是"十字军"的顺手牵羊。只有最后一次1453年是真正被土耳其人所攻陷。①1453年，当土耳其苏丹穆罕默德二世亲自率领20万大军，海陆并进，杀到君士坦丁堡城边时，拜占庭城外已经没有寸土，城内只有少量佣兵。虽然城中有居民百万，适合服役的男人有25万人之众，但是，当皇帝下诏招募自动投效的壮丁时，应召者只有4973人，加上西欧所派来的少数援军，总共有守军8000人，所以城墙上有许多地段几乎无人防守。当攻城作战达到高潮时，在一片震天的喊杀声中，城市内的百万居民除了祈祷奇迹的出现以外，就只好束手待毙。百万居民中出不了1万士兵，如此千年帝国怎么能不灭亡！1453年5月30日，拜占庭灭亡。②

马基雅维里认为，建军乃建国之本，强兵为治世之基。他当时眼看着像佛罗伦萨和米兰等意大利城邦，虽然拥有大量的财富，却既不能安内，又不能攘外，这使他深有感慨。他认为，经济过分繁荣，人民过分讲求福利，足以导致社会风气败坏，民族丧失战斗精神，于是国家的衰败就指日可待。③

"和平是和平的坟墓"。这样一句格言说明了一个深刻的道理，长期的和平环境会销蚀人们的尚武精神，会淡化人们的忧患意识，会解除人们的武装，而这也就是不祥和灾难的开始。所以在新世纪新阶段，在全民奔小康、上下讲和谐的时候，必须增强全民的国防

---

① 钮先钟：《西方战略思想史》，广西大学出版社2003年版，第62页。
② 钮先钟：《西方战略思想史》，广西大学出版社2003年版，第75页。
③ 钮先钟：《西方战略思想史》，广西大学出版社2003年版，第112页。

观念，弘扬中华民族的尚武传统，树立全军官兵的战斗精神。

"富国强军"，加强中国国防和军队建设，要防止几种战略思维上的误区和偏向：一是"强军不利于中国和平崛起的形象"，会助长"中国威胁论"的模糊认识。中国强大的目的不是威胁别人，而是保卫自己。二是把"不战而屈人之兵"，作为力量建设上的战略指导，立足于"不战而屈人之兵"来建设国防和军队，是要陷于被动的。三是用"遏制"战争代替"打赢"战争，没有切实把军事斗争准备置于"打赢"的基点上，也难以把握主动。四是把"赢得和平"与"赢得胜利"等同起来，也是有偏颇的。因为"赢得胜利"只能是竞争的结果，而"赢得和平"则可以是妥协、让步甚至是放弃的结果。五是把军队主要作为威慑力量来建设，而不是真正作为实战力量来建设，没有把立足点放在实战上，这也是要吃亏的。

二、从履行使命的要求，认识中国"强军"的标准

军队履行使命，靠的是力量。没有足够强大的力量，就难以履行使命。那么，根据履行新的历史使命的要求，中国在新世纪新阶段"强军"的目标和标准是什么呢？

（一）建设世界一流军力，是中国强军的战略目标

强军，要有目标。强军，要有标准。新世纪新阶段中国强军的标准和目标是什么？就是要锻造一支与中国的国际地位相适应，与维护中国国家安全和发展利益相适应，能够有效应对危机、维护和平、遏制战争、打赢战争，能够有效制止"台独"、维护和实现祖国统一的现代化军事力量。就是要建设一支能够维护世界和平和促进共同发展的世界一流军事力量。就是要建设一支能够全面有效履行历史使命的军事力量。就是要按照这样的一个强军的目标和标

准，把中国的国防事业推向前进，把中国的军队建设搞上去。

中国强军的标准，不仅是一个纵向自我比较的历史性概念，更是一个横向比较的世界性概念。关于强军的标准问题，胡锦涛同志在讲到中国军事力量的发展问题时，有一个重要的战略思想，这就是：一方面，中国军队的现代化建设不能同发达国家搞军备竞赛，决不能重蹈苏联和美国在冷战时期搞军备竞赛的旧辙；另一方面，又必须积极推进中国特色军事变革，努力夺取国际军事竞争的战略主动权。胡锦涛这一战略思想充满了军事辩证法。苏联解体之后，美国不仅没有减弱发展军事力量的力度和速度，而且加快了军事变革和军队转型的步伐，进一步巩固了其超级军事强国的地位，发展了其攻防兼备的绝对军事优势，加剧了国际战略力量对比的严重失衡局面。2004 年度全球军费开支达到 1.04 万亿美元，美国为 4550 亿美元，占全球军费开支的 47％，超过了排名在它之后的 32 个军费大国的军费开支总和。1999 年美国军费开支占其国内生产总值的 3.0％，2004 年则跃升到 3.9％。世界新军事变革的实质是新一轮军事竞争，中国在世界新军事变革的战略竞争中，决不能无动于衷，必须牢牢把握国际军事竞争的战略主动权。努力夺取国际军事竞争的战略主动权，就是新世纪新阶段中国强军的战略标准。

中国之所以必须夺取国际军事竞争的战略主动权，还因为当代世界军事正处在一个由机械化向信息化"代际"跨越的质变阶段。在技术装备上，美国军队不仅与发展中国家的军队形成了"时代差"，而且与其他大国的军队也拉大了差距。世界新军事变革有可能进一步拉大中国同世界发达国家在军事实力上的差距。从军事唯物论的观点来看，如果武器装备没有"时代差"，那么依靠强大的政治优势和灵活机动的战略战术，以劣胜优就有条件。如果有"时代差"，那就很难以劣胜优。用小米加步枪打败飞机加大炮，差距是机械化层次上的"阶段差"，而不是机械化和信息化之间的"时代差"。军事代差是致命之差，军事历史上鲜有在代差作战中以劣胜优的战例。所以，坚持中国强军的时代标准，夺取国际军事竞争的战略主动权，关系中国在世界军事战略格局中的地位，关系中国的国家安全命运。

建设世界一流军力是中国强军的目标。在这个关系国家安全发展、关系国家在世界战略地位的重大问题上，决不能有丝毫含糊和动摇。坚定中国的强军目标，建设世界一流军力，必须克服一些思想障碍，特别是在以下五个方面，要有正确的认识。

（二）中国军力，决不能定位在世界三流水平

有一种观点认为："中国的军事力量发展、国防现代化建设需要进一步明确目标，这个目标就是不以赶超美国为目的。""中国不需要建设美国式的军事力量，主要是安全上无此需要。""中国奉行'独立自主的和平外交政策'，实际上奉行不结盟政策，对其他国家没有承担直接的安全责任"，"中国不是美国那样的超级大国，也不搞霸权"。[①]

我们认为，在军事力量上赶超美国和建设美国式的军事力量是两回事，中国军事力量的建设有中国的特色，中国军事力量的结构有自己的式样，完全不需要照搬美国的模式。但是中国必须努力建设世界一流的军事力量，因为这恰恰是中国安全利益的迫切需要。建国以后，我们能够在艰难的条件下捍卫国家的独立、安全和主权，一个重要原因是中国军力在不断的提升中缩小了与强敌的差距。中国越是奉行独立自主的和平外交政策，越是奉行不结盟政策，就越是需要建设强大的军事力量。中国的军事力量越强大，就越有利于奉行独立自主的和平外交政策，就越是有利于坚持不结盟

---

① 见 2008 年 6 月 26 日《环球时报》楚树龙教授、林芯竹博士的文章《中国军力，赶超美国不是目标》。

政策。在全球化时代，中国的安全利益与世界的和平利益是紧密联系在一起的，随着中国的发展和进步，中国在国际舞台上维护世界和平、促进共同发展的责任，也越来越大、越来越重，中国对世界和平与共同发展的责任，要求中国必须具有强大的军事力量。美国的霸权是靠美国的军事力量来支撑的，而中国要履行制约霸权、维护世界和平与共同发展的使命，也要有强大的军事力量为依托、为后盾。

有的观点认为："中国的军事力量、国防现代化建设也不应该以俄罗斯的军事力量为目标和榜样。""中国没有特殊的利益，也没有必要建立与俄罗斯规模相同的军事力量。""中国不必以俄总体军事实力为坐标。"①

我们认为，中国的军事力量、国防现代化建设，确实也不必以俄罗斯的军事力量为目标和榜样，因为中国的国情、军情和俄罗斯不同，要走有中国特色的强军道路，要建设有中国特色的军事力量。但是，这并不能说明中国的军事力量必须要永远弱于俄罗斯。俄罗斯军事力量仍然是全球性的力量，这当然不错，但是难道中国的军事力量就命中注定永远只能是一支非全球性力量吗？难道只有美国和俄罗斯才有建设全球性军事力量的权利和需要，中国就没有这种权利和需要了吗？难道中国的军事力量必须永远是一支地区性甚至连地区性力量都不强的军事力量吗？说中国的军力目标，既不能赶超美国，也不能赶超俄罗斯，那么中国的强军事业就只能锁定在世界三流军力的水平上。为中国的强军目标设定这样一个上限，把三流军力作为中国国防和军队建设的目标，这是一个落后的目标，是一个挨打的目标。富国强军，是我们的奋斗方向。中国在"富国"上早已经超过了俄罗斯，中国在"富国"上还要赶超世界

---

① 见 2008 年 6 月 26 日《环球时报》楚树龙教授、林芯竹博士的文章《中国军力，赶超美国不是目标》。

上最发达、最富裕的国家。中国在"强军"上也不能落后，也要追赶世界上最强大的国家，要建设世界上一流的军队，要具有世界一流的军事力量。强军，就是要瞄着世界首强。在这个世界上，就国家整体军事力量而言，美国和俄罗斯的军事力量对中国占有很大优势。如果中国在强军的目标上，既不能赶超美国、又不能赶超俄罗斯，那么中国还有什么必要去"强军"呢，只是"富国"就行了。这等于取消了中国"强军"的任务。一个没有世界一流军力的中国，既难以安全发展，难以和平发展，也难以履行自己的大国责任，难以履行维护世界和平与共同发展的时代使命。

（三）"强"而不"霸"，是中国强军的境界

有的观点认为，中国军力不以赶超美国和俄罗斯为目标，"因为道理很清楚，中国不是美国那样的超级大国，也不搞霸权，更不是一个有能力在全球来保护自己安全利益的国家。中国现在不具备这样的能力，未来发展强大了，也不会像美国那样，把自己的军事力量伸展到全球各地去。"①

强大和霸权之间，没有一种必然等同的绝对关系。历史上的霸权国家，总是强大的国家，但是强大国家不一定就必然成为霸权国家。霸权国家总是把自己的强大，作为争霸和称霸的资本。霸权和扩张是需要强大的，但是强大并不必然导致霸权。中国不能因为不称霸就不强大。争霸世界，需要强大的军事力量；不争霸世界，同样需要强大的军事力量。中国要和平发展、和平崛起，所面临的最大阻力是霸权国家的遏制，没有强大的军事力量为后盾，是无法突破这种遏制的。中国的和平发展与和平崛起是不可阻挡的，中国必须建设不可阻挡的国家实力和军事力量。

---

① 见 2008 年 6 月 26 日《环球时报》楚树龙教授、林芯竹博士的文章《中国军力，赶超美国不是目标》。

一个国家在军力建设的性质上，不在于强大的"目标"是什么，而在于强大的"目的"是什么。中国建设强大的军事力量，不是要重复当年冷战时期美苏对抗、东西方对抗的老路，而恰恰是要防止和制止这种局面的重演。中国证明自己不称霸、不争霸的根本问题，不是在军力上永远弱于美国和俄罗斯，而是把自己强大的军事力量永远运用在捍卫自己合理的国家利益上，运用在维护世界和平与促进共同发展上。那种认为中国要不霸权就必须不强大，中国要不扩张就只能让美国和俄罗斯有全球性军事力量、中国永远不要去赶超美国和俄罗斯的军事力量的思维是奇怪的。

衡量一支大国军队的性质，最根本的也不是看这支军队是否是全球性的力量，而要看它是一支侵略性的力量还是一支和平性的力量。一支地区性的军事力量也会搞地区霸权，也会侵略别的国家的主权。而一支全球性的军事力量也并不必然就是侵略和扩张力量，不一定就是争霸世界的力量。中国的军事力量即使在未来赶超了俄罗斯和美国，也不能说就成为争霸世界的力量。中国即使将来比俄罗斯和美国强大了，也不能说中国就是一个霸权国家。霸权国家肯定是强大的国家，但是强大的国家并不一定就是霸权国家。中国的国家目标是"强而不霸"——追求强大而又反对霸权。中国的军队建设目标是强大而不侵略。中国越强大，对世界和平越有利。中国的国家利益需要中国军队的强大，世界和平与共同发展的利益需要中国军事力量的强大，一个富而不强的中国，不利于中国的国家利益，也不利于世界和平与共同发展的利益。强大，不会使中国扩张。强大，不会使中国变质。强而不霸，是中国军力的本质特征。

正因为中国现在是一个缺乏在全球保护自己安全和发展利益的能力的国家，所以中国才需要大力发展自己的军事力量。中国将成为一个不搞世界霸权的强大国家，将成为一个遏制世界霸权、维护世界和平的强大国家。而遏制世界霸权、维护世界和平，需要中国在军事力量上赶超世界上的霸权国家美国。中国的军事力量在未来不必采取美国式的世界驻军、世界存在的方式和模式，但是中国未来的军事力量必须具有能够在全球范围内有效维护国家利益、有效维护世界和平与共同发展的战略能力。

（四）领土比例，不是军力目标的决定因素

有的在论证中国军力目标必须低于俄罗斯时，认为中国之所以"没有必要建立与俄罗斯规模相同的军事力量"，一个重要理由是"俄罗斯有比中国大数倍的领土面积，包括亚洲和欧洲部分，都需要保卫。俄罗斯军事力量不都是针对包括中国在内的亚洲的，中国不必以俄罗斯总体军事实力为坐标。"我们说，领土面积的大小对于思考和确定国家军力目标，当然是一个重要因素，但它不是决定因素。一个国家军事力量的目标，主要取决于国家的利益目标、安全环境、物质条件。加拿大的国土面积是世界第二，但是加拿大的军事力量和它的领土面积十分不成比例，是名副其实的"大国小军队"。以色列国土只有数万平方公里，它的军事力量之强，超过了拥有几十万甚至是几百万平方公里领土国家的军事力量，是名副其实的"小国大军队"。新加坡是一个国土面积不足 600 平方公里的城市国家，但是无论经济力量还是军事力量，都堪称"微型强国"。中国的国土面积比美国还大 20 多万平方公里，按照领土面积与军事力量的比例，那么中国应该拥有超过美国的军事力量。事实上，世界各国军事力量的建设不可能按照"领土比例"去进行。当今世界任何一个国家都不可能主要依据自己的领土比例来确定军力目标。中国领土面积比日本要大 25 倍，比印度大三倍多。但是日本和印度从来就不是按照它们与中国的领土面积的比例来确定自己的军力建设目标，亚太地区和世界各国也不会参照这个"领土比例"思考军事力量的平衡问题，中国军力目标更不能按照"领土比例"来制定和宣示。

（五）国际法制，不是国家利益的根本保障

有的观点认为"中国和现在的其他国家一样，其海外投资主要依赖所在国法律和政府的保护，而不是依靠自己的军事力量保护。贸易是市场经济的活动，依靠市场经济的维护。至于海上运输线，平时的主要威胁是海盗等非法活动，战时可能是敌对国家的威胁，这些主要靠国际法、对外关系和国际合作加以维护。至于每一个自己船舶运输可能经过的地方，甚至是关键地带的安全，全世界恐怕只有美国一个国家才能够真正保卫，其他任何国家，包括俄罗斯、英国、法国、日本等都难以做到。这些国家要想保护自己的运输线，也只能靠国际合作。"

这种把国家利益寄托于国际法制的思想是十分危险的。现在的世界是讲法制的，但是现实的世界还不是一个法制世界，不仅有"强权政治"存在，也有"强权经济"存在。纵然是在经济全球化的潮流中，"市场"与"战场"的联系依然十分密切，当今的"石油市场"与"石油战场"，就有密切的联系。超级军力对国际法制的践踏也屡屡发生。国际法、对外关系和国际合作的积极作用在扩大，但是它们的局限性也很明显。一些国家把"关键地带的安全"视为国家生存和发展的生命线，在这样的地带是不惜一战的。当国际法、对外关系和国际合作等常规手段与和平杠杆失去作用的时候，军事力量就是最后的杀手锏。中国当然不需要在"每一个自己船舶运输可能经过的地方"都运用军事力量，但是在关系国家复兴和发展大业、关系国家核心利益的"关键地带的安全"，必须有保卫的决心和力量。说其他国家例如俄罗斯、英国、法国、日本等都难以做到，而其实它们是在加紧和尽力建设这样的力量。其他国家难以做到，并不能成为中国也不应该朝着能够做到的方向去努力的理由。难道其他国家难以做到的事情，中国就不应该努力去做了

吗？强大的军事力量正是维护国际法制、保持国际合作的重要保证。

（六）应对"中国威胁论"，不能弱化"中国威慑力"

这些年来，国际上一些人鼓噪"中国威胁论"。"威胁论"的逻辑是：强大就是威胁，别人的强大就是对自己的威胁。这等于说，新的年轻人的成长和强壮，就是对原来的成年人的威胁。但是一个人不可能因为别人感到威胁就不长大和不强壮自己。中国也不能因为西方的怀疑和担心而自限武功，把自己的强军目标锁定在世界三流的水平。

有人提出：日本、印度如把中国军事力量的发展前景看作是"威胁"和"对手"，那则是它们自己的事，是他们自己需要解决的自己的问题，不是中国要解决的问题，"中国的军事力量发展、国防现代化建设不应受日本、印度等国的舆论和态度的影响，因为它们很多舆论和态度是没有道理的，是不尊重事实，不公平、不公正的。"我们认为，中国人不仅对于日本和印度要有这样的应对心态，而且对于美国等其他西方国家，也应该有如此的战略思维。如果美国和其他西方国家把中国军事力量的发展前景看作是"威胁"和"对手"，那也是它们自己的事，是他们自己需要解决的自己的问题，不是中国要解决的问题。确定中国军事力量发展的目标，不是根据别人对中国威胁的感受程度，而是根据中国对自己受到威胁的感受程度。就是说，不能以别人感到不受威胁为标准，而是要以自己感到安全为标准。当今世界任何一个国家，对于本国军力的目标，都不是以国际社会的评价和感受为标准，而是根据自己国家的利益和条件来决定。中国尤其不能以西方国家对中国的担心和怀疑为军力目标的基本考量。

中国发展军力的目的，中国赶超世界先进军力的目的，中国建设世界一流军力的目的，不是为了威胁别人，但是它必然具有威慑力量。社会主义中国的强大军力，对于强权政治和霸权行为，对于分裂中国、遏制中国、甚至侵略中国的战略企图，是一种正义的威慑。这种正义的威慑是中国安全、统一与和平发展的需要，是世界和平与共同繁荣的需要。中国必须又好又快地发展自己的军力，中国必须具有强大的军事威慑力。中国军事力量的发展必须能够保证中国和平崛起的战略需求，中国必须建设能够突破霸权国家在军事上遏制中国崛起的军事力量，中国必须具有为实现中华民族伟大复兴保驾护航的军事力量，中国必须建设令霸权国家有所顾及、感到威慑、使它们不敢轻举妄动的军事力量。中国越强大，就越是有利于中国的和平发展，有利于世界的和平与繁荣。因此，建设一流军力、赶超世界强国，是中国强军的目标。

（七）中国"强军"的战略机遇期

当代革命军人献身使命，必须紧紧抓住中国"强军"的战略机遇期，开创国防和军队现代化建设新局面。胡锦涛在党的十七大报告中指出："当今世界正在发生广泛而深刻的变化，当代中国正在发生广泛而深刻的变革。机遇前所未有，挑战也前所未有，机遇大于挑战。全党必须坚定不移地高举中国特色社会主义伟大旗帜，带领人民从新的历史起点出发，抓住和用好重要战略机遇期，求真务实，锐意进取，继续全面建设小康社会、加快推进社会主义现代化，完成时代赋予的崇高使命。"我们面临的战略机遇期，既是"富国"的战略机遇期，也是"强军"的战略机遇期。党的十八大报告要求："紧跟世界新军事革命加速发展的潮流，积极稳妥进行国防和军队改革，推动中国特色军事变革深入发展。坚持以创新发展军事理论为先导，着力提高国防科技工业自主创新能力，深入推进军队组织形态现代化，构建中国特色现代军事力量体系。"我们一定要认清国际形势的发展变化和我国安全形势面临的新情况新特点，认清我国经济社会发展和国防建设的阶段性特征，进一步增强加快国防和军队建设的责任感和紧迫感。可以说，本世纪头 20 年，既是国家经济社会加速发展的重要时期，也是国防和军队现代化建设加速发展的重要时期。我们完全有条件也完全有信心把国防和军队现代化建设搞得更好。可以说，中国国防和军队建设正面临着建国以来最好的战略机遇期。在这个战略机遇期中，中国国防和军队必须也完全能够快速发展。

新中国成立以来，我们在富国和强军的关系上有三个阶段：

第一个阶段，是在新中国成立以后的 20 多年里，面临敌对势力严重的军事威胁，为了捍卫新中国的独立和主权安全，虽然经济基础差，也要军费高投入，被迫在"穷国"的基础上"强军"。

第二个阶段，是在改革开放以后近 20 年的时间里，为了国家经济建设大局，军队贯彻"忍耐"方针，在国防和军队建设长期"忍耐"的基础上"富国"，虽然加快了"富国"的步伐，却迟滞了"强军"的进程，军队硬件建设多年停滞不前，武器装备严重落后，与世界大国军队现代化的差距拉大。

第三个阶段，是进入新世纪新阶段以后，在国家经济几十年高速发展、综合国力大为增强的基础上，坚持"富国"与"强军"的统一，在"富国"的过程中"强军"。

可以说，新中国成立以来，我们始终是在"穷国"的基础上"强军"，西方世界说我们勒紧腰带搞国防，穿不上裤子也要造原子弹。现在我们终于有了条件，可以在国民经济持续高速发展的物质基础上，在"富国"的同时"强军"，在"富国"的进程中"强军"。这是中国国防和军队建设科学发展的新阶段。我们一定要紧紧抓住这个强军的战略机遇期，积极进取，有所作为，不断努力开创国防和军队建设的新局面。

三、树立与历史使命相适应的军事理念

献身使命，要求当代革命军人深入解放思想，切实树立与新的历史使命相适应的新的军事理念。包括坚决捍卫党的执政地位、维护国家发展的战略机遇期、维护世界和平与促进共同发展等重要理念。这里重点阐述以下几个理念。

（一）树立"英勇善战"观念

军队履行使命，军人献身使命，最重要的一条是英勇善战。既要有应对多种安全威胁、完成多样化军事任务的能力，更要突出"打赢第一"的要求，加紧我军作战能力的建设，有效提高战斗力，切实过好"战争胜利关"。现代军队的职能和任务越来越多样化，但是军队的根本职能是打仗，时刻准备打仗以夺取战争胜利，始终是推进军队建设的根本动力。我军在新世纪新阶段的历史使命，不只是限于打仗，不是"打赢唯一"，但是能够在军事斗争中立于不败之地，能够在战场上取得胜利，始终是军队履行使命最过硬的标志，必须强化"打赢第一"的观念。

要树立"必有一战"的思想。军人的思想观念中最重要的是打仗的思想观念。做好军事斗争准备，必须准备打一场"中国统一战争"。当年美国的南北战争，实践的是"枪杆子里面出统一"的原则，美国人成功地用枪杆子制止了国家的分裂，捍卫了国家的统一。当代中国军人不能把实现国家统一的希望寄托在"不战而屈人之兵"上。我们要力争和平统一，但是必须丢掉和平幻想。有人说，中国军队多年没有打仗，这在世界大国军队中是少有的。中国军队要防止不敢打仗——缺乏战斗精神，不会打仗——缺乏现代军事素质，不能打仗——缺乏良好准备的问题。其实，这也是古今中外一些长期不打仗的军队最容易患的"和平病"。我军缺乏大规模

联合作战、信息化条件下作战的经验，缺乏海洋岛屿作战的经验，要警惕成为联合作战和信息化作战的新型"军盲"。国外有的军事专家认为，在世界大国军队中中国军队是最需要准备打仗的军队。而多年来一些中国军人打仗的思想严重淡化，一段时间内，一定程度上，一部分官兵不是真打真准备，而是"喊打喊准备"。做好军事斗争准备，要上级领着下级实干，不能一级跟着一级空喊。缺乏真打实备的思想，不仅是军人的问题，整个国民的国防意识淡化的问题，也值得高度警惕。以色列、瑞士的人防工程能够掩蔽全国将近100％的人口。朝鲜在 2000 年 3 月 5 日，首都平壤举行防空演习，15 分钟内，全市 100 万人口全部转入地下。台湾的民防设施也是世界一流。在台湾岛内 1000 人以上的集镇就建有防空避难设施，2 层以上公共建筑、3 层以上楼房通常建有坚固的地下室。台湾城市之间主要道路，每隔 10～20 公里就修建人防工事，基本保证人人都有地下避难设施，其中台北、基隆、高雄三个城市的人均地下避难设施达到 3～4 处。相比之下，我们在这方面的工作做得怎么样呢？

要增强打仗的能力。打仗的思想淡化，必然导致打仗的能力弱化。有的军事分析家认为，中国军队捍卫党的执政地位的能力可以，保卫国家领土的能力可以，抢险救灾的能力可以，反恐维稳的能力可以，但是在与强敌打高科技战争的能力方面有差距，这是中国军队最大的战略忧虑。还有的军事分析家认为，在军事变革中刚刚起步、正处在转型之中的中国军队，现在正处于一个危险的过渡时期，就是打传统战争的能力比过去减弱，打信息化高科技战争的能力还没有具备，这时是中国军队加速现代化建设的战略机遇期，也是中国军队的战略风险期。这些分析和看法，可能并不全面和准确，但是值得我们思考和警惕。现在部队建设确实存在一些深层次的问题，其中"三个滞后"在有的单位就比较突出：一是思想观念滞后。一些干部在很大程度上抱有守常、守成、守势心理，习惯于用传统思维想问题、抓工作，缺乏与时俱进、改革创新的勇气，缺乏对建设信息化军队、打赢信息化战争的深入研究，缺乏解决新情况新问题的新思路、新举措。二是人才队伍建设滞后。指挥与技术合一的指挥人才、部队急需的专业人才和高、精、尖的专家人才，都还非常缺乏。三是领导干部的能力素质滞后。集中表现在思维层次不高，科技素质偏低，指导部队建设特别是驾驭现代化战争的能力有很大差距。一旦真正打起仗来，究竟能不能做到措置裕如、稳操胜券，心中没有底数。

树立"打赢第一"的观念，要求我军不能打败仗，但是也不能打高代价的胜仗。不能不惜一切代价，去打那种"毙敌一万，自损八千"的高代价战争，不能把"打赢"变成"惨胜"。也就是说，既要打得赢，又要少牺牲。在未来军事斗争中，敢于作战、勇于牺牲的精神需要进一步加强，但是善于指挥、减少代价更是一个严峻的课题。需要进一步提高作战指挥艺术，需要在作战中加强对官兵和民众的安全防护，需要加大对官兵防护装备的投资。打赢低代价战争。

树立"打赢第一"的观念，既要求我们抓紧做好军事斗争准备，又要求我们在形势紧迫时果断出手，敢打必胜。美国兰德公司认为，中国共产党是一个用枪杆子夺取了天下的政党，是一个具有伟大军事传统的政党，是一个在军事思想、战略战术上富于创造精神的政党，是一个在军事斗争中运筹帷幄、具有强大战略优势的政党，在中国共产党领导和指挥下的中国军队，在军事斗争上历来有不按照常理和常规出牌的传统。中国军队作战的前提条件，并不完全考虑自己的准备情况和自己的能力，一旦在战略上迫不得已，就会断然出手，并且能够夺取胜利。我们这一代军人一定要继承和发扬人民军队英勇善战、战无不胜的光荣传统，用"打赢第一"的理念和能力谱写我党我军军事辉煌的新篇章。

（二）树立"海外利益"观念

在经济全球化的时代，国家利益必然超越国界，走向世界。当代革命军人必须适应经济全球化的发展，有效捍卫中国的"海外利益"。中国在改革开放的进程中，经济的发展越来越融入世界，国家的战略利益不断得到拓展，国家利益结构发生了很大的变化，正由内向型向外向型转变。国家的海外利益发展迅速。

国家利益在海外的迅速拓展，要求军队增强对海外利益的保护能力。我们过去是关起门来搞发展，那时中国的经济是内向型的，全部能源和绝大部分产品都是自给自足，在全部经济总量中与外贸有关的份额只有 5% 以下。现在不同了，2005 年中国 GDP 超过 16 万亿人民币，相当于 2.1 万亿美元，是世界第四位。2005 年，中国外贸总额超过 1 万亿美元，是世界第二贸易大国。在这种经济结构之下，国家的经济利益是一半在国内、一半在国外，中国经济已经融入全球化之中。一些外国人称，卡住了中国的海运，就等于扼住了中国的经济命脉，至少可以使中国的发展状况倒退一二十年。

保卫国家海外利益的一个重要内容，是为国家高速发展必不可少的战略资源提供安全保障。资源的有限性与发展的无限性是世界经济的基本矛盾。在现代市场经济中，不仅市场决定生产，而且资源决定生产。一个国家的实力不完全取决于该国的生产力总量，而是决定于该国是否能够绝对控制并且能够稳定获取世界资源的总量。一个国家在全球经济中的升降兴衰，不再单纯地决定于它所表现出来的财富总量，而是决定于保证这些财富不断产出从而使生产稳定、持续、健康发展的资源占有量。国家经济的失败，不再表现为国家财富的丧失，而是表现为国家生产这些财富的生产力以及支撑这种生产力的海外资源供应线路，特别是控制这些线路的军事力量的丧失。现代国家利益突出表现为国家的资源利益。资源是国家的生命线，资源不仅决定国家的发展，而且决定国家的生存；资源权不仅决定国家的发展权，而且攸关国家的生存权。国家失败的重要原因和标志，是对国家获取资源的军事控制力的丧失。现代地缘政治不再仅仅是一个争夺控制世界地理要道和控制世界市场的理论，它已经深化为以控制世界资源为核心的理论。以往的地缘政治是根据对手确定自己的战略，新的地缘政治逻辑则是"资源决定战略"：谁控制了资源，谁就能够控制对手、控制世界。现代国际政治在一定意义上说就是资源政治。

在战略资源中，石油是生命线，是现代经济的血液。西方政治家讲，一滴石油的价值等于士兵的一滴血。美国石油公司的井架在哪里出现，美国军队的舰船就会在哪里出现。美国专家指出，中国目前在全世界寻找能源，与4个地区30多个国家进行交易，如果中国经济持续高速发展，中国和美国的石油冲突难以避免。我国石油进口95％靠海上运输。美国在20世纪80年代就公布了要控制全球16条海上要道。西方报纸指出，目前是西方海上强权保证中国石油运输线的畅通，但是中国愿意让其他国家尤其是美国控制自己的石油运输线多长时间呢？现在一讲到国家利益拓展和战略资源，人们往往把注意力集中在石油上，其实中国13多亿人每天都离不开的粮油问题，也是一个战略忧患。中粮集团纽约公司一位粮食专家曾经提出中国粮食海外发展的战略构想，指出中国粮食安全比石油安全形势更为严峻。中国现在是世界上第二大石油进口国，也是世界上最大的大豆和油脂进口国，不久的将来还会成为小麦、玉米、棉花的最大进口国。目前，中国粮食进口掌握在少数几个国际粮商手中，一旦发生不测，是很危险的。世界粮食产量徘徊不前，1999—2005年6年间，有5年全球粮食库存呈下降状态。1997—2005年，中国小麦产量下降了近30％。专家建议必须放眼国家版图以外建设

"境外粮仓"，而南美洲和北美洲是世界粮食生产和出口的核心地区，为此必须把我们的触觉延伸到南北美洲，重点是美国、加拿大、巴西、阿根廷，在全球粮油生产和供应的源头，建立"境外粮仓"，建立我们能够掌控的粮食产供销体系。

保卫国家的海外利益，必须有效保护在海外的中国人的安全，维护海外华人华侨的权益。国家统计局早在1994年国民经济和社会发展的统计公报中就指出，在大陆以外地区居住有5500万华人，他们掌握有巨大财富，估计流动资产有2万亿美元，创造国民生产总值5000亿，这接近中国1993年的国民生产总值。这是10多年前的统计数字。改革开放以来，中国外资的80％是华人的投资。国际上把华人金融势力、犹太金融势力、伊斯兰金融势力并列为世界金融三强。目前，我国在海外139个国家和地区有中国企业近万家，每年出境的中国公民3000万人次，对外劳务输出300多万人。现在遍布世界各地的华人近6000万。仅仅在中国驻以色列大使馆登记的就有7000多中国人，以色列官方的统计数字则是3万人。也就是说，在以色列这片只有两万多平方公里的土地上，每平方公里就有1～1.5个中国人。他们在国外的安全和合法权益必须得到国家的有效保护。

（三）树立"境外用兵"观念

随着经济全球化的发展所带来的国家利益全球化拓展，世界出现了军事全球化趋势，突出表现为非侵略、非占领、非扩张、非霸权性质的新型"境外维和用兵"，成为维护世界和平的必要行动，成为促进世界共同发展的必要行动，成为捍卫国家利益的必要行动。当代革命军人必须立足于维护世界和平与促进共同发展，积极履行"境外用兵"的责任。例如，联合国会员国出兵参加联合国组织的维护和平行动，进行国际人道主义救援行动，进行国际联合抢险救灾行动，有关国家之间的联合反恐行动，保卫国家在世界热点地区的战略资源和战略通道安全的军事行动，像前不久中国派出海军舰队到索马里打击海盗的抢劫行为、保护中国船只安全等等。我军为国家利益拓展提供安全保障，我军为维护世界和平与促进共同发展发挥重要作用，都可能要有境外用兵的军事行动。因此，树立"境外维和用兵"的观念十分重要。

目前，在境外用兵和在境外建立军事基地最多的国家是美国。最近出台的美国四年防务报告指出：美国军队"为保卫国家的持久安全和捍卫美国的全球利益，每一天，大约35万名美国男女军人部署或者驻扎在世界各地的大约130个国家。"美国在重要战略资源地区和战略通道，建有200多个军事基地和设施、40个空间载体发射监测站。印度也加快建立海外军事基地的步伐，谋求海外军事影响的突破。美国的全球驻军是属于"霸权型"的。但是也不能由此得出一个结论，就是认为今后凡是"境外用兵"和建立海外军事基地，就统统是"霸权型"的。随着经济全球化的发展，随着军事全球化趋势的发展，将会出现一种新型的境外用兵和境外军事基地。这种境外用兵，不仅联合国会大量组织，而且在有的地区，国家之间也会协商组织。这种境外驻军和境外用兵，不是属于"霸权型"的，而是属于"保安型"、"维和型"的，就是保护国家的海外利益、境外利益，就是通过军事合作保护地区的共同安全利益，就是着眼于维持和恢复动荡地区和动荡国家的社会秩序、保护这些地区和国家的人权，是属于维护世界和平、促进共同发展而进行的"国际型"军事活动。最近几年，中国不仅在陆上同中亚若干国家进行了以联合反恐为目标的联合军事演习，而且在海上同俄罗斯等国家也进行了联合军事演习。到2006年10月31日，仅仅联合国维持和平部队就已经达到8万多人，来自全世界125个国家，达到历史最高水平。有些军事专家和战略学专家认为，在向海外派兵用兵、建立军事基地的问题上要有新观念，要做具体分析，区别不同的性质和类型，中国不走美国全球战略的路子，但是在攸关国家关键利益，且条件具备和时机成熟的情况下，适应国家安全与国家发展的需要，根据国际法的原则，也可以在关键地区、关键地点、关键时机，适度建立海外军事保障机制，提高战略支撑能力。前不久，美国国防部的一份秘密报告指出，中国用"项链战略"，正在沿着以中东为起点的海上航道建立基地，以便向海外投放力量，保护自己的石油运输。其中包括正在巴基斯坦瓜德尔港修建的一个新海军基地，中国已经在那里建立了电子监听哨。美国人的情报经常是虚假的和别有用心的。我们既要担当起在国际上维护世界和平和促进共同发展的责任，又要防止他们鼓噪中国威胁论，防止他们破坏中国在国际上的威望和形象。

国家利益的拓展，要求用兵观念的拓展，要突破中国不向海外派出一兵一卒的传统观念。这个问题中国在 1990 年就突破了。联合国最早是从 1948 年开始派遣维和部队，而中国则是从 1990 年首次向联合国维护和平行动派遣军事观察员。截止到 2006 年 2 月，中国军队已经先后向 14 项联合国维护和平行动派出维护和平军事人员 4500 多人次。现在中国军人仍然在联合国 7 个任务区执行任务，目前我军在国外执行联合国维护和平任务的军事人员总数达到 1500 多人。中国军人参加联合国维和行动以来，总共有 7 名军人牺牲了生命，联合国秘书长给他们颁发了勋章，表彰他们对世界和平事业的贡献。

海外用兵，包括国际救援特别是对海外侨胞的救援。1998 年 5 月印尼发生排华骚乱，1000 多名华人被屠杀，几万间华人房屋被烧毁，许多华人妇女被强暴，十多万华人出逃避难。他们曾经以各种方式向中国政府和中国军队求救。他们说，50 年前我们曾大力支持中国抗日战争，现在的中国不是很强大吗？请你们赶快来挽救我们吧！历史事实确实如此。中国抗战爆发后，海外华侨在"抗日救国"的旗帜下，同仇敌忾，出钱出力。其中贡献最大的是南洋800万华侨，有抗日救国组织702个。当时中国空军驱逐机飞行员中3/4是华侨。当时滇缅公路缺乏司机，爱国华侨领袖陈嘉庚就从东南亚招聘华侨青年回国当司机，奋战在滇缅公路上的3900名华侨青年司机大部分牺牲了，战后幸存者仅1784人。华侨戴汉杰卖子救国，将11岁儿子卖掉，得款折合300银圆，全部捐献给国内用于抗日战争。汪精卫叛逃，南洋华侨筹款100万元作为捉拿费用。在发生严重自然灾害、社会动乱、恐怖袭击、局部战争等特殊情况下，响应联合国的号召，遵循国际法的原则，依照政府的命令，按照国际的惯例，积极参与国际维和行动，积极进行人道主义救援，坚决维护和保卫海外华人和华侨的权益，是中国人民解放军的使命与责任。

海外用兵对军队战斗力建设特别是远程投送能力建设提出了新的要求。美国最近的四年防务评估报告指出：快速全球机动是未来军队战斗力的关键，必须把驻防型部队变成能够进行远征作战的部队。美国智囊机构认为，中国军队面临的巨大挑战是如何在未来几十年里由一支人数众多、侧重于国土防卫的军队转型为具有较强海外兵力投送能力的军队。他们认为中国军事力量的战略重心，应由国土防卫转移到保卫中国在全球范围内的经贸权益上来。显然，在新世纪新阶段，我军不能只是一支"陆战型"、"守土型"、"内向型"军队，不能只是一支保家卫国、看门守户的军队，必须是一支与大国地位相匹配、与国家发展利益相适应的强大军队，必须是能够为世界和平和全球共同发展作出贡献的大国军队，必须是具有攻防兼备双重战略能力的军队，必须是能够在国际危机中具有全球行动能力、可以发挥重要作用的军队。中国海军积极防御的空间，需要由近海走向远海，要前出岛链、走向大洋。中国空军需要建设战略空军，要走出内陆，走向世界。在全球化时代，我们的国家利益拓展到哪里，海洋权益在哪里受到威胁，海上战略通道延伸到哪里，我们的海空军就要能够在哪里发挥作用。

海外用兵，需要相应的法律保障。要加速海外练兵和海外用兵的法规体系建设，要提高官兵的法律水准特别是国际法水平，做到依法出兵、依法维和、依法救援，切实把军事行动严格纳入法制化轨道。

（四）树立"中国海权"观念

海洋，是国家利益拓展的重要领域，也是国家间利益竞争的重要场所。当代革命军人献身使命，必须应对"中国海权"面临的严峻挑战，建设强大的现代海军。第二次世界大战以来，全世界共发生局部战争100多起，其中80％与海洋利益争夺有关。自从20世纪70年代以来，世界海洋产业的产值每10年就翻一番。2000年已经达到15000亿美元。北欧的挪威，在30年前还是一个比较贫穷的极地国家，自从开发北海石油以后，已经成为世界上主要的石油输出国之一，人均年收入早已达到25000多美元。现在世界上10个人均年收入22000美元以上的巨富国家中，有8个是濒海国家，海洋是这些国家致富的重要因素。现在世界上的有核国家都是海洋国家或者是濒海国家。当核潜艇作为弹道导弹和热核武器的平台在大洋深处游弋的时候，海洋的军事运用就与战略核威慑紧密相连。今天的海洋不仅是海上军事交通线，不仅是海上军事斗争的战场，而且还是导弹核潜艇的庇护所，深海大洋更是导弹核潜艇的天然保护屏障，可以有效躲避第一次核打击，有效保持核反击力量。海上核力量比陆上核力量具有更强的生存防护能力。1994年11月《联合国海洋法公约》生效，该公约以法律的形式，将地球36％的海域划归沿海国家管理，将其余海域确定为世界"海洋公土"和"人类共同继承财产"。自从《联合国海洋法公约》公布以来，"海上圈地运动"发展迅速，"耕海牧洋"的时代来临。现在全世界有380多处有争议的海域，海洋争夺的直接目标，不仅是具有军事战略意义和贸易通道意义的海区控制权，而且是具有丰富海洋资源和对海区划界有重要意义的海域和岛礁，一种新的"海洋国土观"在世界海洋国家和濒海国家迅速强化。新的海洋国土观，是指国家主权管辖的领海、海洋专属经济区和大陆架的总称。《联合国海洋法公约》规定，沿海国家的领海宽度可以不超过12海里。领海是沿海国家在主权之下的和国家领土紧连着的一片海域，是国家领土在海洋上的延伸，国家对领海可以行使主权，对领海内（包括海面、海面上空以及海底与底土）的一切人和物享有专属管辖权。所以，领海属于国家领土的一个部分，可以称之为国家海洋国土。《公约》还确定了一项新的海洋制度，那就是海洋专属经济区制度。其宽度是从领海基线算起不超过200海里，扣除领海12海里，实际宽度为不超过188海里，这是相当于领海面积15倍左右的大片海域。全世界的海洋专属经济区共约有1.3亿平方公里，占了全球海洋总面积的36%。《公约》规定不仅沿海大陆可以拥有领海和海洋专属经济区，具备一定条件（主要是具备人类生存条件和周围海域足够宽广等）的海洋岛屿也可以拥有领海和海洋专属经济区。这样，一个具备条件的面积很小的海岛，可以作为圆心，以12海里为半径画一个圆周，在这个圆周内的450平方海里即1500平方公里的海域就成了这个小岛的领海区；又可以200海里为半径再画一个圆周，在两个圆周间的12.5万平方海里即43万多平方公里的海域，就成了这个小岛的海洋专属经济区。原本一个不起眼的边远小岛，居然可以为国家取得43万多平方公里的海洋国土。由此，人们认识到海洋、岛屿对一个国家国土构成所具有的重大影响。中国是一个濒海大国，既有960万平方公里的陆地国土，还有300多万平方公里的海洋国土，海、陆综合国土达 1260 多万平方公里。可见，新的海洋国土观使濒海国家普遍增大了国土空间，表明了当代濒海国家主权和利益在海洋上的延伸。

中国的"国防"，越来越由"陆防"向"海防"转变。在陆地方向，中国已经与绝大多数邻国解决了边界和领土争端，只遗留下中国和印度的边界争议问题，目前两国正在推动该问题的最终解决。而在海洋方向，我国 300 多万平方公里海洋国土，有一半同周边国家存在争议，相当于陆地争议面积的 8～9 倍。中国领土钓鱼岛和南沙群岛分别被日本、越南、菲律宾、马来西亚等国侵占，中国与 8 个邻国之间都存在海洋划界争端，一些国家正在加紧对所占中国岛礁和海域的实际控制。日本在 20 世纪 90 年代初，就兴起了"日本向何处去"的大讨论，取得的共识是，日本是个海洋国家，应该向"海洋立国"的目标大步迈进。日本相关方面的研究显示，日本主张的"海洋国土"面积达到 447 万平方公里，居于世界第六，是日本陆地国土的 12 倍。日本在海洋立国战略的指导下，由过去的"攻城略地"，变为现在的"夺岛抢海"。日本一些高官和专家认为，东海大陆架的自然资源非常丰富，如果这些海域的 65 万平方公里的大陆架全部归属日本，日本成为资源大国将不是一个梦，日本就有望解决困扰他们国家几百年的资源问题。日本已经勘探到仅钓鱼岛周边海域的石油储藏量就高达 1095 亿桶，相当于曾经是世界第二大产油国伊拉克的原油储藏量。东海大陆架海域是中国向东进入太平洋、美国向西进入东亚以及俄罗斯南下的必经通道，日本控制了这条国际通道，就能影响几个大国。日本在 1997 年就制定了对钓鱼岛的作战方案，近几年日本和美国针对钓鱼岛进行了多次军事演习，表现了日本对钓鱼岛势在必夺的决心。新中国成立以后，我军为保卫国家领土主权打了多次胜仗。国际上一些军事专家认为，中国陆地疆界今后 10 年问题不大，而海上斗争则是风烟迭起，中国今后军事斗争的重点不是陆地作战，而是海上作战。可以说，中国海洋方向的安全形势，远比陆地方向的安全形势要严峻得多，海洋方向已经成为国家安全的主要战略方向。中国的"国防"，重点是"海防"，中国军队应对海洋方向安全挑战的任务很艰巨。因此，树立和强化海权观念，是中国国防的时代要求。

保卫国家的海权，必须建设强大的海军。美国海权专家马汉曾经说过："在当今的世界上，光有法律而没有力量就得不到公正。"19世纪末期在奉行"孤立主义"和"门罗主义"的美国社会，一些政治家和军事家就不时感叹："没有一支值得尊重的海军，美国唯一的选择就是提出外交抗议。但这没有任何作用，商船仍然被扣留"，"我们的旗帜在不同国家所受到的尊重大致和挂在麦田里吓唬乌鸦的破布差不多。"在马汉海权论的影响下，1890年，美国国会终于放弃了大陆政策和孤立主义，开始摆脱旧的近海作战思想，建议发展可以用于远距离深海作战的现代化海军。被马汉的海权论思想激励起来的美国国会议员们，喊出了这样的口号：建设海军，直到用完国库最后一块美元。美国人从1890年起大力建设海军，5年之后，美国的海军力量就由原来居世界12位跃升到第5位，10年之后就成为东太平洋的海上强国。印度的海权观念也是很强的。1962年，当印度在北方侵占中国领土而与中国军队发生边界冲突的时候，印度首任驻华大使潘尼迦发表了《印度和印度洋》一书，这本书的结论是："今后，如果印度再搞纯粹大陆观点的国防政策，那是瞎了眼。"现在，印度正在组建三个航母战斗群，要把印度洋变成印度的内湖。再看俄罗斯，根据英国《简氏国际海军》2006年3月报道，俄罗斯宣称将于2013—2014年开始建造1～2艘新型航空母舰，这很快引起国际上的广泛关注。十月革命后近30年中，由于多种原因，苏联一直没有发展航空母舰。二战以后，美国和英国大力发展航空母舰，苏联也决定从1946年开始发展，准备15年中造出 4 条，但是到 50 年代初期仍然是在计划中，没有实质性进展。斯大林死后，赫鲁晓夫热衷于搞导弹，对航母毫无兴趣，并且把主张发展航空母舰的海军司令撤职，从此苏军中没有人再敢提建造航母的事。1959 年，美国新型核潜艇（装备弹道导弹）"北极星"号到苏联海域附近巡逻，苏联大为紧张。当时的海军司令等主张发展航母的海军官员，采取迂回战略，向赫鲁晓夫再次提出建造航空母舰的意见，获得了批准。苏联第一艘航母"莫斯科号"1963 年动工，1965 年下水，1967 年加入黑海舰队，至今共建造了 8 艘航母。2006 年，印度、韩国、日本、意大利、以色列都披露了建造航母计划，美国、英国也有建造更先进航母的计划。可见，当今世界一些国家都把发展航空母舰作为建设一支强大现代化海军的战略举措。

建设强大的海军，是实现中华民族伟大复兴的必然选择。新中国成立初期，毛泽东就提出，我们不但需要有现代化的陆军，也需要有强大的海军和空军。1970 年 9 月 25 日，毛泽东接见巴基斯坦海军司令哈桑中将时说：讲到海军，我们恐怕是不行。现在一些大国欺负我们，什么印度洋、太平洋都被他们霸占着。所以我们也得搞一点海军。1975 年 5 月 3 日，毛泽东对海军指示："海军要搞好，使敌人怕。我们海军只有这样大（指小手指头）。"[1] 美国国防部在 70 年代对全球军事力量有一次估计，认为中国陆军世界最强。美国前太平洋战区司令布莱尔说过：我们尊重人民解放军在大陆上的权威，但是我们必须让他们明白，海洋和天空是我们的。美国人的话虽然很狂妄，但是也值得我们深思。我军现在有效捍卫国家海洋利益的能力确实严重不足。进入新世纪新阶段，中国面向世界，首先要面向海洋；中国的真正崛起，将从海上开始；海上力量的强弱，将决定中国的前途。

---

[1]　解放军报社资料信息中心编辑的《报刊资料》，2004 年第 12 期，第 6 页。

在世界地图上，中国形如一只雄鸡，头朝东方，面向太平洋。"雄鸡"面临的安全挑战主要来自海洋，"雄鸡"的软腹部也是向着海洋的，而"雄鸡"的崛起和强盛，更是与面向海洋息息相关。保护拓展的海洋权益，建设强大的海权中国，中国需要强大的海军。

（五）树立"太空利益"观念

国家利益向太空领域的拓展，要求当代革命军人必须努力维护国家的"太空利益"。太空梦想最早出自中国古代的"嫦娥奔月"。现代火箭技术的三大先驱之一、俄罗斯科学家齐奥尔科夫斯基（1857—1935），曾经写了《在地球之外》的科学幻想小说。他说："地球是人类的摇篮。人类决不会永远躺在这个摇篮里，而会不断探索新的天体和空间。人类将首先小心翼翼地穿过大气层，然后再去征服太阳系空间。"齐奥尔科夫斯基让人在他死后给他立的墓碑上写上这样一句话："人类不会永远将自己束缚在地球上。"

1945年5月7日，德国投降，美国军队捷足先登，抢占了德国佩内明德火箭研制基地，把150名高级火箭技术专家和100多枚"V-2"导弹一起运到美国。苏联军队迟到一步，没有俘获多少研究人员，就占领了德国导弹制造厂，拆走所有生产设备，把技术人员和库存导弹全部运回本国。1957年苏联发射第一颗人造卫星，1961年苏联"东方号"载人飞船发射成功，加加林成为飞入太空的第一个宇航员。1969年美国"阿波罗"11号飞船首次实现人类登上月球的理想，当美国宇航员阿姆斯特朗的脚印第一次印在另一个星球上的时候，他通过电视向地球居民说了这样一句话："对于一个人来说，这只是迈出了小小的一步；可是对于人类来说，这却是一个巨大的飞跃。"这些壮举表明人类已经进入太空时代。

1981年在罗马召开的国际宇航联合会第32届年会上，把陆地、海洋、大气层称为人类的第一、第二、第三环境，把外层空间称为人类的"第四环境"。1984年联合国通过了《指导各国在月球和其他天体上活动的协定》，简称《月球条约》。该条约规定月球及其自然资源是人类的共同财产，任何国家、团体和个人不得据为己有。月球的探测、开发与利用是没有政治边界的，谁先到达，谁先开发，谁先利用。月球是未来地球的第八大洲，这一点越来越成为一种世界性的共识。把人类迁移到月球上的计划，已经成为各个国家月球开发计划中共有的内容。在一些国家的太空计划中，一般是先到月球，再到火星。人类在500年前经历了"地理大发现"，这就是标志着人类由陆地时代走向海洋时代的三件大事：哥伦布"发现"了美洲大陆；达·伽马开创了绕道非洲好望角到达印度洋的新航路；麦哲伦成功进行了环球航行。现代人类正进入一个意义更为重大和深远的"太空大发现"的时代。现在，世界各国共向太空发射了5000多颗卫星，到2010年前，至少还要把1500颗新卫星送上太空。世界一些国家挺进太空的热情方兴未艾。比如我们的邻国印度，是世界第六空间强国。印度开国总理尼赫鲁说空间技术是"现代印度寺庙的庙顶"。当年印度首次发射火箭的时候，甚至不得不用三轮车运送部分火箭部件，由此可以看出印度挺进太空的决心之大。

太空经济时代已经到来。美国"高边疆"计划倡导者格雷厄姆预言："空间开发，对于各个国家和民族的影响，可以与工业革命对世界发展的影响相提并论。"人类的生活和生产活动范围，正由地球向宇宙太空扩展。"地球经济"向"太空经济"转型的时代已经开始。一些国家计划用月球尘埃和月球上的石头建造水泥厂，已经试验了"宇宙混凝土"的生产。月球水泥厂可以说是建设月球村、月球城的建材基地。月球中富含的氦-3是进行核聚变产生能源的理想原料，根据计算，月球中富含的氦-3如果用于核聚变反应堆来发电，所产生的电量是目前全美国耗电总量的50万倍。根据美国统计，发展太空产业，每花费 10 亿美元，可以使美国生产力提高0.1％，实施"阿波罗"登月计划，每投资 1 美元，可以产出 14 美元的经济效益。美国在太空产业的投入产出比是 1：8。美国太空计划获得的技术已经为经济增加了 2 万亿美元。到 2020 年，美国太空产业的产值将达到国内生产总值的 10％～15％。到 2025—2050 年，太空产业的总产值可以达到美国现在的国民生产总值。太空经济时代也是太空产业化时代。目前，全世界有 60 多个国家投资太空事业，有 170 多个国家和地区应用太空技术，对太空事业的总投资达到 3000 多亿美元，参加开发工作的有 150 多万名科学家、工程师和几千万名工人。

太空旅游时代已经到来。最早预定登月航天飞机机票是 1964年，预订者是一名奥地利记者。1969 年 7 月 20 日，美国"阿波罗11 号"登上月球后，到泛美航空公司预订机票的人数急剧增长，现在有 90 多个国家近 10 万公民预定了机票。泛美航空公司发言人说，订票名单已经存入档案，航班开始运营时就取出实施。日本进行旅游市场调查，结果是每年大约有 100 万人愿意花 1 万美元到太空旅游几天。美国和加拿大这方面的情况也大致如此。美国调查的结果是，20％的美国人愿意花费几个月的收入进行一次为期 6 天的往返月球旅行。按照这个比例计算，全世界每年愿意和具备能力到月球旅游的达到 1500 万人。发达国家许多人感到花费一笔收入游览太空值得。按照发达国家 10 亿人口、平均寿命 75 岁计算，希望到太空游览的每年有 100 万人。也就是说，工业化国家中有 7.5％的人一生中可以到太空游览一次。如果航天飞机有 50 个座位，就需要 50架航天飞机每天飞行一次。专家估计到 2030 年，全球太空旅游者将达到每年 500 万人次。人们把太空旅游业与信息产业相提并论，认为这是 21 世纪经济发展的新动力。2002 年 11 月，美国航空航天工业前景研究委员会给美国总统和国会写报告，认为太空旅游是本世纪一大热点产业，要抓住商机，大力开发低成本旅游飞船，如果价格合适，"要求上天的人，会和去公园的人一样多"。

太空移民时代即将到来。外层空间是人类认识和实践的新领域，地球人40多年来的无人和载人航天活动，使人类获得离开地球的自由，可以到新的天体中开拓新的疆域。地球人必然走向外星球，地球人必须走向太空移民的道路。美国计划在今后20年内，耗资1000亿美元，建立"月球城"。欧洲宇航局认为2040年月球将出现最早一批人类城市。日本大建筑公司计划在2050年建设成可以容纳10万人的"月亮城"。有人预计，随着美国、日本等国家开始向月球移民，会出现"月球国"，或者有各个大国建立的"月球区"，这可以说是属于各个大国的"月球特区"。

2006年12月2日，中国《参考消息》第7版刊载了这样一篇文章：世界上最著名的科学家斯蒂芬·霍金再提"人类必须离开地球"的观点。霍金说，人类探险的范围需要远远超出地球，以保证人类能够长期存活下去。他认为需要像《星际迷航》中普遍使用的依靠物质/反物质湮没技术推进的太空火箭，来帮助人类移居到围绕别的恒星运转、适宜生存的行星上去。霍金是在英国皇家学会授予他英国科学界最高奖项科普利奖章前说这番话的。霍金强调："只要人类被困在独一无二的一个行星上，人类的长期生存就处在危险中。小行星撞击地球和核战争等威胁迟早会将我们消灭殆尽。但是，一旦我们向太空扩展并且建立自给自足的聚居地，我们的未来应该是安全的。太阳系没有一个类似于地球的地方，因此我们必须寻找另外一颗恒星。"霍金的这些话，预示着人类移民太空的时代迟早会到来。

太空军事化是世界军事竞争的新特点。太空工业化、太空商业化、太空军事化，始终是联系在一起的。20世纪60年代，美国首先发射了照相侦察卫星，宣告了太空军事利用的开始。目前，美国军队95％的侦察情报、90％的军事通信、100％的导航定位、100％的气象信息，都来自太空军用卫星系统。80年代，以美国退役中将格雷厄姆提出的"高边疆"战略为基础，美国太空战略在其国家安全和军事战略中开始占据重要的地位。"高边疆"理论主要着眼于美国未来的国家利益和国家安全，提出美国必须首先开发利用和控制太空领域的战略构想，夺取和确保美国的太空优势。"高边疆"理论是美国太空战略的核心。美国军队联合航天司令部1998年公布的《2020设想》中称："我们将空间看作是正在出现的极其重要的国家利益区域。"从20世纪60年代美国总统肯尼迪提出"谁控制了太空，谁就控制了地球"，到80年代里根提出"星球大战计划"、90年代克林顿提出实施国家导弹防御计划和战区导弹防御计划，再到美国军队联合航天司令部1998年公布的《2020设想》，都是美国政府构筑太空盾牌和核盾牌的战略理论和战略举措。美国政府拟于未来10年内在太空领域投资5000亿美元。目前正在研制的太空战手段至少有6种，未来5—7年美国很有可能在轨道上部署太空激光武器。美国计划部署的太空武器可以对世界每个角落的小目标、硬目标、地下目标和稍纵即逝的目标进行精确打击，并且使目前大多数防空手段失效。为了顺利建设太空霸权，美国逐步摆脱外界条约的束缚。2002年美国单方面退出反弹道导弹协定，2002年6月美国总统下令对美国太空政策进行评估，研究如何以太空为基地进行全球打击。2004年美国通过《反太空行动方针》，强调要更积极地将太空用于军事目的，采用各种手段保护美国卫星和飞船的安全。2005年10月，联合国160个成员国对于禁止在太空部署武器的提案投赞成票，而美国投了唯一的反对票。2006年8月美国总统布什又签署了《国家太空政策》，从而使美国在太空军事化的道路上越走越远。美国太空战略的目标，就是谋求在太空的绝对领导地位，谋求在太空的霸权地位。2001年1月，美国太空委员会出台的一个很有影响力的报告——《拉姆斯菲尔德报告》就宣称："美国及其盟友的安全与经济福祉，依赖于美国成功控制太空的能力"，"美国需要保持在太空中的领导地位，无论是在技术领域还是在太空资产的运转领域，正如美国在空中、陆地上和海上的领导地位一样。"

适应太空军事化的形势，着眼未来太空作战的主动权，太空军事力量加速发展，一个新型军兵种"天军"加入了军队序列，一种新的作战样式"天战"也成为了军事学术研究的新热点。美军认为，信息战与空间战能力将成为未来部队作战的核心能力。在海湾战争、科索沃战争、阿富汗战争、伊拉克战争中，美国军队都依靠先进的通信卫星从战场及时获取情报，使指挥官能够与部队保持畅通的联系和实时的控制。全球定位系统卫星的导航信号引导美军对众多目标实施精确打击，美军在海湾战争中动用军事卫星 33 颗，科索沃战争中动用 50 颗，伊拉克战争中超过 180 颗，都取得了很好的作战效果。但是美国的太空资产和太空军事力量也面临风险，一旦全球定位系统出现问题，精确制导武器就难以发挥作用，对美军战斗力和美国商业竞争力影响极大。为美国的国家太空战略服务，美军抓紧研究未来太空军事理论，制定作战计划，组建太空部队，大规模研发太空武器。2000 年，美国空军公布的《航空航天部队：21 世纪保卫美国》白皮书明确指出，美国致力于保持其在空间的领导地位，美国政策是以一种保护其核心安全利益的方式促进全部天基能力的发展。由拉姆斯菲尔德担任主席的美国国家安全太空管理和组织委员会 2001 年提交的《美国太空军事化管理与组织的过去、现在和将来》认为，为了使美国畅通无阻地进入太空，掌握太空控制权和优势地位的重要性在继续增加。美国需要一个强大的空间控制计划，以便保护和利用太空资源，阻止敌人使用其空间系统。美国应该大力发展用于袭击地面、海上和空中目标的空间武器。美国军队联合航天司令部也发布了美国军事航天发展的《2020 年设想》，从理论上提出了"控制空间"、"全球交战"、"全面力量集成"、"全球伙伴关系"4 种太空作战概念，并且把"控制空间"作为首要任务。美国计划在 2015 年前建设成真正意义上的"天军"。2006 年美国进行的"轨道快车"卫星发射项目是专打敌国卫星的太空杀手。美国还对目前拥有卫星的 40 个国家和具备发射能力的 10 多个国家，提出限制性的太空行为准则。为了将太空军事化，美军加强了外层空间的作战演习。美军 1985 年成立航天司令部，2000 年成立空间攻击部队和太空作战学院，2001—2005 年，连续三次进行太空战演习。演习设想到 2017 年太空武器泛滥，"红方"和"蓝方"都拥有卫星力量，演习目标是研究在未来太空作战中夺取制太空权的问题。美军在他们的太空战役想定中，把中国作为美国反导反卫星作战的第一个假想敌。美国最近的防务报告强调，美国的太空能力将继续在各个方面都享有优势，这种优势会持续保持领先于任何一个其他太空大国或者是商业太空大国至少一个技术代，并且要逐步提高太空进入、卫星战以及其他太空作战能力。

俄罗斯先于美国在 2001 年 6 月 1 日宣布组建天军，直属总参谋部和国防部联合管理，编制 9 万人，主要由原军事航天部队和太空导弹防御部队两个集团军组成。军事航天部队是进攻型太空部队，主要任务有两项：一是负责军用卫星的发射工作；二是负责对敌方的太空武器系统进行打击。其最重要的装备是反卫星的卫星和反卫星的导弹。苏联从 1964 年开始研制反卫星的卫星，俄罗斯目前是世界上唯一拥有实战型反卫星武器和实战能力的国家。太空导弹防御部队主要任务也有两项：一是对美国境内的 500 多处导弹发射装置进行监视；二是对美国的导弹防御系统进行打击。俄罗斯军队在 2004 年举行的太空战演习中，进行了空天侦察与监视、导弹预警与拦截、打击敌人的在轨卫星等多项空天作战科目的演练。俄罗斯军队 70％的战略情报和 80％的军事通信，都依赖于太空军用卫星系统。

日本近年来发射了多颗侦察卫星，已经在事实上超出了日本国会 1969 年通过的太空开发"只能用于和平目的"的范畴。2006 年 9 月，日本自民党制定了《宇宙基本法》草案，谋求尽快在国会中通过。该草案主张日本进行"战略性太空开发"，并且允许日本在所谓自卫范围内将太空用于军事目的。这一举动将进一步推动日本航天侦察、卫星通信事业的发展，为其建立太空军事能力铺平道路。在今后几年内，日本将陆续研发在太空、空中、地面和海上部署的高效率侦察系统，在 2007 年就可以形成对地球任何一个目标每天至少侦察一次的能力。

在竞争太空的时代大潮中，中国作为世界第三航天大国，也必须激流勇进，努力发展中国太空产业，加紧建设太空军事力量，有效维护国家的太空权益。1956 年 10 月 8 日，在新中国的国力还十分薄弱的时候，中国领导人就毅然决定成立中国第一个火箭导弹研制机构——国防部第五研究院，从美国归来的火箭科学家钱学森担任首任院长。中国的航天事业从此起步，逐步发展成为世界航天大国，具有自己独立完善的航天工业系统。美国和苏联的航天工业起步阶段，利用了二战后期德国的 V-2 导弹技术。德国研制 V-2 导弹的相关人员、资料、实物和仪器设备被美国、苏联和欧洲国家瓜分，他们在此基础上很快建立了自己的航天工业。美国陆军通过"曲别针行动"，把大约 130 名德国火箭科学家掳到新墨西哥州的白沙导弹试验靶场，一起带来的还有从德国缴获的 100 多枚 V-2 火箭和大量的技术资料。中国在发展航天事业的进程中，除了得到苏联短暂的技术援助外，主要依靠自力更生、自主研制和试验。日本和印度的航天工业起步均没有经历中国那样艰辛的自力更生之路。日本利用购买美国的"德尔塔"火箭研制了"H-1"系列火箭。印度是在苏联的"联盟"号火箭发动机的基础上发展自己的火箭。直接引进的结果导致引进国家在火箭研制领域缺乏必要的技术储备，航天发展总是受制于人。中国实现载人航天，启动探月工程，方向明确，决心坚定。从第一颗人造地球卫星问世以来，人类已经将5000多个航天器送入太空，其中90％以上是人造地球卫星。随着"东方红一号"顺利升空，中国成为继苏联、美国、法国和日本之后，第五个具备卫星自主研制能力的国家。中国也是继美国和苏联之后第三个掌握返回式卫星技术的国家。中国作为世界上第三个独立自主研制并且发射载人航天器的国家，改写了世界载人航天领域多年由美国等国家垄断的格局。载人航天的下一步就是发射长期太空飞行的有人值守的空间站，中国正在朝着这一方向努力。

一个国家的发展不能只是靠本国的资源，地球的发展也不能只是靠地球的资源，必须像人类在地球上不断发现新大陆一样，在太空不断发现新星球。中国人要走出国门，要走向世界，还要走出地球，走向太空。中国第一颗人造卫星"东方红"一号的发射成功，标志着中国的国家利益延伸到太空。中国正在进行自己的登月准备，探索火星的奥秘也在筹划当中。中国参加太空竞争，是国家利益的需要，也能够推动人类的进步事业。地球是人类的根据地，人类不能老是封闭于地球。世界著名科学家霍金来中国香港，有人问他人类的前途问题，他说：如果在100年内，人类没有灭顶之灾，那么人类有可能冲出地球，获得更好的生存、生活和发展空间。传统的"世界观"局限于"地球观"，新型的世界观是立足地球又超越地球的"太空观"。改革开放的中国，必将为人类冲出地球、走向太空作出自己应有的贡献。

第十章

发扬崇尚荣誉的
英雄主义精神

　　当代革命军人核心价值观的第五个内容，是"崇尚荣誉"。崇尚荣誉，要求解放军每个官兵保持革命军人的崇高追求。当代革命军人"崇尚荣誉"，需要深化对以下八个问题的认识。

一、崇尚荣誉是革命军人的根本追求

当代革命军人核心价值观，既是每一个革命军人的核心价值观，也是整个人民军队的核心价值观。核心价值观的五条，每一条，既是对每个军人的个体要求，也是对整个军队的整体要求。当代革命军人核心价值观，实际上也是当代人民军队核心价值观。核心价值观，对于每一个革命军人来说，是回答和解决培养一代什么样的革命军人的问题；核心价值观对于整个军队来说，是回答和解决建设一支什么样的革命军队的问题。就是用什么样的核心价值观育人，用什么样的价值观建军。就是用什么样的核心价值观建设和塑造我们这支军队，用什么样的核心价值观培养和造就我们这一代军人。

核心价值观对于建军和育人的核心作用，是通过五个方面的内容来实现的。其中，"忠诚于党"——解决的是"军魂"问题，就是坚持党对军队的绝对领导，解决好军队"听命于谁"的问题；"热爱人民"——解决的是"宗旨"问题，就是坚持全心全意为人民服务的宗旨，解决好军队"服务于谁"的问题；"报效国家"——解决的是"基点"问题，就是站在国家利益至上的基点上，解决好军队"报效于谁"的问题；"献身使命"——解决的是"职能"问题，就是通过履行新的历史使命，作出新的历史贡献的问题；"崇尚荣誉"——解决的是"追求"问题，就是革命军人的根本追求是什么，当兵习武的根本动力是什么。"崇尚荣誉"，解决的是"当兵图什么"的问题，它使革命军人保持崇高的精神追求，使革命军人有高尚的道德情操，能够提升革命军人的人生境界。

核心价值观在本质上是世界观、人生观的价值追求、价值体现、价值判断。由于"崇尚荣誉"直接解决的是革命军人的根本追求和根本动力问题，所以，解决好了这一条，是在实践中解决好其他四条的重要保证。革命军人只有崇尚荣誉，忠诚于党才能够坚定不移，服务人民才能够完全彻底，报效国家才能够忠贞不贰，履行职责才能够不辱使命。所以，这一条，是综合性作用很强的一条，也是保底的一条。

二、崇尚荣誉是革命武装集团的突出特点

荣誉之心，人皆有之，因为荣誉是人们进取的动力。但是荣誉之心对于军人来说，又具有特别重要的意义。因为军队是执行政治任务的武装集团，"执行政治任务"，不能像执行经济任务那样，主要依靠经济手段和利益杠杆，而是要靠政治觉悟，靠精神力量。"武装集团"也不同于非武装集团，更不同于利益集团、企业集团、经济集团，武装集团是要打仗的，是要冲锋陷阵、流血牺牲、捐躯沙场的。当军人要以自己的生命为代价，去夺取胜利的时候，最能够激励其誓死搏杀的动力，不是金钱和物质，而是道义和荣誉。革命军人的人生，是崇尚荣誉的战斗人生，是知大道、明大义，具有高风亮节、追求情操境界的英雄人生，是为理想而战的信念人生。古今中外的军队，那种崇尚金钱的利益型军队和那种崇尚荣誉的信念型、理想型军队，其战斗力是不可同日而语的。

过去有一句话："重赏之下必有勇夫"，这句话很有疑问。其实是"重赏之下难有勇夫"。为了"重赏"的人，他的勇敢是有限度的。只有不为重赏、而为理想信念、为崇高荣誉而战的人，才是最勇敢的人。

对于人民军队来说，崇尚荣誉，为理想和信念而战，是一种强大的政治优势。我军是一支具有强烈荣誉感的军队，革命军人以牺牲奉献为己任，身系国家民族安危，总是在生死考验面前，体现大

223

忠大义，彰显大荣大节。革命荣誉是革命军人的第二生命。崇尚荣誉一旦成为官兵的价值追求，对官兵的成长进步和部队的建设发展都会产生巨大的推动力量。革命军人有了对荣誉的向往和追求，就会"苟利国家生死以，岂因祸福避趋之"，就会"为国捐躯，虽死犹荣"，就会为了国家和人民的利益赴汤蹈火、万死不辞。我军在80多年的奋斗历程中，在与国内外敌人的战斗中，在无情的洪水、疫病、冰雪、地震等自然灾害面前，广大官兵舍生忘死、迎难而上、不畏艰险、顽强拼搏，在革命荣誉的激励下，谱写了一曲又一曲英雄壮歌，赢得了国内外的高度赞誉。实践证明，只有崇尚荣誉的军队，才能够具有强烈的革命英雄主义和集体主义精神，才能成为战无不胜的军队；只有崇尚荣誉的军人，才能成为坚守革命气节、严守军队纪律、不辱历史使命的军人。

三、在人生目标上，崇尚英雄、争当模范

何谓英雄？中国古代学者刘劭认为："聪明秀出谓之英，胆力过人谓之雄"。德国古典哲学家黑格尔说："一代英雄，必然是公认的那个时代目光敏锐的人。他们的业绩、他们的言论，就是那个时代的精华。"从军事的角度，人们更习惯于把那些英勇作战、不怕牺牲的人称为英雄。古希腊哲学家柏拉图说："一个人在战斗中光荣牺牲，难道我们不应该首先说他是人中豪杰？"英雄是一种气概，英雄是一种高尚，英雄是一种魅力，英雄是一种贡献，英雄是人类行为至高至美至善至洁的体现。

拿破仑说过："不想当将军的士兵不是好士兵"。这是讲优秀士兵要有当将军的志向。实际上，作为革命军人，更应该叫响另一句口号，那就是："不想当英雄的士兵不是好士兵"，"不想当模范的士兵不是好士兵"。每一个优秀士兵都有一个当将军的梦想，这不

是坏事。但是每一个优秀士兵都有个当英雄的追求，这是更有意义的事情。优秀士兵的"将军梦想"无可厚非，但是优秀士兵的"英雄梦想"更值得提倡。作为革命军人，在战时最高的荣誉是当英雄，在平时最高的荣誉是做模范。革命军人的人生是崇尚英雄、争做模范的人生。

能不断产生英雄的民族，才能自立于世界民族之林。懂得崇尚英雄的民族，才能永远立于不败之地。中华民族是需要英雄的民族，中华民族是一个英雄的民族，中华民族也是能够产生英雄的民族，中华民族是产生英雄而又懂得崇尚英雄的民族。八年抗战，产生了千千万万的民族英雄。他们熔铸成中华长城的铜墙铁壁，让侵略者碰得头破血流，使中华民族巍然屹立。例如，河北保定有热土两万多平方公里，抗战八年，处处烽火不熄。阜平县是晋察冀抗日斗争的领导中心。1937 年 11 月 7 日，晋察冀军区创建后，司令员聂荣臻在这里领导了晋察冀边区抗日战争的全过程。阜平县当时仅有 9 万人口，却有两万多人参加抗战，5000 多人壮烈牺牲。在太行山与冀中平原的交汇处，是敌后抗战最激烈的地带。狼牙山五壮士、冉庄地道战、白洋淀雁翎队、冀中敌后武工队等，威震敌胆，享誉全国。国际友人白求恩、柯棣华，都曾在这里战斗，直至牺牲。在这块热土上产生的抗日故事和英雄人物，为文学创作提供了深厚的源泉，产生过一大批优秀作品。诸如《白洋淀纪事》、《野火春风斗古城》、《新儿女英雄传》、《敌后武工队》、《狼牙山五壮士》、《地道战》、《雁翎队》、《小兵张嘎》等。有的作品成了文学史上的红色经典，其英雄人物成了文学人物画廊中的艺术典型，如今又被改编成电视剧，不断在电视上热播。

抗日战争中那些惊天地、泣鬼神的中华民族的英雄们，不仅中国人民崇尚他们，就连我们的敌人也是佩服得五体投地。当年，在狼牙山五壮士跳崖的棋盘坨上，曾发生过戏剧化的一幕。追上山顶的日军，目睹这惊心动魄的壮举，不禁肃然起敬。随着指挥官的口令，他们整齐地排成几列，恭恭敬敬地三鞠躬。这情景，被棋盘坨道观的老道长看得真切。可是解放后，道长之言，不仅不认作是实话，还不让再讲。其实，这不难理解。任何军队，任何民族，都崇尚英雄，崇尚战斗精神，崇尚不怕死的大无畏气概。五壮士的壮举，日军也为之惊愕，为之震撼，为之肃然起敬。①

张自忠是第二次世界大战中反法西斯同盟军阵亡的最高军衔的将领。他是山东临清人。1940 年 5 月，日军为了控制长江交通、切断通往重庆的运输线，集结 30 万大军发动枣宜会战。当时中国军队的第 33 集团军只有两个团驻守襄河西岸。张自忠作为集团军总司令，亲自率领部队出击作战。蒋介石惊闻张自忠殉国，立即下令第五战区不惜任何代价夺回张自忠遗骸。100 多名优秀将士，抢回张将军的尸骨，连夜运往重庆。当灵柩经过宜昌时，全市下半旗，民众前往吊祭者超过十万人。灵柩运抵重庆时，蒋介石特亲临迎灵致祭，抚棺痛哭，并手书"英烈千秋"挽匾以资表扬。张自忠一门忠烈，他殉国时，年仅五十岁，他的夫人李敏慧女士闻耗悲痛绝食七日而死，夫妻二人合葬于重庆梅花山麓，后来建有张自忠将军陵园和张自忠将军生平事迹陈列馆。1982 年 4 月 16 日，中华人民共和国政府追认张自忠为"革命烈士"。

崇尚英雄，既要崇尚那些在战场上奋勇冲杀的英雄人物，也要崇尚那些领导我们中华民族奋进的领袖人物，他们不是在战场上浴血奋战的"战斗英雄"，但是他们是为国家命运和民族振兴运筹帷幄的"战略英雄"，他们是我们民族的大英雄。一个民族要崇尚战斗英雄，也要崇尚战略英雄。最近看到一篇文章《懂得崇尚英雄——美国人为什么佩服毛泽东》，文章的作者讲述了在北京至武

---

① 《人民日报》2005 年 7 月 5 日第 15 版。

昌的 37 次特快列车上的软卧包厢里，他和一位在北京的外企工作的博士的谈话。那位博士在翻阅报纸时突然说："哟，明天是毛泽东114 岁诞辰啊！"作者惊奇地说："你还记得这个？"博士说："我是在美国读完博士的，我在美国生活了五年多时间，学的是计算机专业，那里有我的美国老师和很多的朋友，他们对毛泽东的评价都比较高，我也挺钦佩毛泽东。""是吗？"作者惊异地问他："美国人为什么会佩服毛泽东？"博士说："毛泽东结束了长期的军阀混战的混乱局面，统一了中国，让中国人民在世界站了起来。毛泽东奠定了现代中国的工业基础，中国的'两弹一星'都是从毛泽东那时搞起的。我是搞科技的，用我们这些人的眼光看，'两弹一星'和成为联合国常任理事国，这是进入大国行列的通行证啊！如果当年中国没恢复联合国常任理事国席位，往后可就难了，你看印度、日本现在想成为安理会常任理事国多难啊！印度、日本我都经常去，在这点上他们都非常羡慕中国。"作者点了点头，表示同意他的看法。博士问作者去过美国没有？作者说 10 年前去过一次，走马观花。博士说："你发现了没有？美国人很崇拜英雄，崇拜胜利者，他们不太计较英雄的缺点和毛病，很少听到他们去臭自己已故总统的，哪怕是 60 年代的约翰逊总统，水门事件中下台的尼克松总统。美国人敬重强者。因为他们多次败在毛泽东手里，所以他们佩服毛泽东，所以国内有些人跑到美国贬低毛泽东，还有些丑化毛泽东的东西传到美国，反而让许多人不理解、反感、瞧不起。"博士说："美国的拳王泰森和不少明星都崇拜毛泽东，毛泽东的游击战略多了不起啊！有谁敢说美国是纸老虎？只有毛泽东！你知道吧？美国听了并不生气呀，他们是作为重大新闻看的。他们认为丑化英雄是弱者的病症。中华人民共和国开国大典上，毛泽东用他那湖南口音高声宣布'中华人民共和国成立了——'"，博士学着毛泽东的声音又重复了一遍，并且说"我的美国导师不会几句汉语，可他会这一句，还模仿湖南口音，可像了，我们聚会时，一高兴，他就和中国学生吼这一句，他说这是东方狮吼，毛泽东就是一头雄狮！"

一个崇尚英雄的民族，才能够是英雄辈出的民族，一个英雄的民族，才能够是世界上的强势民族。俄罗斯民族是一个伟大的民族，是一个崇尚英雄的民族。在莫斯科红场的无名烈士墓前，火焰已经燃烧了40多年，它象征着不屈的鲜血和顽强的灵魂，墓志铭上写道："你们的名字无人知晓，你们的业绩万世永存！"陵墓下面掩埋着数千名在苏联卫国战争中牺牲的红军战士。今天的俄罗斯有一个风俗，新婚的夫妻的结婚包括两个内容，首先是到教堂举行仪式，然后要到烈士墓庄重地献上两朵红玫瑰。

中华民族历来具有崇尚英雄的优良传统，在我们部队中，这些年来，崇尚英雄模范、学习英雄模范、争当英雄模范的氛围，也有淡化和异化的问题。有的先进人物不愿意当典型、当模范，有的不愿意学习和效仿模范等。这些都是不利于部队思想政治建设的。贬低英雄、"告别高尚"，必然导致庸俗，高尚先进的东西少了，庸俗腐败的东西就必然会多起来。这是我们在思想政治建设中必须努力解决好的问题。

四、在精神境界上，崇尚奉献、勇于牺牲

军人的荣誉来源于战斗，只有具备甘于奉献、勇于牺牲的战斗精神，才能够获得荣誉。因此军人崇尚荣誉，就是要崇尚战斗精神，就是要崇尚甘于奉献、勇于牺牲的战斗精神

一支军队，如果没有战斗精神，就不会有荣誉。一支军队，如果丧失战斗精神，也就必然会丧失其曾经有过的荣誉。历史上罗马帝国的盛衰、罗马军队的荣辱，就与其军队的战斗精神密切相关。罗马帝国的成功，从其军队战斗精神的角度来分析，主要有两大因素：一是由自由公民所组成的军队有强烈的爱国心，有高昂的士

气，能够适应严格的组织纪律和艰苦的作战。二是罗马所特有的先进的军事组织——"兵团"，这是一种史无前例的最佳军事组织。这两个因素使罗马军队无敌于天下。罗马国家并不是人口众多的国家，但是军事动员程度很高，大约达到自由人口的10％，达到男性成年人口的30％。罗马与迦太基之间进行了长达118年的"布匿战争"。迦太基是历史比罗马悠久的文明古国，是商业国家和海洋国家。罗马人和迦太基人在性格和气质上有很大的差异。迦太基人缺乏理想，一心只想赚钱和享受。迦太基人虽然有经济优势，但是不论在城市和乡村，居民都缺乏尚武精神，国家被迫要从非洲人口中招募雇佣兵，兵员素质与罗马兵团难以匹敌。而罗马人则坚毅沉着，有战斗到底的精神。但是在罗马帝国建立之后，国威远播、四海升平，"罗马和平"是从公元70—公元378年之间的一段长达300年的和平。而正如史学家李维所言："大国不可能长久维持和平，若无外患则必有内忧。"到公元117年，罗马帝国已经盛极而衰。君士坦丁大帝（公元306—337）是一位有特殊地位的罗马皇帝，他在公元313年颁发《米兰敕令》，使基督教合法化，他本人也受洗成为教徒。他在公元330年建立君士坦丁堡，作为帝国的陪都，这也是东罗马的起点。他也是第一位大规模引进日耳曼部队的罗马皇帝，由此播下了罗马沦亡的种子。到后期，罗马野战军中有一半成员都是由"野蛮人"所组成，原来由重步兵所组成的罗马兵团已经成为历史。到公元476年，罗马帝国灭亡。[①] 罗马军队由一支具有战斗精神的军队，演变成为一支丧失战斗精神的军队，不仅使军队自身丧失了荣誉，而且也给国家带来了灾难。

拿破仑把勇敢视为"军人的第一美德"。在世界近代历史上德国和日本的军国主义和法西斯主义，给人类带来了灾难，他们也受

---

① 钮先钟：《西方战略思想史》，广西大学出版社2003年版，第33—37页。

到了应有的惩罚。但是就其军人的拼命精神来说，还是值得重视和加以研究的。在德国崛起的过程中有两个著名的人物，一个是普鲁士的菲特烈大帝，他每次出征，都是随身带着毒药，告诉部下他将支持到最后再服毒自尽。再一个是德国的铁血宰相俾斯麦，他坚持以武力实现德国统一的决心坚定，曾经直接导演了三场战争，实现了德国的统一。而在这三场战争中，俾斯麦也表现了他不怕牺牲的战斗精神。例如，在进行对奥地利的战争时，从德国皇帝到德国民众都反对，俾斯麦还为此遭到刺客的暗杀。但是他以武力促进统一的决心坚定，1866 年 6 月 16 日普鲁士对奥地利的进攻作战开始，由于人民不支持，军队士气不高，俾斯麦感到没有必胜的把握，他就带着毒药走上战场。结果胜利了。①

大和民族，也是一个具有黩武传统的民族。日本军国主义给世界特别是亚洲人民带来巨大灾难，是必须坚决揭露和批判的。但是日本的武士道精神也确实增强了他们军队的战斗力。日本武士的特点是佩带有两把刀，一把是长刀，是长长的指向对手的闪着寒光的武士刀；另一把是短刀，是为武士们自己准备的锋利短小的匕首——是准备在失败时切腹自杀之用的利器。日本人不论是对别人还是对自己，都显得那么决绝。在二战后期，日本军队的顽强抵抗，给美国军队造成极大困难。1945 年夏天，大多数美国军事专家认为："无论是封锁，还是轰炸，都不足以迫使日本无条件投降。"1945 年 6 月，美国三军部长和参谋长联席会议拟定的作战计划，准备 1945 年秋天在日本本土南部登陆，估计到 1946 年深秋，才能够使日本屈膝。战斗将非常酷烈，马歇尔认为，为此要牺牲 50 万美国人的生命。② 这也是迫使美国人作出对日本投掷原子弹决策的一个

---

① 中央电视台《大国崛起》节目组编著：《大国崛起》系列丛书《德国》，中国民主法制出版社 2006 年版，第 124—128 页。

② 王绳祖主编：《国际关系史》第 6 卷，世界知识出版社 2006 年版，第 560—561 页。

重要战略考虑。

中华民族是一个具有强烈战斗精神的民族，但是在 18 世纪，当西方列强对中国虎视眈眈的时候，却丧失了昔日的汉唐雄风，在满清贵族的统治之下，充斥着一种萎靡不振的风气。鸦片战争之前，一些西方传教士鼓吹应该以强硬的武力手段叩开中国的门户。有的人为此搜集情报并且参加了对中国的侵略战争，其中，以郭士立较为典型。郭士立是普鲁士人，由荷兰传道会派来远东，后来在 1829 年脱离该会做自由传道人。从 1831 年起，他曾经 10 次乘船考察了中国的东南沿海，搜集了大量情报。他发现清朝政府防务松懈，军队武器落后，军心涣散，官兵士气低下。他的结论是："如果我们是以敌人的身份到这里来，整个中国的抵抗不会超过半小时。"[①] 在鸦片战争及其之后中外军队的一些交战的结局看，中国军队中虽然不乏勇猛之士，有可歌可泣的民族英雄，也给予侵略者沉重打击，但是整个清朝军队战斗精神上的不足和缺陷，是造成失败的重大原因。在甲午战争中日本人进攻威海作战中，战前一些人就不辞而别。在战斗过程中，一些军官又有组织地开着船艇集体逃跑。北洋海军 10 艘鱼雷艇和两支小汽船在两个管带带领下，集体逃跑。最后发展到集体投降。刘公岛的兵士水手成群结队离开岗位，像工人罢工一样罢战，要求向日本人投降。士兵包围军官要求投降，军官带着自己的队伍到指挥部逼迫上级投降。水师提督丁汝昌命令把舰船沉没，一些将领们怕沉了船日本人不高兴，不利于投降，不服从命令。丁汝昌又命令突围，也都不服从，最后有的"军士露刃挟汝昌，汝昌入舱仰药死"。最后是队伍投降，舰船也都成了日本的战利品。腐败的清朝军队丧失的是战斗精神，他们具有的是投降精神。

---

① 任继愈总主编：《基督教史》，凤凰出版传媒集团、江苏人民出版社 2006 年版，第 374 页。

中国人民解放军是一支具有强烈革命英雄主义精神的新型军队。这支军队具有一往无前的精神,它要压倒一切敌人,而决不被敌人所屈服。不论在任何艰难困苦的场合,只要还有一个人,这个人就要继续战斗下去。我军80多年的战斗历程,就是一部革命英雄主义的壮丽史诗。在这支英雄辈出的军队中,孕育和形成了中国特色的革命英雄主义精神,具体表现为井冈山精神、长征精神、延安精神、上甘岭精神、老西藏精神、"两弹一星"精神、载人航天精神等,这些精神是我军从小到大、由弱变强、战胜一切敌人和艰难险阻的力量源泉。我军革命英雄主义的战斗精神,激励军心士气,感染整个民族,也在世界上发生了重大影响。在朝鲜战争中我军和最强的国家对阵,在世界上力量最强大的美国军队面前,敢于亮剑交锋。美国人很不理解,说志愿军在嘹亮的冲锋号声中,排山倒海、像潮水一样前赴后继,这令美军上下惊奇不已、钦佩不已,他们称这种战斗精神是"谜一般的东方精神"。半个世纪过去了,当年参加过那场战争的一些美国老兵,谈起志愿军来至今还是赞不绝口,称赞他们是世界上最勇敢的军人。

今天的美国军队也重视战斗精神教育,前几年他们针对伊拉克战争中军队出现的问题,从2003年10月开始进行为期三年的"战斗精神"专项教育活动,提出战斗精神包括四种精神:任务第一、绝不言败、绝不放弃、绝不舍弃一个战友的精神。所以有人说,中国军队这几年全军上下大抓战斗精神教育,美国军队也在全军上下大抓战斗精神教育,说明战斗精神在军队的价值和意义。

没有战斗精神的军队,必然是自我解除武装的军队。在巴格达城防作战中,当伊拉克的首都将要被外国军队占领的时候,不仅没有出现人们通常想象的那种激烈的巷战,而且伊拉克军队不打自垮,集体蒸发了。美军在巴格达市内缴获了几个伊拉克军队的大型军火库,打开库房一看,他们大吃一惊,仓库里面居然存放着大量崭新的由美国制造的陶式反坦克导弹，这种导弹能够给予美军的 MI-AI 和 MI-A2 坦克以很大的毁伤。这是伊拉克战前就从约旦走私过来的，幸运的是这种威力很大的反坦克导弹始终存放在仓库里，没有被使用。一方面是美军的坦克在巴格达街道横冲直撞，如入无人之境，另一方面是巴格达军火库里崭新的美制陶式反坦克导弹一动不动地封存在那里，连一具都没有使用。一支解除了精神武装、丧失了战斗精神的军队，就是有再好的武器装备也是没有用的。在这次伊拉克战争中，伊拉克军队师以上指挥官全部被美国军队收买，美军中央总部司令弗兰克斯说，我今天就知道我的对手伊拉克军队中，有几个师的领导不在岗位，他们的共和国卫队师以上军官的电子邮件、家庭私人电话、手机号码全部被我们掌握。弗兰克斯要求，武器要精确投放，贿赂也要精确投放，要双向瓦解伊拉克军队。伊拉克军队就是这样垮掉了。

军人崇尚荣誉，甘于奉献、勇于牺牲，其中的一个重要方面，是要尊重烈士，要缅怀和纪念先烈，要善待烈士家属亲人。烈士，是敢于牺牲的象征；烈士，是为胜利作出最大牺牲却没有看到胜利的英雄；烈士，是为胜利作出贡献却不能和活着的人共享胜利喜悦与幸福的人。享受今天幸福生活的人，要记住那些曾经为了今天的和平生活而牺牲自己生命的人。但是在市场化、商业化不断发展的今天，一些习惯了长期和平生活的国人，却缺乏对烈士的感情和尊重。一些地方质疑英雄的言论甚嚣尘上，恶搞烈士的妖风盛行，有的不惜开发烈士陵园作商业墓地，使烈士的遗骨不得安息，使民族的英灵得不到尊重，这是一个民族的耻辱。朝鲜战争中，中国人民志愿军与世界上第一强国的军队交锋，打出了中华民族的尊严。美国在朝鲜战争中失败以后，对这场战争几乎沉默了半个世纪。但是从 2000 年到 2003 年连续举办纪念朝鲜战争的各种活动，并且宣扬这是"向朝鲜战争老兵及其家人表明，一个知恩图报的国家记住他们 50 年前所做出的贡献和牺牲"。而正在这个时候，在我们国内却出现了一种否定抗美援朝战争正义性的论调。这是十分令人悲哀的。

美国人发动的朝鲜战争和越南战争是侵略战争，美国在这两场战争中又是失败者，但是他们对于这两场战争中的死伤者，依然给予了崇敬和纪念。到美国，去华盛顿的旅游者，一般都会到林肯纪念堂南北两侧的小树林里的越战及韩战纪念碑参观。这两座纪念碑位于美国国会山轴线上，面对国会大厦。韩战纪念碑是一堵一人来高的黑色发光大理石纪念墙，坐落在有喷泉水池等建筑的三角形花园中。园中花木扶疏，错落有致。有一组美军作战巡逻场景的 19 个与真人大小的士兵群像，主题是 FREEDOW IS NOT FREE（自由并非没有代价），碑石上刻的是美国军人群像浮雕，地上碑石刻有这样一组数字，阵亡：美国 54246 人、联合国 628833 人；受伤：美国 103284 人、联合国 1064453 人；失踪：美国 8177 人、联合国 470267 人；被俘：美国 7140 人、联合国 92970 人。这里所说的联合国军人主要是韩国的军人。越战纪念碑则是以向下坡的月牙形长 200 多公尺的黑色碑石，刻上全部 58000 多名战死军官和士兵的姓名，是世界上比较少有的刻上全体人员名字的纪念碑，前面有一组男兵雕像，碑尾端则是一组女兵雕像，纪念碑情调低沉，严肃，在碑石旁边有不少战死士兵亲属在寻找自己亲人的姓名，并长久抚摸着雕刻的名字，放上死者的纪念品。这个纪念碑是由华裔女设计师，当时还是耶鲁大学建筑系四年级学生，著名建筑大师梁思成和林徽因的外甥女林樱设计的。这两个纪念碑都极具特色。在朝鲜战争纪念碑上有一句铭文 "Our nation honors her sons and daughters, who answered the call to defend a country they never knew, and a people they new met。"（我们的国家以它的儿女为荣，他们响应召唤，去保卫一个他们从未见过的国家，和他们素不相识的人民。）

这明显是为美国侵略作遮盖。我们称志愿军为最可爱的人，那些美国军人作为侵略军而死则是最可怜的人了。朝鲜战争和越南战争，是美国在二战之后的两次没有胜利的局部大战，作为失败者的美国，为他们的军队树立了纪念碑，并且把他们死亡者的名字都镌刻在纪念碑上以供后人缅怀和纪念。美国人对于在失败战争中死亡的军人所给予的尊重，反映了他们军事文化的一个特点。我们中国是这两次战争的胜利者，但是在一些地方，一段时间，这方面却出现一些引人深思的问题。有的胸前挂满奖章的英雄模范陷于生活困难。一些长眠于中越边境几十年的烈士，家里亲人由于经济困难买不起车票，没有去给他们扫过墓。有的地方烈士的墓地杂草丛生。

烈士，是最勇敢的战士。对烈士的尊重和褒奖，是对战士的最大激励和鼓舞。一支尊重烈士的军队，才会有更多勇敢的战士。一个尊重烈士的民族，才会有勇敢作战的军队，才会有不怕牺牲的军人。

五、在素质才能上，崇尚优秀、拒绝平庸

军人的荣誉，不仅来源于甘于奉献、不怕牺牲的战斗精神，而且来源于优秀的素质、卓越的才能。在战场上，既需要有"两军相逢勇者胜"的勇气，又需要有"两军相逢能者赢"的才能。胜利和荣誉，是军人勇敢和智慧的结晶，是战斗精神和战斗能力的结合。统帅者的韬略、指挥者的水平、战斗者的素质，都是决定胜败的能力因素。我军在长期的革命战争实践中，能够以落后的武器装备战胜优势装备的敌人，创造以劣胜优的奇迹，既由于我军具有强大的政治优势，具有人民战争的优势，也由于我军各级指挥员战斗员在才能素质上占优势。在统帅者的战略运筹、指挥员的战役指挥、战

斗员的战术发挥上，高于对手、优于对手。在未来的高科技战争中，高素质的军人，仍然是打赢高科技战争的第一要素，是军人夺取胜利、赢得荣誉的第一要素。什么是第一战斗力？官兵的素质能力，是军队的第一战斗力。

优秀的高素质的治国、治军人才，历来是国家和军队创造荣誉和保持荣誉的极其关键的因素。在世界近代大国崛起的历史上，荷兰共和国和荷兰军队的荣誉和悲哀，就很能说明问题。17 世纪的荷兰，人才辈出，荷兰的优秀人才，创造了一个荷兰世纪。而到 18 世纪的荷兰，"伟人"似乎消失了。在一个世纪里，人们再也找不到一个能力非凡的人。奥兰治家族在产生过 5 代杰出将军或政治家之后而断绝了直系后裔。它的头衔和尊荣被旁系的弗里斯兰省执政所继承。但是这两个应该在 18 世纪起作用的亲王的才能都是最平庸的。威廉四世和威廉五世都是二流资质的人，他们虽然具有良好的心愿，但是绝对缺乏体格力量、勇气和进取心。伟大政治家的一长串名单似乎突然中断了，他们的位置被政客们取代了——有些政客聪明而无耻，其他的政客则仅仅是无耻；没有一个政客的眼光超出了他们家乡的小城市。[①] 引领世界潮流的荷兰，由于没有了伟人和能力非凡的人，荷兰国家和军队也就失去了昔日的风采和荣誉。

俄罗斯的国家荣誉，也是与其民族的伟大人物的才能与贡献紧密联系在一起的。《斯大林传记》作者尤里·茹可夫在接受《大国崛起》摄制组访谈时说："在俄罗斯历史上只有两个改革家，第一个是彼得大帝，他使一个野蛮的、处于沼泽地区的莫斯科罗斯公国开始变成文明国家。第二个就是斯大林，他把一个由于农奴制而延误了几百年发展的农业国家，变成了 1941 年的四大国之一。他所做的一切只用了 10 年时间，而彼得大帝用了 25 年的时间。斯大林获

---

① 房龙著：《荷兰共和国兴衰史》，河北教育出版社 2002 年版，第 22—23 页。

得的成功要比彼得大帝多得多。"① 后来苏联解体，苏共解散，也与执政党执政能力下降特别是执政党领袖素质的下降密切关联。曾经担任过戈尔巴乔夫助手的瓦·博尔金在《戈尔巴乔夫沉浮录》一书中，重点分析了苏联共产党历代领袖的能力状况，就很能说明问题。他在书中写道："想不到一个准备庆祝自己百年诞辰的党不再存在了。……一个月前谁也不能想到苏共这个世界大党、这个领导着一个大国走过了70年、取得了很大成就、赢得了人民的尊敬的党竟会这么突然地灭亡了。""我分析了党的各个机构、特别是领导机构的活动，越来越倾向于这样一个结论：苏共的许多病症是不可避免的。造成这种状况的原因当然是多种多样的，但一个重要的原因，是领袖的文化修养退化"。"列宁是一位具有杰出才能的理论家、政治斗争的战略家和战术家，是一位充满激情的雄辩家，是一位有很高文化修养的人。接替他的斯大林是一位不那么卓越、造诣不那么深的政治领袖。但是斯大林尽管在讲台上比较逊色，仍然具有相当好的理论修养，博学多识，具有很强的组织才能……斯大林去世后，苏共提升了赫鲁晓夫，他很有天赋，但在理论上和思想上是一个三分学生，文化修养水平很低"。"我曾见过斯大林手写的信件、文章、决议，他对文件所作的修改十分准确，可以看出他是一个敏锐的政治活动家和精通俄语的修辞大师。他在他所藏的数百本书上的批注表明，他阅读的东西很多，他不仅了解马克思主义学者的著作，而且了解反对他的哲学家、经济学家和历史学家的著作。我也见过赫鲁晓夫的指示，可惜给人的印象是，像是一个不太有文化的、完全是从事其他工作的人写的。诚然，应当承认，他向速记员口授的东西还是很有意思的，词句也很生动，但是许多地方都不适于发表。我曾修改过他的速记记录稿以便在报上发表，这是一项

---

① 中央电视台《大国崛起》节目组编著：《大国崛起》系列丛书《俄罗斯》，中国民主法制出版社2006年版，第184页。

非常折磨人的工作。""勃列日涅夫的上台没怎么改变人们对党和国家的领袖文化修养低的印象。……他就没写过任何东西，……他的战友、党员，大概全社会都知道这一点。因为他生前最后几年的宽容态度真诚希望人民得到社会主义的幸福，人们在许多方面原谅了他。""安德罗波夫的上台在阴暗的天空划过了一道明亮的光芒。他很有天赋，受过高等教育，是个有知识的人。但是他任总书记的时间太短，很难对他作出更多的定论。接替他的契尔年科也不能表现出自己的优点，不能对党的文化行囊做出贡献。""最后是戈尔巴乔夫，他无疑是个有学问的人，至少获有两个文凭。当然，他比勃列日涅夫和契尔年科具有更多的广义上的文化，但像几乎所有的第一代知识分子的代表一样，他是一个具有各种优缺点的祖传的农村生活方式传统的体现者。他在理论上的最高成就就是以他的名义写的《改革与新思维》，可能还有其他什么东西，尽管我知道他从来没有亲自从头至尾写过什么东西"。"当然，几任总书记文化素质的退化是因为那时党内最高机构的总体水平不高，因此选中戈尔巴乔夫完全符合当时领导的水平，尽管许多人比新的总书记更有天赋，起码更有原则性，更有魄力，当然还更真诚。在政治局委员、党的领导人中无疑有社会贤达，但遗憾的是，他们'没成气候'"。苏联共产党丢失政权的教训说明，保持共产党的执政地位，需要强大的政治优势，也需要强大的才能优势，没有才能优势，也难以保持政治优势。

国民的素质能力，特别是领导者的领导力，是国家的核心竞争力。大国竞争，首先是领导力的竞争。在国家综合国力的竞争中，领导力是核心竞争力。新加坡是一个小国，为什么影响大，因为这个小国有一个大政治家，就是李光耀，他被称为小国大政治家。而新加坡能够具有世界竞争力的前几名，与他们崇尚才能、重视优秀人才的发现和使用及保护分不开的。李光耀曾经认真计算新加坡的人才资源：在 1950—1960 年代间，在每年出生的 5 万～6 万人中，智商很高的大概只有 50～60 个，精英率是千分之一。而这千分之一并不是每一个人都具有果断、稳定的性情和追求高成就的动机。他通过研究发现，每 3000 个学者中，只有一个人兼具智力和合适的个性、人格。在 20 世纪 70 年代，新加坡年出生人数降低到 4 万人，兼具智力和合适的个性、人格的只有 12～14 个。根据这种情况，一方面要努力实现法律和机会面前的人人平等，另一方面正视智力和能力差距，通过唯才是举的遴选把社会精英安排在最高层。他认为，大约占人口 5％到 10％的顶尖人物是社会的酵母，能够提升整个社会的层次，必须从小培养，四处延揽。李光耀曾经说过：侵略者如果要摧毁新加坡，只要消灭在高层掌管新加坡的 150 个人，就能够达到目的。①

人们都说，美国的制度很有一套，但是领导者的能力不强，国家照样走下坡路，陷于困境。2007 年 3 月，布热津斯基出版了他的新作：《第二次机遇：三任总统与美国超级强权的危机》，该书认为过去 15 年来三位美国总统——老布什、克林顿、小布什都不合格。他认为冷战后，美国总统实际上成为世界之王，此时的美国在世界上没有对手，没有敌人，美国面临千载难逢的机遇。但是在美国成为全球唯一超级大国 15 年后，却发现自己处在一个政治上充满敌意的世界里，美国的诚信和道德形象严重受损，三位总统把机遇变成了创伤，把美国拖向了十分危险的困境。他认为 15 年期间，"领导世界唯一超级大国的三位美国总统的表现非常糟糕。"小布什更是"灾难性总统"，他们浪费了美国的实力和优势。他认为老布什扮演的角色是"世界警察"，克林顿扮演的角色是社会福利的"吹鼓手"，小布什扮演的角色是"保安队长"。他认为老布什得分只能打

---

① 吕元礼：《新加坡为什么能》上卷，江西人民出版社 2007 年版，第 119 页。

个"B",克林顿得分只能打个"C",小布什得分只能打个"F",因为他们都没有抓住机遇塑造美国和世界的未来,反而使美国在战略上越搞越被动。在美国民意调查中,高达 70% 的选民认为,美国现在的政策轨迹和发展方向是错误的。金融危机后这个比例就更高了。现在世界大国的战略竞争,首先是领导人素质能力的竞争,是国家不犯大的战略错误的竞争。

在《日本制造业复活战略》中这样写道:日本要维持与中国 20 余倍的收入差距,日本的年轻人需要具备创造 20 余倍附加值的学识和技能。这是那些拼命挣钱的中国年轻人需要思考的。知识是财富的源泉,素质是财富的根本。[①]

对于一支军队来说,官兵的素质是战斗力的核心因素。抛开意识形态的分野和战争的性质,来分析职业军人的素质与军队战斗力的强弱,可以看出,凡是战斗力比较强的军队,其突出的标志往往不是其先进的武器装备,而是较高的人员素质。在世界军事历史长河中,关于"雄师劲旅"的记载,例如恺撒时代的罗马军队,成吉思汗时代的蒙古军队,拿破仑时代的法国军队,他们在战场上所向披靡。他们不仅有优越的军事组织,而且有高素质的成员。以色列的战史专家克里费德曾经写了一本《战斗力》的专著,是一种个案研究。他通过对德国和美国的陆军在二战中的表现比较,研究战斗力的真正秘密。这本书写得很精彩。作者认为,如果说名誉是衡量军队素质的标准,那么德国陆军可以说是天下无双。直到今天无论哪一个国家的军事专家,对德国陆军的评价仍然是最高的。如果说胜利是一种衡量标准,那么德军的成就更是极为卓越。战后许多专家的研究发现,纳粹德国对战争并没有进行充分的准备,例如,当时德国陆军单位的 80% 都还依赖马拖的运输工具。甚至作为德国陆

---

① 钟庆:《刷盘子还是读书?——反思中日强国之路》,当代中国出版社 2005 年版,第 52 页。

军先锋的装甲师，其战车大约有 2/3 都是以训练为目的而设计的，根本缺乏坚强的行动能力。所以德国军队从一开始进行和打的是一场"穷人战争"。然而德国军队虽然在人力和物力上都处于劣势，却凭借高度的战斗力，仍然能够在 6 个星期内击败法国。后来联军以压倒优势也是用了 4 个月的时间，才把德军驱逐出法国。在苏德战争中，数量处于劣势的德军只用了 5 个月的时间，就打到莫斯科城下，而苏联军队却整整用了 2 年半的时间才把德军驱逐回原来的战争发起线。不以成败论英雄，德国军队在打败仗时候的表现，可能比他们在打胜仗的时候更加令人钦佩。当他们面对着 3 倍、5 倍甚至于 7 倍的敌军的强大优势时，仍然能够挺身而战，他们不逃跑、不溃散，始终服从上级的命令。甚至到了战争末期，德国人已经明明知道胜利无望，失败难免，国内已经被轰炸得残破不堪，许多将领已经感觉到希特勒已经接近疯狂，但是德军在战场上还是继续奋战不屈，直到正式休战为止。到 1945 年 4 月，德军已经死亡 180 万人，被俘者大约为此数量的一半，许多单位仅仅剩下编制人数的 20%，但是他们仍然继续维持其团结力和抵抗力。这种成就真乃天下第一。① 一些专家对德国在二战中 60 场战斗的定量分析表明，在同等装备的情况下，德国士兵的相对战斗效率是苏军士兵的 2.5 倍，是美国和英国士兵的 1.2 倍。

德国军队的素质，有其独特的表现。有的专家把德国军队和美国军队进行比较，认为美国人具有一种"管理主义"的建军和作战心态。他们重视准则、计划、控制。因为美国军队大多数人员来自民间，缺乏经验，难以独立行动，许多军官也不例外，需要更多的监督。美国人通常具有绝对物质优势，所以不必像德国人那样依赖战斗力。美国没有德军那样强的"作战"观念，而更多地注重组织

---

① 钮先钟：《第二次世界大战的回顾与省思》，广西师范大学出版社 2003 年版，第 256 页。

和后勤求得物质资源的有效使用。所以美国人打的是富人的战争。德军的指挥系统灵活。有一种流行的传说，就是德国陆军中有"盲目服从"或"普鲁士纪律"，其实，情况恰恰相反，至少从老毛奇的时代开始，德国陆军就经常强调个人主动和责任的重要，甚至连最低阶层也不例外。早在 1906 年，德国陆军的教范就指出："战斗要求有独立思想的军官和能够独立行动的部队。"1908 年的教范又进一步强调："从最年轻的军人开始，所有一切官兵都必须将其全部体力和心力完全独立地使用。只有这样始能充分发挥全军的力量。"① 为了鼓励各级军官敢于负责、独立思考和行动，老毛奇发展了一套"任务导向指挥系统"，要求各级指挥官必须养成一种习惯，就是只告诉他的部下应该做什么，而不管他们怎样去做。给予各级指挥官很大的行动自由，让他们可以独立地制定和执行自己的计划。而这也自然增加了他们的责任。② 所谓"科学管理"首先是发展于美国，并且在美国得到了普遍运用。这种管理系统对于每一个层面的执行者的一切行动事先都有详细的设计，事后也加以严密的控制。人在这种管理系统中被当作一种工作机器。③ 一些军事专家认为，20 世纪任何国家的陆军都比不上德国陆军的战斗力。以色列陆军也许勉强可以和它比较。但是必须看到，以色列陆军在 1967 年所打的只是"6 日战争"，而德国陆军曾经苦战 6 年之久。况且德国陆军所面对的对手与以色列军队所面对的对手不可同日而语。德国陆军是一个具有良好整合和良好领导的组织，所有的成员都能够获得公正和平等的待遇。德国陆军的思想基础是克劳塞维茨的军事观

---

① 钮先钟：《第二次世界大战的回顾与省思》，广西师范大学出版社 2003 年版，第 261 页。

② 钮先钟：《第二次世界大战的回顾与省思》，广西师范大学出版社 2003 年版，第 262 页。

③ 钮先钟：《第二次世界大战的回顾与省思》，广西师范大学出版社 2003 年版，第 263 页。

念：战争为独立意志的冲突。德国在地理上面临两面受敌的困境，在经济上和物质上也受到严重限制，所以德国人不得不打穷人的战争，他们坚持战斗至上的原则，把精力集中于"作战"方面，他们是有系统和有计划地把最好的人员送到前线，一切安排都以奖励战斗为目的。由于专心致力于作战，德国陆军并不像美国人那样重视科学管理。德国陆军内部是尽量简化行政手续，减少文书数量，使军人一心打仗而不至于案牍劳神去处理许多不急事务。德国各级指挥官都养成把握要点而不管细节的习惯。当德国军官面对着某种任务的时候，他会问："这个问题的核心是什么？"而一位受过管理教育的美国军官则会问："这个问题包括那些部分？"从 1940 年到1945 年，美国陆军从官兵总数 24.3 万人，扩充到总数超过 800 万人，如此庞大的军队，而且要把他们越过重洋送到旧大陆战场，加上强大的物质力量，把敌人压倒。美国陆军的胜利是组织的胜利，美国人善于组织，善于科学管理，能够迅速有效地动员资源击败对方。美国不仅有巨大的国力，而且有安全稳定的后方，动员工作不受干扰。美国的环境和德国不同，美国有条件打富人战争，而德国只能打穷人战争。富人的战争也就是物质的战争，美国人重视的是物质制胜、火力制胜、技术制胜，他们重视的是管理而不是指挥。虽然，在第二次世界大战中美国是最后的胜利者，但是从战斗力的观点来评分，德军应该得第一名，而美国军队则排在其后。德军虽然战败，他们却很有理由说："非战之罪也！"①

人们在谈到德国军人的素质和德国军队的作战能力时，都看到了德国军队总参谋部的作用。参谋部是德国人的发明。德国的参谋军官团世界有名。他们是军队的精英群体。1926 年德国全国有 340名军官报名参加总参谋部军官考试，经过多层考核，最后只有 8 名

---

① 钮先钟：《第二次世界大战的回顾与省思》，广西师范大学出版社 2003 年版，第266—268 页。

军官被录取，淘汰率达到 97.6%，而且在学习中仍然有人被淘汰。1868 年 2 月，法国驻柏林的武官就向国内报告："假如战争爆发，在普鲁士所具有的一切优势因素之中，最重大和最难以否认的，就是其总参军官团组织，法国无法与之相比。在下一次战争中，普鲁士的参谋组织将在普鲁士军队的优势因素中成为一个最难对付的因素。"高素质的参谋军官队伍成为德国军队的品牌，成为一个战略威慑力量。在第一次世界大战中德国失败，这导致德意志共和国的建立和原来旧的德意志帝国陆军的解散。但是德国虽然受到凡尔赛和约的限制，其军事组织包括参谋本部在内，却仍然暗中存在。德国第二次世界大战中的名将曼施坦因，从 1919 年起，就进入当时的地下参谋本部，参加战后的秘密建军工作。[①] 二战开始时，德国军队武器平台比不上法国，更比不上苏联，德国取得初期胜利是靠指挥艺术和部队素质优势，而不是靠武器的先进。苏德战争前，苏联武器的数量和质量都超过德国军队，苏联在西部边境有 300 万军队，主要方向西南方面军的坦克是敌人的 5.9 倍，作战飞机是敌人的 1.4 倍，火炮和迫击炮是敌人的 1.4 倍，兵力是敌人的 1.3 倍。战争爆发头半年，苏联军队有 500 多万人被俘虏。苏联军队一败涂地的原因是多方面的，包括有 600 名左右高级军官在肃反中被杀害。但是德国军队的战斗力，德国军官的组织指挥能力也是重要原因。据说二战结束时，德国总参谋部部分军官在东普鲁士被苏军俘虏，一天一位苏军大尉进入关押战俘的房间，他先有礼貌地问清对方是否是总参军官，然后啪的一声立正敬礼，他对德国军官们说，作为一名军人，我为此生能够与德国国防军作战，感到荣幸。德国参谋世界一流，他们赢得了对手的尊敬。

崇尚才能，建设强大的军队，一方面要让民族的高素质人才进

---

① 钮先钟：《第二次世界大战的回顾与省思》，广西师范大学出版社 2003 年版，第 67 页。

入军队；另一方面要在军队中加强高素质人才的培养和造就。要鼓励一流人才搞国防和军队建设，要在国防和军队建设的实践中培养造就一流人才。根据调查，美国企业界的经理阶层中获得硕士以上学位的人只占总数的 19％，而在准将阶层的军官总数中则占88％。[①] 我们要有能征善战的部队，也特别需要文韬武略的军事家，需要有一批一心扑在军事上和作战上的杰出将才，需要高素质的新型联合指挥人才，需要有大批世界一流的专家人才。在这方面，老一代军事家和科学家给我们作出了榜样。例如，粟裕大将一生不会打牌、下棋，不会喝酒跳舞，最大的兴趣就是看地形、看地图，在几十年的和平生活中，每天晚上睡觉以前，都要把衣服和鞋袜仔细放好，一旦有事情随手就能够摸到。在专家队伍中，例如从英国留学回来的程开甲，他既是科学家又是指挥员，是中国核试验基地的副司令员，是为中国指挥核试验次数最多的科学家。在一次关于氢弹空投的汇报会上，他向周恩来总理汇报工作井井有条，总理听完汇报后很满意，问：“开甲同志，你多大年龄？”谁知他竟然愣住了，久久没有回答上来。他的精力都用在了原子弹上，连自己的年龄都忘了。成为优秀人才，就需要这种境界。有了这样一种境界，就一定会成为国家和军队事业的优秀人才。

崇尚才能，力戒平庸，要形成靠真才实学和真实业绩成长进步的导向。特别要按照科学发展观的要求选人用人，要切实把那些自觉实践科学发展观、有能力推动部队科学发展的人才用起来。

六、在进取动力上，崇尚理想信念、重视精神激励

军人的荣誉，在本质上是一种舆论上的褒奖，是一种社会的尊

---

① 钮先钟：《孙子三论》，广西师范大学出版社 2003 年版，第 257 页。

重，是一种精神上的激励。崇尚荣誉，就是崇尚理想信念、崇尚精神激励、崇尚道德情操，崇尚人格的魅力。崇尚荣誉，是与那种崇尚物质、崇尚金钱、追逐个人利益的思想导向完全不同的。

有人认为在战争年代和计划经济条件下主要依靠理想信念、依靠精神激励来调动人们的积极性，来推动社会的发展和进步，在发展社会主义市场经济的条件下，要靠物质动力、利益杠杆。有的崇尚物质利益，淡化和弱化荣誉的激励作用，把以经济建设为中心变成了思想政治建设中的以物质利益为中心，使市场经济的原则进入党的政治生活，使商品交换的原则进入军队内部的人际关系中，结果不仅弱化、淡化、边缘化了革命荣誉的吸引力，理想信念的凝聚力，革命精神的推动力，而且损害和败坏了部队的风气。这些年，在有的单位出现的看重奖金、看轻荣誉，人民币升值、军功章贬值的现象，甚至认为奖一个军功章、不如发一叠人民币等现象，虽然是个别的，但是影响是很大的。

军人崇尚荣誉，在进取动力上，就是要崇尚理想信念、重视精神激励，这是由于两个重大区别所决定的：一是军队作为武装集团与地方经济集团、企业集团的区别。军人的战斗自觉性积极性，与民众的商业积极性、经济积极性的精神源泉和思想基础是不同的。必须突出军队的特点，突出军人的特征。二是人民军队与西方发达国家军队的区别。人民军队在性质上与西方军队根本不同，我们的国情、军情与西方国家不同，不能照搬西方国家的治军模式。必须发挥我军特有的政治优势。

西方国家的军队，虽然也是建立在价值观基础上的军队，但是西方国家的军队具有"雇佣军"的传统，西方国家经济发达，其军队适应"福利国家"、"福利社会"的环境条件，主要实行的是"福利军队"和"福利军人"的政策，在很大程度上走的是一条福利主义的建军治军之路，它们的军队总体说来，是属于"高福利军队"。

我国的国情和军情与它们有根本不同，我们人民军队的性质与它们的军队完全不同，他们的一些做法我们虽然可以借鉴，但是不能照搬。我们国家现在是处于社会主义初级阶段，我们的政府不能搞"高薪养廉"、"高薪养官"，我们的军队也不能搞"高薪养军"、"高薪养兵"。我们必须走艰苦奋斗、勤俭建军之路。人民军队作为执行党的特殊政治任务的武装集团，革命军人从军保国、爱军习武的根本动力，是崇高的理想信念。革命军人的事业心和责任感，在任何时候都是第一位的，是最关键的。

即使是西方国家的军队，它们在运用"高福利"建设军队的同时，也是十分重视军人的"高觉悟"建设的。它们在军人的政治信念、军人的责任感和荣誉感以及牺牲精神的建设上，也是大力倡导并且严格要求的。由解放军出版社在 1987 年 8 月出版的《军队管理——军事职业剖析》一书，是 20 世纪 70 年代由英国空军少将唐尼、海军上将埃伯利、陆军准将兰恩以及空军上校罗宾逊合著出版的军事理论著作。该书指出："军队必须是一个组织严密、具有高度凝聚力并且有非凡士气和旺盛体力的社会组织，否则即使享受丰厚的物质待遇，也是不会和不能够完成其使命的。""军人应对自己的职业具有十分强烈的社会责任感，而不应把它看成是获取物质报酬的职业之一，如果采取后者态度，那就要经常比较物质报酬，使军队报酬与其他职业保持一致。这并不是说，一支军饷极低的部队能够成功地招募到新兵，而是说，一支军队单靠物质刺激是走不了多远的。""一支武装部队，必须更多地依靠社会责任感以及职业奉献精神为动力，而不仅仅靠物质酬劳，这就要求形成一个凝聚力很强、联系密切的系统。"① 古今中外军队建设的历史证明，缺乏爱国奉献精神的军队，缺乏事业心和责任感的军队，即使物质待遇再

---

① 〔英〕唐尼、埃伯利等著：《军队管理——军事职业剖析》，解放军出版社 1987 年版，第 88 页。

高，也是没有凝聚力和战斗力的。有一本书《十九颗星》，描写了二战之前一批优秀的美国军事人才，是如何抵御社会物质诱惑以及和平时期追求小家庭幸福生活的影响，而潜心钻研军事、研究国防的。使人们看到，美国二战中那些名将，大多是在战前的和平环境中，不受地方高报酬的物质收入的引诱，不为自己职务升迁的缓慢而见异思迁，在一种理念的支持下，长期默默无闻地爱军习武、按照优秀职业军人的要求努力造就和准备自己，终于能够在二战中展示自己的才能，建立功勋，报效其国家和人民。

其实，不仅在军事领域，而且在一些创造性的事业中，人们的进取精神也不是完全依靠物质利益来支撑的，即使是在西方世界的世界性商业远征、商业探险、商业扩张中，虽然商业利益的驱使、发财赚钱的刺激、金钱享受的吸引，起了重要作用，但是对不朽荣誉的追求、对创造事业的向往、对一种境界人生的梦想，也是重要的支撑力和推动力。例如，我们研究对于开创世界近代历史具有重大意义的欧洲人大航海的过程，就可以看出，西班牙和葡萄牙在崛起的过程中，强烈的发财欲望固然是他们远航万里的探险动力，但是为国家献身、为上帝献身的混合追求，成为强大的精神动力。当我们痛斥那些殖民主义者的贪婪和无耻的时候，也要看到，仅仅靠贪婪和无耻是无法维持这样长时期的探险运动的，他们身上还有某种精神的力量在强有力地支撑着他们的行动。当时探险远征的情况是，"在成千上万人死去的地方，只有一二十个人能够活下来，而且永远只有一个人享受共同完成的功绩的不朽荣誉"。他们中只有很少的人有福气享受那些抢来的金银，但是他们总是视死如归地离妻别子到海外去发展，长年累月在艰苦的环境中生活，在那里金钱实际上没有什么用。没有一定的精神追求，是无法做到这一点的。[①]

---

① 齐世荣主编：《西班牙葡萄牙帝国的兴衰》，三秦出版社 2005 年版，第 254 页。

从世界历史进步的角度看，欧洲人大航海大探险是一种事业，是一种贡献。虽然在这个过程中他们也犯下了罪恶，但是支撑他们完成这一事业的，决不完全只是利益的驱使，而是有巨大非物质利益的精神力量的支撑。

崇尚荣誉，不仅应该是一个军人的强烈追求，而且应该是整个国家、整个社会的一种浓厚的氛围。军人对荣誉的崇尚，是与法律、政策、制度对军人权益的保障，与国家对军人的关怀，与社会对军人的尊重，与民众对军人的厚爱，与政府对军队的支持，是一致的。法国总统戴高乐说："一个国家和社会，如果轻视自己的保卫者，还有谁愿意去保卫他呢？"美国目前已经颁布了百余项有关军人权益保护的法规，例如：《军人工资津贴法》、《军人福利法》、《退役军人优先权法》、《退役军人教育法》、《退伍军人复工权利法》等。俄罗斯也颁布了《军人地位法》、《军人保障条例》等。在以色列，不仅全社会形成了尊重军人、以当兵为荣的社会氛围，而且国家也从各个方面提供优厚的待遇，保障军人的利益，维护军人的权益，给军人以很高的荣誉。首先，政府把军事工作岗位塑造为最具吸引力的职业，为军人提供最好的教育，使之成为施展个人才华的天地，军人可以没有后顾之忧地履行自己的使命，公民把军旅生涯视为最诱人的职业之一。其次，军人的工资属于社会的高收入阶层，国家的最高工资领取者不是总统、总理，而是军队的总参谋长，以色列军队一个上校军官的收入超过政府部长，这还不包括军人补贴在内。以色列的军费占国民生产总值的1/10，是全世界军费比例最高的国家，但国防费用的42%都用于提高和改善军人的物质待遇和提高军人的教育水平。再者，政府为各类军人提供了各种优厚的社会保障，如住房优惠、医疗照顾、本人与子女教育免费、中校以上军官配车、每个军官每年享受一次公费提供的家庭出国旅游等。中国国防大学代表团在访问以色列的过程中，陪同代表团的一名上校军官带领代表团前去他的住宅参观，那是一座两层楼带游泳池和花园的别墅式建筑。据他介绍，他所居住的社区是国家专门划出的一块地皮，为1500名军官修建了同一质量、风格各异的住宅区。军人所享受的尊重和厚爱，反映的是军队的社会地位、军人的职业价值。革命军人要把国家和人民的关怀，化为爱军习武的动力，追求更高的荣誉，作出更大的贡献。

七、在岗位实践上，崇尚事业，争创一流

荣誉，在本质上是一种付出，是一种贡献，是一种功业。只有那些为党、为国家、为军队建功立业、作出贡献的人，才能够得到荣誉。荣誉，是对贡献的认定和褒扬。所以，崇尚荣誉，就是崇尚事业、崇尚功业、崇尚贡献。

崇尚事业、功业、贡献，是中华民族的优良传统。中国古人就有成功人生要三立：立德、立言、立功。立德，就是要道德高尚；立言，就是要有思想文化上的成就；立功，就是要建功立业，对社会对国家作出贡献。立功，是成功人生的一个很高的境界和标志。

崇尚荣誉，对于每一个革命军人来说，都不能脱离自己的岗位。自己的本职工作和岗位就是实践核心价值观、干事业、做贡献的舞台。要把自己的岗位从谋生的职业上升到贡献的事业，把自己的思想境界从职业道德上升到事业精神的高度。要把国防和军队建设的大事业和自己的具体岗位联系起来。要在本质岗位上争创一流、建功立业、有所作为。作为各级领导者，则要带领部队科学发展、科学建设，要带出先进单位、标兵单位。

总之，当代革命军人崇尚荣誉的实质，是一种高尚的人生追求。这种高尚的人生追求，包括和体现在多个具体的方面，但是突

出表现为五个方面：在人生目标上，崇尚英雄、争当模范；在精神境界上，崇尚奉献、勇于牺牲；在素质才能上，崇尚优秀、拒绝平庸；在进取动力上，崇尚理想信念、重视精神激励；在岗位实践上，崇尚事业，争创一流。